दिल्ली सामान्य ज्ञान

दिल्ली से सम्बन्धित ऐतिहासिक, भौगोलिक, आर्थिक एवं सांस्कृतिक तथ्यों का अध्यायवार सम्पूर्ण कवरेज
(वस्तुनिष्ठ प्रश्नों सहित)

लेखक
राजन शर्मा

अरिहन्त पब्लिकेशन्स (इण्डिया) लिमिटेड

अरिहन्त पब्लिकेशन्स (इण्डिया) लिमिटेड

卐 **वाणिज्यिक कार्यालय**

'रामछाया' 4577/15, अग्रवाल रोड, दरिया गंज, नई दिल्ली– 110002
फोन: 011-47630600, 43518550; **फैक्स:** 011-23280316

卐 **मुख्य कार्यालय**

कालिन्दी, टी०पी० नगर, मेरठ (यूपी)–250002
फोन: 0121-2401479, 2512970, 4004199; **फोन:** 0121-2401648

卐 **शाखा कार्यालय**

आगरा, अहमदाबाद, बरेली, बंगलुरु, चेन्नई, दिल्ली, गुवाहाटी, हैदराबाद, जयपुर, जालन्धर, झाँसी, कोलकाता, लखनऊ, नागपुर, मेरठ तथा पुणे

卐 **ISBN :** 978-93-13195-27-6

'अरिहन्त' की पुस्तकों के बारे में अधिक जानकारी के लिए हमारी वेबसाइट www.arihantbooks.com पर लॉग इन करें या info@arihantbooks.com पर सम्पर्क करें।

/arihantpub /@arihantpub Arihant Publications /arihantpub

प्रस्तावना

भारत के भौगोलिक विस्तार में इसके भौतिक स्वरूप के विभिन्न आयाम पूर्णतः समाहित हैं। इस देश की संस्कृति ऐतिहासिक परम्परा से प्रेरित है। भारत का इतिहास जितना गौरवशाली है, उतनी ही हमारी संस्कृति संगठित और सुवासित है। भारत के राज्य देश की संस्कृति के संवाहक हैं। राज्यों के भूगोल, इतिहास तथा आर्थिक विन्यास से ही भारतीय परिदृश्य विन्यस्त है। भारत की इस समग्रता को जानने के लिए हमें अपने राज्यों को जानना आवश्यक है।

दिल्ली अपनी समृद्ध परम्परा एवं सांस्कृतिक धरोहरों के लिए गौरवान्वित रहा है। देश के राज्य अपनी सांस्कृतिक विरासत के साथ राष्ट्र को स्थिर तथा मजबूत बनाते हैं। देश के प्रत्येक राज्य का अपना इतिहास रहा है, अपनी संस्कृति रही है। भारत को जानने के लिए हमें इसके राज्यों का अध्ययन करना चाहिए। राज्यों के विषय में जानना इसलिए भी आवश्यक हो जाता है, क्योंकि हम इनके माध्यम से अपनी जड़ों से जुड़ने में सक्षम होते हैं। ये हमारी पहचान को प्रभावी बनाते हैं।

प्रतियोगी परीक्षाओं में सफलता के लिए जिस वस्तुनिष्ठता की जरूरत है, उसे ध्यान में रखकर ही इस पुस्तक का निर्माण हुआ है। राज्य स्तर पर होने वाली प्रतियोगी परीक्षाओं में राज्य से सम्बन्धित सामान्य ज्ञान के प्रश्न पूछे जाते हैं। इनकी अच्छी संख्या परिणाम को प्रभावित करने में सक्षम होती है। इसे ध्यान में रखकर इस पुस्तक को वैज्ञानिक तथा प्रासंगिक बनाने का प्रयास किया गया है।

पुस्तक की मुख्य विशेषताएँ

- दिल्ली के ऐतिहासिक, भौगोलिक, आर्थिक, सांस्कृतिक एवं राजनीतिक परिदृश्य का विवरण
- वस्तुनिष्ठ प्रश्न (MCQs) का अध्यायवार संग्रह
- समसामयिक घटनाओं का विवरण

आशा है कि यह पुस्तक आपके विश्वास पर खरी उतरेगी। यह भी पूर्ण प्रयास किया गया है कि इस पुस्तक में यथासम्भव कोई त्रुटि शेष न रहे। यदि इस प्रयास में कोई कमी रह गई हो तो उसे दूर करने के लिए आपके सुझाव आमन्त्रित हैं।

सफलता की शुभकामनाओं सहित...

लेखक
राजन शर्मा

विषय-सूची

एक दृष्टि में...

सामान्य परिचय

राज्य/केन्द्रशासित प्रदेश का नाम	दिल्ली (राष्ट्रीय राजधानी क्षेत्र)
पुराना नाम	इन्द्रप्रस्थ
राज्य की राजधानी	नई दिल्ली
देश की राजधानी बनने का गौरव	12 दिसम्बर, 1911 (कलकत्ता से स्थानान्तरित)
स्थापना दिवस (राज्य का पुनर्गठन)	1 नवम्बर, 1956
राजभाषा	हिन्दी
राजकीय पक्षी	घरेलू गौरैया
राजकीय पशु	नीलगाय
भौगोलिक स्थिति	उत्तर में 28°24' से 28°50' अक्षाश तक एवं पूर्व में 76°50' से 77°20' देशान्तर तक
राज्य का क्षेत्रफल	1483 वर्ग किमी
राज्य का शहरी क्षेत्रफल (जनगणना 2011 के अनुसार)	1113.65 वर्ग किमी
राज्य का ग्रामीण क्षेत्रफल (जनगणना 2011 के अनुसार)	369.35 वर्ग किमी
देश के कुल क्षेत्रफल का प्रतिशत	0.05%
राज्य की प्रमुख नदी	यमुना
राज्य की प्रमुख झीलें	भलसवा, दमदमा, बड़खल, संजय, नजफगढ़
राज्य की प्रमुख नहरें	आगरा नहर एवं सतलज-यमुना लिंक नहर
राज्य की जलवायु	शीतोष्ण कटिबन्धीय

प्रशासनिक संरचना

जिलों की संख्या	11
ग्रामीण गाँव	112
शहरी गाँव	135
विधानमण्डल	एक सदनात्मक (विधानसभा)
विधानसभा सदस्यों की संख्या	70
लोकसभा सदस्यों की संख्या	7
राज्यसभा सदस्यों की संख्या	3
विधानसभा का पहली बार गठन	वर्ष 1956
विधानसभा का पुनर्गठन	वर्ष 1993

जनांकिकी परिचय

कुल जनसंख्या	1,67,87,941
• *पुरुष*	89,87,326
• *महिला*	78,00,615
ग्रामीण जनसंख्या	4,19,319
शहरी जनसंख्या	1,63,33,916
देश की कुल जनसंख्या का प्रतिशत	1.39%
जनसंख्या घनत्व	11,320 व्यक्ति/वर्ग किमी
लिंगानुपात	868
साक्षरता दर	86.2%
• *पुरुष साक्षरता*	90.9%
• *महिला साक्षरता*	80.8%
शिशु जनसंख्या	20,12,454
शिशु लिंगानुपात (0-6 वर्ष)	871
शिशु जनसंख्या अनुपात	11.98%
अनुसूचित जाति जनसंख्या	28,12,300
• *महिला*	13,23,500
• *पुरुष*	14,88,800

दिल्ली में प्रथम

प्रथम मुख्यमन्त्री	चौधरी ब्रह्म प्रकाश
प्रथम मुख्य आयुक्त	शंकर प्रसाद
प्रथम महिला मुख्यमन्त्री	सुषमा स्वराज
प्रथम उप-राज्यपाल	ए. एन. झा

अध्याय 1

दिल्ली का प्राचीन एवं मध्यकालीन इतिहास

दिल्ली भारत के प्राचीनतम नगरों में से एक है। इस नगर की महत्ता के सम्बन्ध में संस्कृत में एक उक्ति है—'पुष्पेषु मल्ली, नगरीषु दिल्ली' अर्थात् पुष्पों में जो स्थान मल्लिका का है, वही स्थान नगरों में दिल्ली का है।

महाभारत से लेकर आधुनिककाल तक अनेक राजाओं और शासकों ने दिल्ली के विभिन्न भू-खण्डों को अपनी राजधानी बनाया।

प्राचीनकाल में दिल्ली

- प्राचीनकाल से ही दिल्ली का इतिहास अत्यन्त प्रसिद्ध है।
- सर्वप्रथम महाभारत में इस नगर की चर्चा 'इन्द्रप्रस्थ' के रूप में हुई, जिसे पाण्डवों की राजधानी माना जाता है। इसकी पुष्टि वर्ष 1955 में पुराने किले के दक्षिण-पूर्वी भाग में पुरातात्विक खुदाई से हुई, जहाँ से कुछ मिट्टी के पात्रों के टुकड़े प्राप्त हुए हैं, जो महाभारतकालीन पुरातात्विक वस्तुओं से मिलते हैं।
- इसकी समृद्धि और भव्यता के कारण ही महाभारत में इसे **पृथ्वी का द्वितीय स्वर्ग** कहा गया है। पुरातत्त्वविद् कनिंघम ने इसका काल 15वीं सदी ईसा पूर्व माना है।
- इन्द्रप्रस्थ को योगनीपुर, खण्डप्रस्थ, हरिप्रस्थ, शक्रप्रस्थद्ध, ढिल्लिका, दाइदाला के नाम से भी जाना जाता था।
- इन्द्रप्रस्थ पाँच प्रस्थों में से एक था, अन्य चार प्रस्थ—पानीपत, सोनीपत, बागपत और तिलपत थे। इन्हीं स्थानों पर महाभारत का प्रसिद्ध युद्ध सम्पन्न हुआ था।
- पुराने किले में निर्मित भैरो मन्दिर को महाभारतकालीन स्थापत्य का अवशेष माना जाता है।
- काँगड़ी भाषा में 'राजावली' नामक एक हस्तलिखित पुस्तक मिली है, जिसमें महाभारत काल के पश्चात् दिल्ली पर जितने राजवंशों ने राज किया, उसका विस्तृत वर्णन दिया गया है।
- वर्ष 1966 में श्रीनिवासपुरी (दिल्ली) से उत्खनन में जो शिलालेख प्राप्त हुआ, वह मौर्यकाल का था। इससे स्पष्ट होता है कि मौर्यकाल में 'दिल्ली' का अस्तित्व था।
- दिल्ली में चन्द्रगुप्त द्वितीय द्वारा निर्मित लौह स्तम्भ है, जिसमें इनको प्राप्त 'विक्रमादित्य' उपाधि अंकित है।

दिल्ली के नामकरण का इतिहास

- इन्द्रप्रस्थ के गौतमवंशीय राजाओं के परवर्ती मयूरवंशी शासकों में दिल्लू अन्तिम शासक था। वह कन्नौज का राजा था तथा उसने दिल्ली पर आक्रमण करके विजय प्राप्त की थी। दिल्ली में अपना शासन चलाने के लिए उसने वहाँ 'स्वरूप दत्त' नामक राज्यपाल की नियुक्ति की थी।

- स्वरूप दत्त ने इन्द्रप्रस्थ के खण्डहरों पर एक नया नगर बसाया और अपने राजा के नाम पर इसका नाम **दिल्लू** रखा था।
- 736 ई. में तोमर राजपूतों ने पहली बार दिल्ली को विधिवत् बसाया और इसका नाम **ढिल्ली** या **ढिल्लिका** रखा।
- सातवीं शताब्दी में संकलित 'तारीख-ए फरिश्ता' में राजा दिल्लू तथा ढिल्लिका का उल्लेख मिलता है।
- टॉलमी के भूगोल में दिल्ली के क्षेत्र का उल्लेख 'दाइदला' नाम से किया गया है। अन्त में इसका नाम 'दिल्ली' पड़ा।

तोमर शासक व दिल्ली

- तोमर वंश के राजपूतों ने 1000 ई. में दिल्ली के दक्षिण भाग में अरावली पहाड़ी पर अपना मुख्यालय स्थापित किया था।
- 1052 ई. में तोमर शासक अनंगपाल-II ने दिल्ली को पुनः बसाया तथा लालकोट नामक किले का निर्माण कराया। दिल्ली की सुरक्षा के परिप्रेक्ष्य से यह दिल्ली का पहला किला था।
- दिल्ली में 12वीं शताब्दी के प्रारम्भ में तोमर राजा **अनंगपाल-III** का शासन था। यह दिल्ली में तोमर वंश का अन्तिम शासक था।

चौहान शासक व दिल्ली

- राजा अनंगपाल के समय में चौहान वंश के राजा विग्रहराज ने दिल्ली में चौहान वंश की नींव डाली थी और विग्रहराज ने 1151 ई. में दिल्ली पर अपना अधिकार स्थापित कर लिया।
- दिल्ली पर शासन करने वाला चौहान वंश अन्तिम हिन्दू वंश था।
- पृथ्वीराज चौहान III इस वंश के प्रसिद्ध शासक थे, इन्हें **राय पिथौरा** भी कहा जाता है।
- **पृथ्वीराज चौहान** III ने अपने शासनकाल (1179-92 ई.) के समय लालकोट किले का विस्तार कर एक बड़ा किला बनवाया, जिसका नाम **किला राय पिथौरा** रखा गया। यह दिल्ली का पहला ऐतिहासिक शहर बना।
- दिल्ली के अन्तिम हिन्दू शासक पृथ्वीराज चौहान के शासन के समय शिहाबुद्दीन मोहम्मद गौरी ने 1191 ई. में दिल्ली पर आक्रमण किया तथा दोनों के मध्य थानेश्वर के निकट **तराइन का प्रथम युद्ध** हुआ, जिसमें गौरी की हार हुई।
- **द्वितीय तराइन युद्ध** मोहम्मद गौरी ने पुनः 1192 ई. में दिल्ली पर आक्रमण किया तथा पृथ्वीराज चौहान की इस युद्ध में हार हुई। जिसके पश्चात गौरी ने दिल्ली पर अपनी सत्ता स्थापित की।

दिल्ली भारतवर्ष का रोम

दिल्ली को भारतवर्ष का रोम कहकर पुकारा गया है, क्योंकि रोम की सात विख्यात पहाड़ियों की तुलना दिल्ली की सात उजड़ी हुई बस्तियों से की गई है।

दिल्ली का मध्यकालीन इतिहास

- मोहम्मद गौरी द्वारा स्थापित शासन को दिल्ली सल्तनत के नाम से जाना जाता है।
- पृथ्वीराज को द्वितीय तराइन युद्ध में पराजित करने के पश्चात मोहम्मद गौरी ने अपने गुलाम कुतुबुद्दीन ऐबक को दिल्ली का गवर्नर नियुक्त किया।
- 1206 ई. में मोहम्मद गौरी की मृत्यु हो गई, जिसके पश्चात् कुतुबुद्दीन ऐबक दिल्ली का पहला शासक बना। इसके बाद से ही भारत में मुस्लिम शासकों का इतिहास शुरू हुआ तथा सात मुस्लिम वंशों ने एक के बाद एक दिल्ली पर तथा यहाँ से भारत के अन्य क्षेत्रों पर शासन किया।

दिल्ली के मुस्लिम वंश

दिल्ली पर शासन करने वाले सात मुस्लिम वंश का विवरण निम्न प्रकार है

गुलाम या मामलूक वंश

दिल्ली में गुलाम एवं मामलूक वंश का वर्णन निम्नलिखित है

कुतुबुद्दीन ऐबक (1206-10 ई.)

- कुतुबुद्दीन ऐबक ने सत्तासीन होने के बाद भी सुल्तान की उपाधि ग्रहण नहीं की, बल्कि वह **मलिक** और **सिपहसालार** की पदवियों से ही सन्तुष्ट रहा।
- इसने लाहौर को अपनी राजधानी बनाया और यहीं से शासन प्रारम्भ किया।
- कुतुबुद्दीन ऐबक को उसकी असीम उदारता के कारण **लाखबख्श** कहा गया है। उसने प्रसिद्ध सूफी सन्त **ख्वाजा कुतुबुद्दीन** 'बख्तियार काकी' के नाम पर दिल्ली में कुतबमीनार की नींव रखी, जिसे इल्तुतमिश ने पूरा करवाया।
- कुतुबुद्दीन ऐबक ने दिल्ली में **कुव्वत-उल-इस्लाम मस्जिद** का निर्माण कराया, जिसे **भारत की प्रथम मस्जिद** माना जाता है।
- 1210 ई. में लाहौर में चौगान (पोलो) खेलते समय घोड़े से अचानक गिर जाने के कारण कुतुबुद्दीन ऐबक की मृत्यु हो गई।

आरामशाह (1210 ई.)

- कुतुबुद्दीन ऐबक की मृत्यु के बाद तुर्क सरदारों द्वारा आरामशाह को शासक बनाया गया।
- एक वर्ष में आरामशाह के विरोधियों ने षड्यन्त्र के द्वारा उसे हटाकर बदायूँ के प्रशासक इल्तुतमिश (अल्तमश) को गद्दी पर बैठा दिया।

इल्तुतमिश (1210-36 ई.)

- इल्तुतमिश को गुलाम वंश का वास्तविक संस्थापक माना जाता है।
- 1229 ई. में उसे बगदाद के अब्बासी खलीफा से मान्यता अधिकार-पत्र प्राप्त हुआ, इस प्रकार यह **दिल्ली सल्तनत का पहला वैध सुल्तान** बना तथा इसने अपनी राजधानी **आगरा से दिल्ली** स्थानान्तरित की।
- उसने 40 गुलाम वफादार सरदारों (अमीरों) का एक नया विश्वसनीय दल गठित किया, जिसे 'तुर्कान-ए-चिहलगानी' या 'चालीसा' नाम से जाना गया। इक्तादारी, मुद्रा प्रणाली तथा सैन्य संगठन में उसने महत्त्वपूर्ण योगदान दिया।
- इल्तुतमिश ने 'ताँबे' और 'चाँदी' के सिक्के क्रमशः 'जीतल' और 'टका' का प्रचलन करवाया।
- इल्तुतमिश ने रजिया को अपना उत्तराधिकारी नियुक्त किया था, परन्तु रजिया से पूर्व इल्तुतमिश का पुत्र रुकनुद्दीन फिरोज दिल्ली की गद्दी पर बैठा।
- रुकनुद्दीन की अयोग्यता के कारण चालीसा सरदारों ने रजिया को गद्दी पर बैठाया था।

रज़िया सुल्तान (1236-40 ई.)

- रजिया मध्यकालीन भारत की **पहली** तथा **अन्तिम मुस्लिम महिला शासिका** थीं।
- रजिया ने जुनैदी (इल्तुतमिश के भूतपूर्व वजीर) के नेतृत्व में प्रान्तीय शासकों के गठबन्धन को समाप्त कर दिया तथा लाहौर के गवर्नर याकूत खाँ तथा भटिण्डा के गवर्नर अल्तूनिया के विद्रोहों का दमन किया।
- रजिया ने अपने भाई नसिरुद्दीन महमूद की याद में दिल्ली में 1237 ई. में **मदरसा नासिरया** की स्थापना की।
- रजिया ने अल्तूनिया (अमीर आखूर) से विवाह कर संयुक्त सेना का नेतृत्व किया।
- 1240 ई. में रजिया की हत्या कैथल के समीप की गई।

नसिरुद्दीन महमूद (1246-66 ई.)

- नसिरुद्दीन महमूद से पहले मुइनुद्दीन बहरामशाह (1240-42) तथा अलाउद्दीन मसूदशाह (1242-46) दिल्ली सल्तनत के शासक रह चुके थे।
- नसिरुद्दीन महमूद के समय सभी शक्तियाँ बलबन के हाथों में थी।
- 1266 ई. में नसिरुद्दीन महमूद की मृत्यु होने पर बलबन ने स्वयं को सुल्तान घोषित किया।

बलबन (1266-87 ई.)

- बलबन (मूल नाम बहाउद्दीन) के सिंहासन पर बैठने के साथ ही एक शक्तिशाली केन्द्रित शासन का युग आरम्भ हुआ।
- शासक बनने से पूर्व बलबन इल्तुतमिश का गुलाम तथा चालीसा दल का सदस्य था। दिल्ली का शासक बनने से पहले वह हाँसी का प्रान्तपति था।
- बलबन ने चालीसा दल को समाप्त किया तथा 'रक्त और तलवार' की नीति को अपनाया।
- बलबन ने गुप्तचर विभाग की स्थापना की। मंगोलों से मुकाबला करने के लिए उसने **दीवान-ए-अर्ज** (केन्द्रीय सेना) की स्थापना की।
- बलबन ने फारसी पद्धति से प्रेरित होकर सिजदा (घुटनों के बल बैठकर सिर झुकाना) व पाबोस (झुककर सुल्तान का पाँव चूमना) प्रथा की शुरुआत की थी। उसने **नौरोज** (फारसी) **प्रथा** को भी आरम्भ किया।
- बलबन ने दिल्ली में **लाल महल** व अपने मकबरे का निर्माण कराया। **बलबन का मकबरा** पहला ऐसा सल्तनतकालीन मकबरा है, जिसमें शुद्ध इस्लामी शैली के मेहराब का प्रयोग किया गया है।
- बलबन की मृत्यु के बाद क्रमशः **कैखुसरो**, **कैकूबाद** तथा **शम्सुद्दीन कैमूर्स** दिल्ली के सुल्तान बने।

खिलजी वंश

दिल्ली में खिलजी वंश का वर्णन निम्नलिखित है

जलालुद्दीन फिरोज खिलजी (1290-96 ई.)

- जलालुद्दीन ने 1290 ई. में दिल्ली के सिंहासन पर अधिकार किया था।
- दिल्ली सल्तनत का वह पहला सुल्तान था, जिसकी आन्तरिक नीति दूसरों को प्रसन्न करने के सिद्धान्त पर आधारित थी। उसने हिन्दू जनता के प्रति उदार दृष्टिकोण अपनाया।
- जलालुद्दीन की हत्या उसके भतीजे एवं दामाद अलाउद्दीन खिलजी ने की और सत्ता पर अधिकार कर लिया।

अलाउद्दीन खिलजी (1296-1316 ई.)

- अक्टूबर, 1296 ई. में अलाउद्दीन दिल्ली का सुल्तान बना तथा अपना राज्याभिषेक दिल्ली में बलबन के लालमहल में कराया।
- अलाउद्दीन ने खिलाफत की परिकल्पना को समाप्त कर स्वयं खलीफा की उपाधि धारण की, जिसके पश्चात् दिल्ली **दारुलखलीफा** नाम से जानी जाने लगी थी।
- अलाउद्दीन खिलजी के शासनकाल में मंगोलों के सर्वाधिक आक्रमण हुए। इस आक्रमण से निपटने के लिए उसने 'रक्त और तलवार' की नीति अपनाई।
- अलाउद्दीन खिलजी की 'बाजार नियंत्रण व्यवस्था' उसके द्वारा किया गया सर्वश्रेष्ठ आर्थिक सुधार था।
- अलाउद्दीन ने सिकन्दर-ए-सानी (द्वितीय सिकन्दर) की उपाधि ग्रहण की और उसे अपने सिक्कों पर इसे अंकित भी करवाया।
- अलाउद्दीन खिलजी **दिल्ली सल्तनत का प्रथम सुल्तान था, जिसने स्थायी सेना का गठन किया**।
- अलाउद्दीन ने अलाई दरवाजा, कुश्क-ए-शीरी, सीरी का किला, हजारखम्भा महल व हौज खास का निर्माण कराया था।

- इसने 'अलाई दरवाजा' का निर्माण कुतुबमीनार के प्रवेश द्वारा के रूप में कराया था।
- अलाउद्दीन खिलजी का उत्तराधिकारी **मुबारकशाह खिलजी** 1316 ई. में दिल्ली की गद्दी पर बैठा। वह दिल्ली सल्तनत का प्रथम सुल्तान था, जिसने स्वयं को खलीफा घोषित किया।

तुगलक वंश

दिल्ली में तुगलक वंश का वर्णन निम्नलिखित है

गयासुद्दीन तुगलक (1320-25 ई.)

- गाजी मलिक ने सुल्तान गयासुद्दीन तुगलक शाह की उपाधि धारण कर दिल्ली सल्तनत के तीसरे राजवंश की स्थापना की।
- दिल्ली में गयासुद्दीन तुगलक ने मजलिस-ए-हुक्मरान की स्थापना की तथा **तुगलकाबाद** नामक एक किलाबंद नगर का निर्माण कराया था।
- गयासुद्दीन तुगलक सिंचाई हेतु नहरों के निर्माण की योजना बनाने वाला सल्तनत का पहला सुल्तान था तथा उसने **डाकसेवा** की शुरुआत की, जिसमें घोड़े से पत्र लाए जाते थे।

मोहम्मद-बिन-तुगलक (1325-51 ई.)

- गयासुद्दीन तुगलक की मृत्यु के बाद उसके बड़े पुत्र **जौना खाँ** मोहम्मद-बिन-तुगलक की उपाधि के साथ दिल्ली की गद्दी पर बैठा।
- इसने इब्नबतूता को दिल्ली का काजी नियुक्त किया।
- मोहम्मद-बिन-तुगलक के बारे में इब्नबतूता के 'रेहला' से विशिष्ट जानकारी मिलती है।
- इसके समय में सम्पूर्ण दिल्ली सल्तनत 23 प्रान्तों में विभक्त था। इसमें दिल्ली, देवगिरि, लाहौर, मुल्तान, सरसुती (सिरसा), गुजरात, अवध, कन्नौज, लखनौती, बिहार, मालवा, ओडिशा (उड़ीसा), द्वारसमुद्र आदि प्रान्त शामिल थे।
- मोहम्मद-बिन-तुगलक ने राजधानी को **दिल्ली से देवगिरि** (दौलताबाद) स्थानान्तरित किया।
- उसने 'लालकोट' और 'सीरी' को मिलाकर दिल्ली में 'जहाँपनाह' शहर बसाया।
- 1351 ई. में इसकी मृत्यु के पश्चात् फिरोजशाह तुगलक दिल्ली की गद्दी पर बैठा।

फिरोजशाह तुगलक (1351-88 ई.)

- फिरोजशाह तुगलक की सैनिक गतिविधियों व साम्राज्य विस्तार की तुलना में विद्या व कला को प्रोत्साहन देने तथा जनकल्याणकारी कार्यों में अधिक रुचि थी।
- इसने दिल्ली का पाँचवाँ शहर फिरोजाबाद बसाया, जो उत्तर में रिज के पीरगैब से दक्षिण में हौजखास तक विस्तृत तक विस्तृत था।
- फिरोजशाह तुगलक दिल्ली सल्तनत का पहला सुल्तान था, जिसने सिंचाई हेतु **हक-ए-शर्ब** कर लगाया तथा ब्राह्मणों पर सर्वप्रथम जजिया कर लगाया। जजिया कर हेतु अलग विभाग की स्थापना की तथा पदों को वंशानुगत किया।
- निर्धनों की सहायता के लिए फिरोजशाह तुगलक ने दिल्ली में **दीवान-ए-खैरात** तथा दासों के संरक्षण हेतु **दीवान-ए-बन्दगान** नामक एक अलग विभाग की स्थापना की।
- हेनरी इलियट और एलफिंस्टन ने फिरोज को 'दिल्ली सल्तनत का अकबर' कहा है।
- फिरोजशाह तुगलक द्वारा कुतुबमीनार के क्षतिग्रस्त हिस्से के जीर्णोद्धार के साथ-साथ एक मंजिल और ऊँचा करवाया गया।
- फिरोजशाह तुगलक के बाद उसका एक पौत्र तुगलकशाह **गयासुद्दीन द्वितीय** के नाम से गद्दी पर बैठा।
- अगले 5 वर्षों में तीन सुल्तान अबू बक्र, मोहम्मद शाह तथा अलाउद्दीन सिकन्दरशाह गद्दी पर बैठे।

नसिरुद्दीन महमूद (1394-1412 ई.)

- यह तुगलक वंश का अन्तिम शासक था, जिसके शासनकाल में तैमूर ने दिल्ली पर आक्रमण किया।
- 18 दिसम्बर, 1398 को तैमूर ने दिल्ली में प्रवेश किया तथा कई स्थापत्यों को विनष्ट किया।
- तैमूर ने फिरोजशाह तुगलक द्वारा निर्मित कोटला फिरोजशाह को नष्ट कर दिया।
- 1412 ई. में नसिरुद्दीन महमूद की मृत्यु के साथ ही तुगलक वंश का अन्त हो गया था।

सैय्यद वंश

दिल्ली में सैय्यद वंश के शासकों का वर्णन निम्न प्रकार है

- सैय्यद वंश का सम्बन्ध शिया सम्प्रदाय से था। **खिज्र खाँ** (1414-21 ई.) दिल्ली में सैयद वंश का संस्थापक था।
- इसने रैयत-ए-आला की उपाधि धारण की थी। सैय्यद वंश के समय दिल्ली सल्तनत में पंजाब, मुल्तान व सिन्ध सम्मिलित थे।
- खिज्र खाँ की मृत्यु के पश्चात् **मुबारक शाह** (1421-34 ई.) उसका उत्तराधिकारी बना।
- मुबारक शाह के शासनकाल में याहिया बिन सरहिन्दी ने **तारीख-ए-मुबारकशाही** नामक ग्रन्थ की रचना की।
- मुबारक शाह के बाद मोहम्मद शाह (1434-45 ई.) तथा अलाउद्दीन आलम शाह (1445-51 ई.) ने सुल्तान की उपाधि धारण की।

लोदी वंश

- अन्तिम सैय्यद शासक आलमशाह को गद्दी से हटाकर वजीर बहलोल लोदी ने दिल्ली में लोदी वंश की स्थापना की।
- सल्तनत युग में दिल्ली के सिंहासन पर राज्य करने वाले राजवंशों में लोदी वंश अन्तिम था। लोदी वंश ने 75 वर्ष तक शासन किया। इस वंश के शासक अफगानी थे।

दिल्ली में लोदी वंश के शासकों का वर्णन निम्न प्रकार है

बहलोल लोदी (1451-89 ई.)

- बहलोल लोदी ने 19 अप्रैल, 1451 में दिल्ली में लोदी वंश की स्थापना की थी। बहलोल लोदी **बहलोल शाह गाजी** के नाम से दिल्ली की गद्दी पर बैठा।
- उसने जौनपुर के शर्की शासक को पराजित कर जौनपुर को पुनः दिल्ली सल्तनत में शामिल किया। उसकी मृत्यु 1489 ई. में हुई।

सिकन्दर लोदी (1489-1517 ई.)

- बहलोल का उत्तराधिकारी निजामशाह शाह हुआ, जिसने 'सिकन्दर लोदी' की उपाधि के साथ शासन ग्रहण किया। वह लोदी वंश का सर्वश्रेष्ठ शासक था।
- सिकन्दर लोदी ने 1506 ई. में दिल्ली सल्तनत की राजधानी आगरा हस्तान्तरित की तथा सिकन्दराबाद नामक नया शहर बसाया।
- सिकन्दर लोदी ने गज को नापने के लिए 'गज-ए सिकन्दरी' बनाई, जोकि मुगल शासक काल तक प्रचलन में रही।
- सिकन्दर लोदी 'गुलरूखी' उपनाम से कविताएँ लिखता था। 21 नवम्बर, 1517 ई. को सिकन्दर लोदी की आगरा में मृत्यु हो गई।

इब्राहिम लोदी (1517-26 ई.)

- सिकन्दर की मृत्यु के बाद उसका ज्येष्ठ पुत्र इब्राहिम लोदी अफगान अमीरों की सर्वसम्मति से दिल्ली के सिंहासन पर बैठा।
- 1517-18 ई. में इब्राहिम लोदी व राणा साँगा के मध्य घटोली का युद्ध हुआ, जिसमें इब्राहिम लोदी की हार हुई।
- अप्रैल, 1526 को पानीपत के मैदान में इब्राहिम लोदी का बाबर से युद्ध हुआ और इसमें इब्राहिम लोदी की हार हुई। इस प्रकार लोदी वंश के पतन के साथ ही दिल्ली सल्तनत का भी अन्त हो गया।

दिल्ली में स्थित सल्तनतकालीन स्थापत्य

स्थापत्य	*निर्माणकर्त्ता*
कुव्वत-उल-इस्लाम मस्जिद, महरौली	कुतुबुद्दीन ऐबक
कुतुबमीनार, महरौली	कुतुबुद्दीन ऐबक व इल्तुतमिश
सुल्तानगढ़ी का मकबरा	इल्तुतमिश
अलाई दरवाजा	अलाउद्दीन खिलजी
तुगलकाबाद का किला	गयासुद्दीन तुगलक
जहाँपनाह नगर	मोहम्मद-बिन-तुगलक
बारहखम्भा महल	मोहम्मद-बिन-तुगलक
कोटला फिरोजशाह	फिरोजशाह तुगलक
इल्तुतमिश का मकबरा	रजिया सुल्तान
सीरी का किला	अलाउद्दीन खिलजी
दरगाह शेख निजामुद्दीन	खिज्र खाँ
गयासुद्दीन का मकबरा	मुहम्मद तुगलक

मुगल वंश

दिल्ली में मुगल वंश का वर्णन निम्न प्रकार है

बाबर (1526-30 ई.)

- बाबर ने 1526 ई. में पानीपत के प्रथम युद्ध के पश्चात् दिल्ली में मुगल वंश की स्थापना की।
- बाबर ने अपनी आत्मकथा **तुजुक-ए-बाबरी** (बाबरनामा) में दिल्ली सहित पाँच मुस्लिम राज्यों का उल्लेख किया है।

हुमायूँ (1530-56 ई.)

- बाबर के पश्चात् हुमायूँ दिल्ली की गद्दी पर बैठा तथा 1533 ई. में यमुना के समीप **दीनपनाह** नामक नगर की स्थापना की। यह दिल्ली का छठा शहर था।
- 1539 ई. को हुमायूँ और शेरखाँ के बीच कर्मनाशा नदी के समीप चौसा नामक स्थान पर निर्णायक युद्ध हुआ। इस युद्ध में हुमायूँ की पराजय हुई।
- 1540 ई. में पुनः हुमायूँ और शेरखाँ के बीच **बिलग्राम** या **कन्नौज** का युद्ध हुआ, जिसमें हुमायूँ की हार हुई और दिल्ली पर **अफगान** (सूर) **शासक** शेरशाह सूरी का अधिकार हो गया।

सूर वंश

शेरशाह सूरी (1540-45 ई.)

- शेरशाह ने 1540 ई. में दिल्ली को सूर साम्राज्य की राजधानी बनाया।
- 1543 ई. में **रायसीन** तथा कालिंजर को दिल्ली साम्राज्य का अंग बनाया।
- उसने दिल्ली से गुजरने वाली जी. टी. रोड (कोलकाता से पेशावर तक) का निर्माण करवाया।
- शेरशाह ने **रोहतासगढ़** तथा **दिल्ली का पुराना किला** निर्मित कराया।
- शेरशाह के पश्चात् सूर वंश के उत्तराधिकारी क्रमशः इस्लामशाह, फिरोज, मोहम्मद आदिलशाह हुए।
- सूर वंश के अन्तिम शासक मोहम्मद आदिलशाह को 1555 ई. में हुमायूँ ने परास्त कर दिल्ली की गद्दी पर पुनः अधिकार प्राप्त कर लिया था।
- जनवरी, 1556 में पुराने किले के शेरमण्डल (पुस्तकालय) से गिरकर हुमायूँ की मृत्यु होने के पश्चात् आदिलशाह के दरबारी हेमू ने दिल्ली व आगरा पर कब्जा कर लिया।

मुगल वंश का पुन: शासन

अकबर (1556-1605 ई.)

- हुमायूँ के पश्चात् मात्र 13 वर्ष की उम्र में अकबर ने पानीपत की दूसरी लड़ाई में हेमू को हराकर दिल्ली की गद्दी सँभाली।
  शासक बनने के बाद अकबर ने 1556 ई. से 1560 ई. तक दिल्ली से ही बैरम खाँ के संरक्षण में शासन किया।
- अकबर ने फतेहपुर सीकरी में अपनी राजधानी बनाई।
- अकबर ने 1562 ई. में दास प्रथा, 1563 ई. में तीर्थ यात्राकर तथा 1564 ई. में जजियाकर को समाप्त कर दिया था।

- अकबर धार्मिक सहिष्णु था, उसने दार्शनिक एवं धर्मशास्त्रीय विषयों पर वाद-विवाद के लिए 1575 ई. में 'इबादतखाना' की स्थापना की।
- अकबर ने 1582 ई. में 'तौहीद-ए-इलाही' या 'दीन-ए-इलाही' धर्म चलाया था तथा 1583 ई. में 'इलाही संवत्' या 'कैलेण्डर' जारी किया।
- अकबर के शासनकाल में टोडरमल द्वारा 1522 ई. में दहसाला प्रणाली को लागू किया गया।
- अकबर के वजीर अबुल फजल ने **आइने-अकबरी** व **अकबरनामा** की रचना की तथा रामायण का फारसी में अनुवाद किया।

जहाँगीर (1605-1627 ई.)

- अकबर की मृत्यु के बाद जहाँगीर गद्दी पर बैठा।
- जहाँगीर के शासनकाल में 1615 ई. में **सर टॉमस रो** भारत की यात्रा पर आया था।
- जहाँगीर ने गुरु अर्जुनदेव (सिक्खों के पाँचवे गुरु) की हत्या करवा दी थी।
- उसके शासनकाल में प्लेग के कारण दिल्ली में असंख्य लोगों की मृत्यु हुई।
- जहाँगीर ने अपनी आत्मकथा तुजुक-ए-जहाँगीरी की रचना की थी।

शाहजहाँ (1628-1658 ई.)

- जहाँगीर की मृत्यु के बाद उसका पुत्र शाहजहाँ 1628 ई. में गद्दी पर बैठा। 1638 ई. में उसने अपनी राजधानी आगरा से दिल्ली स्थानान्तरित की।
- शाहजहाँ ने दिल्ली के सातवें शहर **शाहजहाँबाद** की स्थापना की थी।
- शाहजहाँ के शासनकाल को 'स्थापत्य कला का स्वर्णयुग' कहा जाता है। इसने दिल्ली का **लालकिला, दीवाने आम, दीवाने खास,** दिल्ली का **जामा मस्जिद, ताजमहल,** आगरा की **मोती मस्जिद**, लाहौर किला के **शीश महल** का निर्माण कराया था।
- शाहजहाँ ने अपनी बेगम मुमताज महल की याद में आगरा में ताजमहल का निर्माण कराया था, जिसके स्थापत्य कलाकार उस्ताद अहमद लाहौरी थे।

औरंगजेब (1658-1707 ई.)

- औरंगजेब ने 21 जुलाई, 1658 को दिल्ली में अपना 'प्रथम राज्याभिषेक' कराया और 'अबुल मुजफ्फर आलमगीर बादशाह गाजी' की उपाधि धारण की।
- औरंगजेब ने सिखों के नौवें गुरु, गुरु तेग बहादुर की दिल्ली में हत्या कराई थी।
- औरंगजेब के शासन के समय दिल्ली का अपना महत्त्व बना रहा, परन्तु औरंगजेब का अधिकतर समय दक्षिणी एवं मराठा राज्यों के साथ युद्ध में व्यतीत हुआ।
- 1707 ई. में औरंगजेब की मृत्यु के बाद मुगल साम्राज्य का पतन प्रारम्भ हो गया।

बहादुरशाह प्रथम (1707-1712 ई.)

- औरंगजेब के मृत्यु के बाद 1707 ई. में बहादुरशाह प्रथम दिल्ली के सिंहासन पर बैठा। बहादुरशाह ने जजिया कर समाप्त कर दिया था।
- सिक्ख नेता बन्दाबहादुर के विरुद्ध सैन्य अभियान के दौरान वर्ष 1712 में बहादुरशाह की मृत्यु हो गई।

फर्रूखसियर (1713-1719 ई.)

- इसके शासनकाल की महत्त्वपूर्ण घटना दिल्ली में सिख गुरु बन्दा को फाँसी दी जानी थी।
- इसके शासनकाल में मराठा पेशवा बालाजी विश्वनाथ के साथ 'दिल्ली की सन्धि' हुई थी।

मुहम्मदशाह (1719-1798 ई.)

- मुहम्मदशाह के शासनकाल में मुर्शीद कुली खाँ ने बंगाल, सआदत खाँ ने अवध, निजामुल मुल्क ने हैदराबाद, बदनसिंह ने भरतपुर एवं मथुरा, रूहेला ने गंगा-यमुना के दोआब में कटेहर तथा बंगरा नबाबों ने फर्रूखाबाद में अपनी स्वतन्त्र सत्ता की स्थापना की।

- मुहम्मदशाह ने 1720 ई. में जजियाकर को अन्तिम रूप से प्रतिबन्धित कर दिया।
- मुहम्मदशाह के शासनकाल में ही नादिरशाह के उत्तराधिकारी अहमदशाह अब्दाली ने 1748 ई. में भारत पर आक्रमण किया।

शाहआलम (1759-1806 ई.)

- शाहआलम द्वितीय ने 1764 ई. में बक्सर के युद्ध में अंग्रेजों के विरुद्ध बंगाल के नवाब मीरकासिम तथा अवध के नवाब सुजाउद्दौला के साथ भाग लिया।
- इसके शासनकाल में अंग्रेजों ने दिल्ली पर 1803 ई. में अधिकार कर लिया और शाहआलम का शासन मात्र किले तक सीमित रह गया तथा उसे ₹ 90,000 प्रतिमाह का वेतन दिया जाने लगा।
- शाहआलम द्वितीय के शासनकाल में ही 1761 ई. में अहमदशाह अब्दाली और मराठों के मध्य 'पानीपत का तृतीय युद्ध' हुआ था।

बहादुरशाह द्वितीय (1837-1862 ई.)

- अन्तिम मुगल सम्राट बहादुरशाह द्वितीय 1837 ई. में सिंहासन पर बैठा। इसे **बहादुरशाह जफर** के नाम से भी जाना जाता है।
- 1857 ई. के विद्रोह में विद्रोहियों का साथ देने के कारण अंग्रेजों ने इसे गिरफ्तार कर रंगून निर्वासित कर दिया, जहाँ 1862 ई. के माण्डले जेल में उसकी मृत्यु हो गई।
- इस प्रकार मुगल सत्ता समाप्त हो गई और दिल्ली अपने आधुनिक रूप में अंग्रेजों के अन्तर्गत आ गई।

दिल्ली के मध्यकालीन प्रमुख वंश

वंश	*कार्यकाल*
गुलाम वंश या मामलूक वंश	1206-1290 ई.
खिलजी वंश	1290-1320 ई.
तुगलक वंश	1320-1414 ई.
सैय्यद वंश	1414-1451 ई.
लोदी वंश	1451-1526 ई.
सूरी वंश	1540-1555 ई
मुगल वंश	1526-1858 ई.

दिल्ली का प्राचीन एवं मध्यकालीन इतिहास

स्व-मूल्यांकन

1. महाभारत के अनुसार, दिल्ली का प्राचीन नाम क्या था?
(a) इन्द्रप्रस्थ (b) कौशाम्बी
(c) पाण्डवनगर (d) ढिल्लिका

2. वर्ष 1955 में किस ऐतिहासिक स्थल के दक्षिण-पूर्वी भाग में खुदाई के दौरान महाभारतकालीन वस्तुओं के साक्ष्य मिले हैं?
(a) कुतुबमीनार (b) पुराना किला
(c) लालकिला (d) आदिलशाह का किला

3. दिल्ली के प्रचलित नामों में सम्मिलित नहीं है
(a) योगिनीपुरा (b) ढिल्लिका
(c) दाइदाला (d) दिलाइना

4. प्राचीनकाल में दिल्ली को निम्न में से किस नाम से जाना जाता था?
(a) ढिल्लिका (b) योगिनीपुरा
(c) इन्द्रप्रस्थ (d) ये सभी

5. निम्न में से किस स्थापत्य को महाभारत-कालीन स्थापत्य का अवशेष माना जाता है?
(a) महरौली का स्मारक
(b) भैरो मन्दिर
(c) कालकाजी का प्राचीन मन्दिर
(d) उपरोक्त सभी

6. दिल्ली के राजवंशों का विवरण प्रदान करने वाली कृति 'राजावली' किस भाषा से सम्बन्धित है?
(a) संस्कृत (b) काँगड़ी (c) प्राकृत (d) अपभ्रंश

7. निम्न में से किस स्थान के उत्खनन से प्राप्त प्रमाण मौर्यकाल में दिल्ली के अस्तित्व को स्पष्ट करते हैं?
(a) श्रीनिवासपुरी (b) महरौली
(c) कालकाजी (d) शाहजहाँनाबाद

8. दिल्ली का लौह स्तम्भ निम्न में से किस शासक ने स्थापित किया था?
(a) चन्द्रगुप्त मौर्य (b) चन्द्रगुप्त प्रथम
(c) चन्द्रगुप्त द्वितीय (d) समुद्रगुप्त

9. दिल्ली के लौह स्तम्भ पर चन्द्रगुप्त द्वितीय का नाम निम्न में से क्या अंकित है?
(a) चन्द्रगुप्त (b) विक्रमादित्य
(c) शिलादित्य (d) इनमें से कोई नहीं

10. किस प्रशासक ने इन्द्रप्रस्थ का नाम 'दिल्लू' किया था?
(a) स्वरूप दत्त (b) विश्व दत्त
(c) नारायण दत्त (d) मयूर दत्त

11. दिल्ली नगर विधिवत् रूप से पहली बार कब बसा?
(a) 736 ई. में
(b) 750 ई. में
(c) 1000 ई. में
(d) उपरोक्त में से कोई नहीं

12. किस राजवंश ने सर्वप्रथम दिल्ली को विधिवत् बसाया था?
(a) मयूर वंश (b) गौतम वंश
(c) तोमर वंश (d) वर्द्धन वंश

13. निम्न में से किन ऐतिहासिक स्रोतों में ढिल्लिका का विवरण मिलता है?
(a) टॉलमी के भूगोल
(b) तारीख-ए-फरिश्ता
(c) 'a' और 'b' दोनों
(d) उपरोक्त में से कोई नहीं

14. अनंगपाल II द्वारा बनवाया गया किला किस नाम से जाना जाता था?
(a) लालकोट (b) लालकिला
(c) राय पिथौरागढ़ (d) ये सभी

15. दिल्ली मे तोमर वंश का अन्तिम शासक कौन था?
(a) अनंतपाल II (b) अनंतपाल III
(c) अनंगपाल II (d) अनंगपाल III

16. दिल्ली में प्रसिद्ध राय पिथौरागढ़ का निर्माण निम्न में से किसने करवाया?
(a) पृथ्वीराज चौहान (b) अर्णोराज द्वितीय
(c) अनंगपाल प्रथम (d) अनंगपाल द्वितीय

17. कुतुबमीनार का निर्माण किस शासक ने आरम्भ करवाया था?
(a) मोहम्मद गौरी
(b) कुतुबुद्दीन ऐबक
(c) इल्तुतमिश
(d) गयासुद्दीन तुगलक

18. भारत की पहली मस्जिद कुव्वत-उल-इस्लाम निम्न में से कहाँ स्थित है?
(a) दिल्ली (b) आगरा
(c) अजमेर (d) पानीपत

19. निम्नलिखित शासकों में से किस शासक ने सर्वप्रथम दिल्ली को राजधानी बनाया था?
(a) कुतुबुद्दीन ऐबक
(b) फिरोज तुगलक
(c) इल्तुतमिश
(d) अलाउद्दीन खिलजी

20. किस वर्ष इल्तुतमिश ने आगरा से दिल्ली को अपनी सल्तनत की राजधानी बनाया?
(a) 1191 ई. (b) 1192 ई.
(c) 1229 ई. (d) 1178 ई.

21. कुतुबमीनार का निर्माण किसने पूर्ण करवाया?
(a) कुतुबुद्दीन ऐबक
(b) इल्तुतमिश
(c) बलबन
(d) अलाउद्दीन खिलजी

22. दिल्ली सल्तनत के किस शासक ने 'रक्त और तलवार' की नीति अपनाई?
(a) इल्तुतमिश
(b) बलबन
(c) इब्राहिम लोदी
(d) उपरोक्त में से कोई नहीं

23. कुतुबमीनार के प्रवेश द्वार के रूप में अलाई दरवाजा का निर्माण किस शासक ने करवाया?
(a) फिरोजशाह तुगलक
(b) मोहम्मद-बिन-तुगलक
(c) बलबन
(d) अलाउद्दीन खिलजी

24. दिल्ली सल्तनत के किस प्रथम शासक ने स्वयं को 'खलीफा' घोषित किया था?
(a) अलाउद्दीन खिलजी
(b) गयासुद्दीन तुगलग
(c) मोहम्मद-बिन-तुगलक
(d) मुबारक शाह खिलजी

25. 'तुगलकाबाद' नामक शहर का निर्माण किस तुगलक शासक ने किया था?
(a) गयासुद्दीन तुगलक
(b) मोहम्मद-बिन-तुगलक
(c) फिरोजशाह तुगलक
(d) नसिरुद्दीन तुगलक

26. किस शासक ने 'जहाँपनाह' शहर की स्थापना की थी?
(a) फिरोजशाह तुगलक
(b) मुहम्मद-बिन-तुगलक
(c) अलाउद्दीन खिलजी
(d) कुतुबुद्दीन ऐबक

27. निम्न में से किस शासक ने निर्धनों की सहायता के लिए 'दीवान-ए-खैरात' तथा दासों के संरक्षण हेतु 'दीवान-ए-बन्दगान' नामक विभाग की स्थापना की थी?
(a) अलाउद्दीन खिलजी
(b) इल्तुतमिश
(c) फिरोजशाह तुगलक
(d) सिकन्दर लोदी

28. दिल्ली सल्तनत के किस सुल्तान को 'दिल्ली सल्तनत का अकबर' कहा गया है?
(a) अलाउद्दीन खिलजी
(b) मुहम्मद-बिन-तुगलक
(c) फिरोजशाह तुगलक
(d) सिकन्दर लोदी

29. तैमूर ने किस शासक के शासनकाल में दिल्ली में हमला किया था?
(a) नसिरुद्दीन (b) शेरशाह
(c) बलबन (d) आरामशाह

30. सिकन्दर लोदी ने दिल्ली सल्तनत की राजधानी दिल्ली से आगरा कब स्थानान्तरित की?
(a) 1506 ई. (b) 1510 ई.
(c) 1508 ई. (d) 1526 ई.

31. किसने आगरा को दिल्ली की जगह नई राजधानी बनाया तथा सिकन्दराबाद नामक नया शहर बसाया?
(a) बहलोल लोदी
(b) सिकन्दर लोदी
(c) इब्राहिम लोदी
(d) उपरोक्त में से कोई नहीं

32. शेरशाह ने किस मुगल शासक को पराजित कर दिल्ली की सत्ता को हासिल किया?
(a) बाबर (b) हुमायूँ
(c) अकबर (d) औरंगजेब

33. किस शासक ने दिल्ली में रोहतासगढ़ का किला बनवाया, जो 'पुराना किला' के नाम से प्रसिद्ध है?
(a) अकबर (b) बाबर
(c) हुमायूँ (d) शेरशाह

34. मुगल राजधानी आगरा से दिल्ली किसने स्थानान्तरित की?
(a) अकबर (b) जहाँगीर
(c) शाहजहाँ (d) औरंगजेब

35. दिल्ली में 'लालकिला' तथा 'जामा मस्जिद' का निर्माण किसने करवाया?
(a) अकबर (b) जहाँगीर
(c) शाहजहाँ (d) औरंगजेब

36. किस मुगल शासक के शासनकाल में दिल्ली की संधि हुई?
(a) बहादुरशाह प्रथम (b) फर्रूखशियर
(c) मुहम्मदशाह (d) शाहआलम

37. किस मुगलशासक के शासनकाल में अंग्रेजों ने दिल्ली पर अधिकार किया?
(a) मुहम्मदशाह
(b) शाहआलम
(c) बहादुरशाह प्रथम
(d) फर्रूखशियर

38. निम्नलिखित में से कौन-सा युग्म सुमेलित नहीं है?
(a) कुतुबमीनार – कुतुबुद्दीन ऐबक
(b) तुगलकाबाद – गयासुद्दीन तुगलक
(c) दीनपनाह – अकबर
(d) जहाँपनाह – मोहम्मद-बिन-तुगलक

39. सुमेलित कीजिए

सूची I *(प्रमुख वंश)*	सूची II *(दिल्ली में कार्यकाल)*
A. गुलाम वंश	1. 1206-1290 ई.
B. खिलजी वंश	2. 1290-1320 ई.
C. तुगलक वंश	3. 1320-1414 ई.
D. सैय्यद वंश	4. 1414-1451 ई.

कूट

	A	B	C	D
(a)	1	2	3	4
(b)	2	1	3	4
(c)	3	4	2	1
(d)	4	3	2	1

उत्तरमाला

1. (a) **2.** (b) **3.** (d) **4.** (d) **5.** (b) **6.** (b) **7.** (a) **8.** (c) **9.** (b) **10.** (a)
11. (a) **12.** (c) **13.** (b) **14.** (a) **15.** (d) **16.** (a) **17.** (b) **18.** (a) **19.** (c) **20.** (c)
21. (b) **22.** (b) **23.** (d) **24.** (d) **25.** (a) **26.** (b) **27.** (c) **28.** (c) **29.** (a) **30.** (a)
31. (b) **32.** (b) **33.** (d) **34.** (c) **35.** (c) **36.** (b) **37.** (b) **38.** (c) **39.** (a)

अध्याय 2

दिल्ली का आधुनिक इतिहास एवं स्वतन्त्रता संघर्ष में योगदान

दिल्ली पर मुगल नियन्त्रण कमजोर होने पर मराठों ने यहाँ आधिपत्य स्थापित करने की कोशिश की, परन्तु सितम्बर, 1803 में ब्रिटिश सेना तथा मराठों के मध्य हुए युद्ध में ब्रिटिश सेना की जीत हुई।

इसी के साथ दिल्ली पर ब्रिटिश शासन का नियन्त्रण स्थापित हुआ और मुगल शासक ब्रिटिश नियन्त्रण में आ गए।

1857 ई. की क्रान्ति में दिल्ली का योगदान

- 10 मई, 1857 को मेरठ में शुरू हुए विद्रोह के बाद 11 मई, 1857 को मेरठ के विद्रोही सैनिकों ने दिल्ली में प्रवेश किया तथा लाल किले की सुरक्षा में लगे कमिश्नर फ्रेजर, मजिस्ट्रेट हचिन्सन एवं बादशाह के अंगरक्षकों के प्रभारी डगलस की हत्या कर दी।
- लाल किला परिसर में सैन्य परिषद् की स्थापना हुई तथा विद्रोहियों ने **बहादुरशाह जफर** को **भारत का सम्राट** घोषित किया। इस विद्रोह का सैन्य नेतृत्व **बख्त खाँ** ने किया था।
- 54वीं नेटिव इन्फैन्ट्री के सिपाहियों ने विद्रोहियों पर गोली चलाने से इंकार कर दिया, जबकि 38वीं नेटिव इनफैन्ट्री के सिपाहियों ने अपने अधिकारियों पर गोलियाँ चलाईं।
- प्रभावी संगठन के अभाव में सैनिकों का विद्रोह जल्दी ही दबा दिया गया और 20 सितम्बर, 1857 को ब्रिटिश सेना ने निकल्सन हडसन के नेतृत्व में पुनः दिल्ली पर नियन्त्रण कर लिया।
- 21 सितम्बर, 1857 को बहादुरशाह और जीनत महल ने हुमायूँ के मकबरे में निकल्सन हडसन के सामने आत्मसमर्पण कर दिया।
- बहादुरशाह जफर को गिरफ्तार कर लिया गया तथा विद्रोहियों को मृत्युदण्ड दिया गया। बहादुरशाह जफर को रंगून भेज दिया गया, जहाँ 1862 ई. में उसकी मृत्यु हो गई।
- 1857 ई. के विद्रोह के बाद भारत से ईस्ट इण्डिया कम्पनी से शासन ब्रिटिश क्राउन को स्थानान्तरित करने की घोषणा की गई।

दिल्ली में स्वतन्त्रता संग्राम से सम्बन्धित घटनाएँ

दिल्ली में स्वतन्त्रता संग्राम से सम्बन्धित कई महत्त्वपूर्ण घटनाएँ हुईं। *इनका विवरण निम्न प्रकार है*

दिल्ली दरबार

- **प्रथम दिल्ली दरबार** का आयोजन 1877 ई. में लॉर्ड लिटन के कार्यकाल में किया गया, जिसमें विक्टोरिया को भारत की साम्राज्ञी घोषित किया गया।
- **दूसरे दिल्ली दरबार** का आयोजन वर्ष 1903 में लॉर्ड कर्जन के काल में किया गया। यह एडवर्ड द्वितीय के सिंहासनारोहण के उपलक्ष्य में किया गया था।
- **तृतीय दिल्ली दरबार** का आयोजन 12 दिसम्बर, 1911 को किया गया। किंग जॉर्ज पंचम ने बंगाल विभाजन को रद्द करने तथा कलकत्ता की जगह दिल्ली को भारत की नई राजधानी बनाने की घोषणा की।

राजधानी के रूप में दिल्ली का विकास

- वर्ष 1912 में राजधानी कलकत्ता से दिल्ली स्थानान्तरित की गई। दिल्ली हस्तान्तरण के समय भारत का गवर्नर जनरल लॉर्ड हार्डिंग द्वितीय था।
- वर्ष 1912 में **एडविन लैण्डसियर लुटियन्स** तथा उसके सहकर्मी हरबर्ट बेकर को 'नई दिल्ली' की स्थापना की जिम्मेदारी सौंपी गई।
- जन्तर-मन्तर से राष्ट्रपति भवन तक का क्षेत्र जयपुर रियासत के अधीन था, जो **जयपुरिया** कहलाता था। इसे अंग्रेज सरकार ने बलपूर्वक खरीदा था।
- लुटियन्स ने पहली बार वर्ष 1912 में दिल्ली का दौरा किया, किन्तु निर्माण-कार्य प्रथम विश्वयुद्ध के बाद ही प्रारम्भ हो सका।
- लुटियन्स तथा बेकर ने वर्ष 1912 में राष्ट्रपति भवन, संसद भवन तथा सचिवालय (नॉर्थ तथा साउथ ब्लॉक) का डिजाइन तैयार किया।
- वर्ष 1931 में नई दिल्ली का निर्माण कार्य पूर्ण हुआ। नई दिल्ली को **लुटियन्स की दिल्ली** भी कहते हैं।
- लुटियन्स दिल्ली अर्थात् नई दिल्ली का उद्घाटन फरवरी, 1931 में लॉर्ड इरविन ने किया था।

दिल्ली षड्यन्त्र केस

- रास बिहारी बोस के नेतृत्व में दिल्ली में क्रान्तिकारी समितियों का गठन हुआ, जिसमें कैम्ब्रिज मिशन हाईस्कूल, दिल्ली के अध्यापक अमीर चन्द, जे. एन. चटर्जी और दीनानाथ ने सहयोग दिया था।
- क्रान्तिकारियों द्वारा लॉर्ड हार्डिंग एवं लेडी हार्डिंग पर उस समय बम फेंका गया, जब वे हाथी पर सवार होकर एक समारोह में जा रहे थे।
- लाहौर बम काण्ड के बाद दिल्ली षड्यन्त्र केस में शामिल क्रान्तिकारियों का पता चल गया।
- मई, 1915 में अवध बिहारी, बाल मुकुन्द एवं अमीर चन्द को अम्बाला में फाँसी की सजा दी गई, लेकिन इस षड्यन्त्र के मुख्य नेता रास बिहारी बोस भागकर जापान चले गए।

रॉलेट विधेयक (रॉलेट एक्ट)

- 18 मार्च, 1919 रॉलेट विधेयक सरकारी व वायसराय के मतों से पारित कर दिया गया। इस विधेयक के पारित होने के विरोध में वायसराय की शाही विधानपरिषद् के चार सदस्यों ने त्याग-पत्र दे दिया, जिसमें कांग्रेस अध्यक्ष पण्डित मदनमोहन मालवीय और मुस्लिम लीग के अध्यक्ष मोहम्मद अली जिन्ना भी थे।
- 30 मार्च, 1919 को दिल्ली के भाई मतिदास चौक (फव्वारा) पर **रॉलेट एक्ट** के विरोध में एक बड़ी आमसभा आयोजित की गई।

आमसभा में लगभग 30 हजार लोगों ने भाग लिया। इस आमसभा का आयोजन दिल्ली सत्याग्रह कमेटी ने किया था। हकीम अजमल खान तथा गाँधीजी ने इस सभा को सम्बोधित किया।

- महात्मा गाँधी ने दिल्ली में 7 अप्रैल, 1919 को प्रवेश करने का प्रयास किया, परन्तु पलवल के निकट उनको गिरफ्तार कर लिया गया और पुलिस अनुरक्षकों की निगरानी में मुम्बई ले जाया गया।
- इस समय दिल्ली उपद्रवों का केन्द्र बन गई थी और यहीं से पंजाब और उत्तर प्रदेश के अन्य भागों में आन्दोलन फैलता था।

खिलाफत आन्दोलन

- दिल्ली खिलाफत आन्दोलन का महत्त्वपूर्ण केन्द्र थी।
- सितम्बर, 1919 में अली बन्धुओं ने एक खिलाफत कमेटी 'खुद्दाम-ए-कावा' का गठन किया।
- 17 अक्टूबर, 1919 को खिलाफत दिवस मनाया गया तथा 23 नवम्बर, 1919 को इसका पहला सम्मेलन दिल्ली में फजलुल हक तथा महात्मा गाँधी की अध्यक्षता में हुआ।
- खिलाफत आन्दोलन में विदेशी वस्तुओं और पुनर्गठित परिषदों का बहिष्कार किया गया।
- खिलाफत आन्दोलन के प्रमुख नेता डॉ. मुख्तार अहमद, हसरत मोहानी, मुफ्ती किफायत उल्लाह व मौलवी अहमद सैयद थे।

असहयोग आन्दोलन

- असहयोग आन्दोलन के दौरान दिल्ली में हकीम अजमल खाँ के अतिरिक्त लगभग सभी प्रमुख कांग्रेसी नेताओं डॉ. अंसारी, शंकर लाल, आसफ अली, देशबन्धु गुप्ता को गिरफ्तार कर लिया गया।
- इन नेताओं की गिरफ्तारी के बाद भी प्रिन्स ऑफ वेल्स के दिल्ली आगमन पर उनका बहिष्कार पूर्णतः सफल रहा।
- कांग्रेस अध्यक्ष सी. आर. दास के गिरफ्तार हो जाने के बाद वर्ष 1919 में अहमदाबाद कांग्रेस अधिवेशन की अध्यक्षता **हकीम अजमल खाँ** ने की। कांग्रेस अधिवेशन की अध्यक्षता करने वाले हकीम अजमल खाँ दिल्ली के प्रथम कांग्रेसी नेता थे।
- असहयोग आन्दोलन तथा सविनय अवज्ञा आन्दोलन के दौरान दिल्ली में शान्तिपूर्ण प्रदर्शन तथा आम सभाओं का आयोजन किया गया। गाँधीजी सहित कई अन्य बड़े नेताओं ने ब्रिटिश विरोधी चेतना को जागृत किया।

साइमन कमीशन

- साइमन कमीशन के आगमन के समय दिल्ली के प्रसिद्ध नेता डॉ. एम. ए. अंसारी कांग्रेस के अध्यक्ष थे।
- 29 फरवरी, 1928 को दिल्ली में साइमन आयोग के आने का विरोध करने के लिए काले झण्डे लेकर भीड़ एकत्रित हुई। इसी दौरान लाहौर में लाला लाजपत राय, लखनऊ में पं. जवाहरलाल नेहरू व पं. गोविन्द वल्लभ पन्त पर लाठीचार्ज जैसी दुःखद घटनाएँ घटी थीं।

हिन्दुस्तान रिपब्लिकन सोशलिस्ट एसोसिएशन

- प्रथम विश्वयुद्ध के बाद दिल्ली क्रान्तिकारी आन्दोलनों का केन्द्र रही।
- वर्ष 1928 में 'हिन्दुस्तान रिपब्लिकन सोशलिस्ट एसोसिएशन' की स्थापना दिल्ली के फिरोजशाह कोटला में की गई।
- इस संगठन का नेतृत्व भगत सिंह तथा चन्द्रशेखर आजाद ने किया। इस संगठन की स्थापना का उद्देश्य देशभर के क्रान्तिकारियों को एकजुट करना था।

केन्द्रीय विधानसभा में बम फेंकने की घटना

- 8 अप्रैल, 1929 को युवा क्रान्तिकारी **भगत सिंह** और **बटुकेश्वर दत्त** ने दिल्ली में केन्द्रीय विधानसभा में बम फेंका।
- केन्द्रीय विधानसभा में बम फेंकने का उद्देश्य किसी को घायल करना नहीं था, बल्कि जनता की भावनाओं को व्यक्त करना तथा सरकार को चेतावनी देना था, क्योंकि उस समय केन्द्रीय विधानसभा में जन सुरक्षा अधिनियम तथा व्यापारी विवाद अधिनियम विचाराधीन थे। सरकार इन्हें प्रेस, सदन व केन्द्रीय विधानसभा में कांग्रेस गुट के विरोध के पश्चात् भी पारित करना चाहती थी।

गाँधी-इरविन पैक्ट

- वायसराय लॉर्ड इरविन एवं गाँधीजी के बीच लगभग 15 दिनों तक होने वाली वार्ता के पश्चात ब्रिटिश सरकार और कांग्रेस के बीच 5 मार्च, 1931 को 'गाँधी-इरविन पैक्ट' नामक ऐतिहासिक समझौता हुआ, इसे **दिल्ली समझौता** भी कहा जाता है।
- इरविन के बाद आने वाले वायसराय लॉर्ड विलिंगटन (1931-36 ई.) ने इस पैक्ट को अस्वीकार कर दिया।

स्वराज्य पार्टी

- वर्ष 1932 में कांग्रेस को एक गैर-कानूनी संस्था घोषित कर दिया गया था। वर्ष 1934 में पुरानी दिल्ली दरियागंज में डॉ. एम. ए. अंसारी की अध्यक्षता में कांग्रेसी नेताओं का एक सम्मेलन हुआ।
- इस सम्मेलन में सभी प्रान्तों के लगभग 40 प्रतिनिधियों ने भाग लिया, इस सम्मेलन में कांग्रेस पार्टी को पुनर्जीवित करने तथा इसके पुनर्गठन का निर्णय लिया गया।
- डॉ. एम. ए. अंसारी को स्वराज्य पार्टी का संविधान बनाने और कार्यक्रम की रूपरेखा तैयार करने के लिए अस्थायी समिति का अध्यक्ष भी नियुक्त किया गया।

भारत छोड़ो आन्दोलन

- द्वितीय विश्वयुद्ध के शुरू होने पर 15 सितम्बर, 1939 को दिल्ली में कांग्रेस की कार्यकारिणी समिति की बैठक हुई।
- गाँधीजी की सलाह पर इस समिति ने अंग्रेजी सरकार से भारत को स्वतन्त्र घोषित करने की प्रार्थना की।
- 23 मार्च, 1942 को सर स्टैफोर्ड क्रिप्स के नेतृत्व में 'क्रिप्स मिशन' दिल्ली आया।
- 8 अगस्त, 1942 को मुम्बई में अखिल भारतीय कांग्रेस समिति द्वारा 'भारत छोड़ो' संकल्प प्रस्तावित होने के बाद दिल्ली में उपद्रव हुए।
- 10 अगस्त, 1942 में मौलाना अबुल कलाम आजाद ने पुरानी दिल्ली के उर्दू बाजार में लोगों की भीड़ को सम्बोधित करते हुए गाँधी जी का सन्देश पहुँचाया। अबुल कलाम आजाद को भी इस दौरान अंग्रेजों द्वारा गिरफ्तार कर लिया गया।

आजाद हिन्द फौज और दिल्ली

नेताजी सुभाष चन्द्र बोस ने 'दिल्ली चलो' का नारा लगाया था। वर्ष 1945 में आजाद हिन्द फौज के सिपाहियों को गिरफ्तार कर दिल्ली के लाल किले में मुकदमा चलाया गया।

कांग्रेस ने आजाद हिन्द फौज के सिपाहियों को बचाने के लिए 'आजाद हिन्द फौज बचाव समिति' का गठन किया। इस समिति के अध्यक्ष भूलाभाई देसाई थे।

कैबिनेट मिशन और दिल्ली

- भारतीय राजव्यवस्था पर बातचीत करने के लिए वर्ष 1946 में कैबिनेट मिशन का गठन किया गया।
- 29 मार्च, 1946 को कैबिनेट मिशन के तीन सदस्य सर स्टैफोर्ड क्रिप्स, ए. वी. अलेक्जेण्डर तथा लॉर्ड पैथिक लॉरेन्स का दिल्ली आगमन हुआ।

स्वतन्त्रता प्राप्ति के समय दिल्ली

- कांग्रेस द्वारा वायसराय के नवीनतम प्रस्तावों को स्वीकार कर लेने के बाद अगस्त, 1946 में दिल्ली के अन्तर्गत नेहरू की सरकार गठित करने का प्रस्ताव दिया गया।
- 9 दिसम्बर, 1946 को **संविधान सभा की पहली बैठक** संसद भवन के केन्द्रीय हॉल (दिल्ली) में हुई। इसके अस्थायी अध्यक्ष **सच्चिदानन्द सिन्हा** थे।
- 11 दिसम्बर, 1946 को नई दिल्ली में संविधान सभा की दूसरी बैठक में **डॉ. राजेन्द्र प्रसाद** को संविधान सभा का स्थायी अध्यक्ष चुना गया।
- 15 अगस्त, 1947 की मध्यरात्रि देश के प्रथम प्रधानमन्त्री के रूप में **पण्डित जवाहरलाल नेहरू** ने देश को सम्बोधित किया।
- 30 जनवरी, 1948 को दिल्ली के बिड़ला हाउस में एक प्रार्थना सभा में शामिल होते समय नाथूराम गोडसे द्वारा गाँधीजी की हत्या कर दी गई।

दिल्ली में कांग्रेस अधिवेशन

वर्ष	*अध्यक्ष*	*महत्त्वपूर्ण तथ्य*
1918	मदनमोहन मालवीय	दिल्ली में पहला अधिवेशन
1923 (विशेष अधिवेशन)	मौलाना अबुल कलाम आजाद	सबसे कम उम्र के कांग्रेस अध्यक्ष
1932	अमृत रणछोड़दास सेठ	–
1947	राजेन्द्र प्रसाद	परतन्त्र भारत का अन्तिम कांग्रेस अधिवेशन

दिल्ली का आधुनिक इतिहास एवं स्वतन्त्रता संघर्ष में योगदान

स्व-मूल्यांकन

1. ब्रिटिश सेना ने किस दिन पुनः दिल्ली पर अधिकार कायम किया?
(a) 20 सितम्बर, 1857
(b) 20 अगस्त, 1857
(c) 12 दिसम्बर, 1857
(d) 10 मार्च, 1858

2. 1857 ई. के विद्रोह के समय दिल्ली पर ब्रिटिश कब्जा किसके नेतृत्व में किया गया?
(a) निकल्सन हडसन
(b) कैम्पबेल
(c) जॉर्ज एनसन
(d) उपरोक्त सभी

3. किस वर्ष ब्रिटिश महारानी विक्टोरिया को भारत की साम्राज्ञी घोषित करने के लिए 'दिल्ली दरबार' का आयोजन किया गया?
(a) वर्ष 1858 (b) वर्ष 1877
(c) वर्ष 1903 (d) वर्ष 1911

4. दूसरे दिल्ली दरबार का आयोजन किसके उपलक्ष्य में किया गया?
(a) कलकत्ता से दिल्ली राजधानी परिवर्तन के उपलक्ष्य में
(b) एडवर्ड द्वितीय के सिंहासनारोहण के उपलक्ष्य में
(c) विक्टोरिया के सिंहासनारोहण के उपलक्ष्य में
(d) उपरोक्त में से कोई नहीं

5. तृतीय दिल्ली दरबार का आयोजन कब किया गया?
(a) 9 दिसम्बर, 1911
(b) 9 दिसम्बर, 1912
(c) 12 दिसम्बर, 1911
(d) 15 दिसम्बर, 1915

6. कलकत्ता से दिल्ली को राजधानी बनाने की घोषणा कब की गई?
(a) वर्ष 1909 (b) वर्ष 1910
(c) वर्ष 1912 (d) वर्ष 1911

7. कलकत्ता से राजधानी स्थानान्तरित कब की गई?
(a) वर्ष 1901 (b) वर्ष 1909
(c) वर्ष 1911 (d) वर्ष 1912

8. दिल्ली राजधानी हस्तान्तरण के समय भारत का गवर्नर जनरल कौन था?
(a) लॉर्ड हार्डिंग I
(b) लॉर्ड हार्डिंग II
(c) लॉर्ड कर्जन
(d) लॉर्ड वेवेल

9. दिल्ली में स्थित राष्ट्रपति भवन, संसद भवन व केन्द्रीय सचिवालय का डिजाइन किसने तैयार किया था?
(a) जॉर्ज कैम्पबेल (b) जॉर्ज एनसन
(c) जॉन वेवेल (d) लुटियन्स

10. लुटियन्स दिल्ली अर्थात् नई दिल्ली का उद्‌घाटन किसके द्वारा किया गया?
(a) लॉर्ड हार्डिंग द्वितीय
(b) लॉर्ड वेवेल
(c) लॉर्ड इरविन
(d) लॉर्ड मैक्डोनाल्ड

11. 'दिल्ली षड्यन्त्र केस' के मुख्य नेता कौन थे?
(a) अवध बिहारी
(b) बाल मुकुंद
(c) अमीरचन्द
(d) रास बिहारी बोस

12. रॉलेट एक्ट के विरोध में दिल्ली में आमसभा का आयोजन कहाँ किया गया?
(a) मतिदास चौक (b) राजीव चौक
(c) चाँदनी चौक (d) बिड़ला भवन

13. रॉलेट एक्ट के विरोध में दिल्ली में हड़ताल का आयोजन कब किया गया?
(a) 20 मार्च, 1919
(b) 30 मार्च, 1919
(c) 7 अप्रैल, 1919
(d) 10 अप्रैल, 1919

14. सितम्बर, 1919 में गठित 'खुद्दाम-ए-कावा' किस प्रकार की कमेटी थी?
(a) सत्याग्रह कमेटी
(b) खिलाफत कमेटी
(c) जलियाँवाला बाग कमेटी
(d) उपरोक्त में से कोई नहीं

15. महात्मा गाँधी द्वारा खिलाफत कमेटी की अध्यक्षता निम्न में से कहाँ की गई?
(a) बम्बई
(b) अमृतसर
(c) लखनऊ
(d) दिल्ली

16. निम्न में से वह कांग्रेसी नेता कौन हैं, जिन्हें दिल्ली में असहयोग आन्दोलन के दौरान जेल में नहीं डाला गया था?
(a) आसफ अली
(b) देशबन्धु गुप्त
(c) शंकर लाल
(d) हकीम अजमल खाँ

17. वर्ष 1919 के अहमदाबाद कांग्रेस अधिवेशन के अध्यक्ष सी. आर. दास की गिरफ्तारी के बाद दिल्ली के किस नेता ने अध्यक्षता की थी?
(a) हकीम अजमल खाँ (b) फजलुल हक
(c) एम. ए. अंसारी (d) तेज बहादुर सप्रू

18. साइमन कमीशन का दिल्ली में विरोध किसके नेतृत्व में हुआ था?
(a) डॉ. एम. ए. अंसारी
(b) फजलुल हक
(c) मौलाना आजाद
(d) जवाहरलाल नेहरू

19. हिन्दुस्तान रिपब्लिकन सोशलिस्ट एसोसिएशन की स्थापना दिल्ली में कहाँ की गई?
(a) फिरोजशाह कोटला
(b) शाहदरा
(c) चाँदनी चौक
(d) कालका जी

20. भगत सिंह और बटुकेश्वर दत्त ने दिल्ली में केन्द्रीय विधानसभा पर बम कब फेंका?
(a) 13 अप्रैल, 1929
(b) 8 अप्रैल, 1929
(c) 13 अप्रैल, 1930
(d) 13 अप्रैल, 1931

21. वे दो युवा क्रान्तिकारी कौन थे, जिन्होंने दिल्ली में केन्द्रीय विधानसभा में उस समय बम फेंका, जब जन सुरक्षा अधिनियम तथा व्यापारी विवाद अधिनियम विचाराधीन थे?
(a) भगत सिंह, बटुकेश्वर दत्त
(b) चन्द्रशेखर आजाद, जतिन दास
(c) कदम सिंह, देवी सिंह
(d) उपरोक्त में से कोई नहीं

22. निम्न में से किसे दिल्ली समझौता भी कहा जाता है?
(a) गाँधी-दास पैक्ट
(b) गाँधी-इरविन पैक्ट
(c) इरविन-जिन्ना पैक्ट
(d) नेहरू-जिन्ना पैक्ट

23. वर्ष 1934 में कांग्रेस पार्टी का संविधान एवं कार्यक्रम की रूपरेखा तैयार करने के लिए किसे अस्थायी समिति का अध्यक्ष नियुक्त किया गया?
(a) मौलाना अबुल कलाम आजाद
(b) जवाहरलाल नेहरू
(c) डॉ. एम. ए. अंसारी
(d) फजलुल हक

24. द्वितीय विश्वयुद्ध के शुरू होने पर कांग्रेस कार्यकारिणी समिति की बैठक दिल्ली में कब हुई?
(a) 20 सितम्बर, 1939
(b) 18 सितम्बर, 1939
(c) 15 सितम्बर, 1939
(d) 12 सितम्बर, 1939

25. सर स्टैफोर्ड क्रिप्स, 'क्रिप्स मिशन' लेकर दिल्ली कब आए?
(a) 23 मार्च, 1942
(b) 23 मार्च, 1943
(c) 23 मार्च, 1944
(d) 23 मार्च, 1945

26. भारत छोड़ो आन्दोलन के समय दिल्ली में आयोजित सभा को किसने सम्बोधित किया था?
(a) डॉ. एम. ए. अंसारी
(b) महात्मा गाँधी
(c) अबुल कलाम आजाद
(d) जवाहरलाल नेहरू

27. 'दिल्ली चलो' का नारा किसने दिया?
(a) जवाहरलाल नेहरू
(b) महात्मा गाँधी
(c) डॉ. एम. ए. अंसारी
(d) सुभाषचन्द्र बोस

28. दिल्ली में गठित आजाद हिन्द फौज बचाव समिति के अध्यक्ष कौन थे?
(a) जवाहरलाल नेहरू
(b) तेजबहादुर सप्रू
(c) भूलाभाई देसाई
(d) उपरोक्त में से कोई नहीं

29. संविधान सभा की पहली बैठक संसद भवन के केन्द्रीय हॉल (दिल्ली) में कब हुई थी?
(a) 9 नवम्बर, 1946
(b) 9 दिसम्बर, 1946
(c) 8 नवम्बर, 1946
(d) 8 दिसम्बर, 1946

30. महात्मा गाँधी की हत्या दिल्ली में कब की गई?
(a) 31 जनवरी, 1948
(b) 31 मार्च, 1948
(c) 30 जनवरी, 1948
(d) 30 मार्च, 1948

31. निम्न में से कौन-सा एक कथन असत्य है?
(a) वर्ष 1928 में 'हिन्दुस्तान रिपब्लिकन सोशलिस्ट एसोसिएशन' की स्थापना दिल्ली के फिरोजशाह कोटला में की गई
(b) इस संगठन का नेतृत्व भगत सिंह तथा चन्द्रशेखर आजाद ने किया
(c) इस संगठन की स्थापना का उद्देश्य देशभर के क्रान्तिकारियों को एकजुट करना था
(d) उपरोक्त में से कोई नहीं

उत्तरमाला

1. (a) **2.** (a) **3.** (b) **4.** (b) **5.** (c) **6.** (d) **7.** (d) **8.** (b) **9.** (d) **10.** (c)
11. (d) **12.** (a) **13.** (b) **14.** (b) **15.** (d) **16.** (d) **17.** (a) **18.** (a) **19.** (a) **20.** (b)
21. (a) **22.** (b) **23.** (c) **24.** (c) **25.** (a) **26.** (c) **27.** (d) **28.** (c) **29.** (b) **30.** (c)
31. (d)

अध्याय 3

दिल्ली का भौगोलिक स्वरूप एवं अपवाह तन्त्र

दिल्ली की अवस्थिति और विस्तार

- दिल्ली का विस्तार 28°24′ उत्तरी अक्षांश से 28°50′ उत्तरी अक्षांश तथा 76°50′ पश्चिमी देशान्तर से 77°20′ पूर्वी देशान्तर तक है।
- इसकी उत्तर से दक्षिण की लम्बाई 48.48 किमी तथा पूर्व से पश्चिम की लम्बाई 51.9 किमी है। दिल्ली की समुद्रतल से औसत ऊँचाई 216 मीटर है।
- दिल्ली का कुल क्षेत्रफल 1,483 वर्ग किमी है। इसमें 369.35 (24.91%) वर्ग किमी ग्रामीण तथा 1,113.65 (75.09%) वर्ग किमी शहरी क्षेत्र है।
- दिल्ली का क्षेत्रफल भारत के कुल क्षेत्रफल का लगभग 0.05% है।

दिल्ली का सीमा विस्तार

- दिल्ली की सीमाएँ तीन ओर से हरियाणा से और एक ओर से (पूर्व की तरफ) उत्तर प्रदेश से घिरी हुई हैं।
- राष्ट्रीय राजधानी क्षेत्र (National Capital Territory, NCT) का विस्तार तीन राज्यों में है। ये तीन राज्य-हरियाणा, उत्तर प्रदेश तथा राजस्थान हैं।
- राष्ट्रीय राजधानी क्षेत्र में राजस्थान के 2 जिले अलवर तथा भरतपुर; उत्तर प्रदेश के 8 जिले बागपत, बुलन्दशहर, गाजियाबाद, गौतमबुद्ध नगर, हापुड़, मेरठ, शामली तथा मुजफ्फरनगर हैं।
- हरियाणा के 13 जिले-फरीदाबाद, गुरुग्राम, महेन्द्रगढ़, भिवानी, मेवात, रोहतक, झज्जर, सोनीपत, पानीपत, पलवल, रेवाड़ी, करनाल और जींद सम्मिलित हैं।
- दिल्ली से हरियाणा के 4 जिले फरीदाबाद, गुरुग्राम, झज्जर तथा सोनीपत और उत्तर प्रदेश के 2 जिले गाजियाबाद एवं गौतमबुद्ध नगर सीमाएँ बनाते हैं।

दिल्ली का प्राकृतिक विभाजन

दिल्ली भारतीय उप-महाद्वीप में गंगा-यमुना दोआब क्षेत्र में स्थित प्रदेश है, जहाँ अरावली का विस्तार भी पाया जाता है।
दिल्ली को भू-आकृतिक दृष्टि से तीन भागों में विभाजित किया जाता है। *ये इस प्रकार हैं*

1. पहाड़ी भाग : द रिज

- दिल्ली का पहाड़ी भाग (The Ridge) विश्व की प्राचीनतम पर्वत शृंखला अरावली से अपक्षयित होकर छिन्न-भिन्न हो गया।
- यह अरावली पर्वत शृंखला की मेवात शाखा का अन्तिम दौर है, जोकि दिल्ली के दक्षिणी भाग में स्थित है।

- अपक्षय के कारण इस क्षेत्र की ऊँचाई 300 मी तक है। इसे 'दिल्ली की पहाड़ियाँ' तथा 'दिल्ली रिज' कहते हैं।
- दिल्ली रिज राजस्थान की पहाड़ियों के पर्वत स्कन्ध की तरह बना हुआ है। यह दो ऊँचे पर्वत शिखरों के मध्य में स्थित है। अपेक्षाकृत नीचे एवं सपाट भू-भाग को जहाँ से मार्ग गुजरता है उसे **पर्वत स्कन्ध** कहते हैं।
- मेवात शृंखला की कटक या पहाड़ी भाग इस प्रदेश की महत्त्वपूर्ण भू-आकृतिक विशेषता है।
- दिल्ली का सर्वाधिक ऊँचा स्थान 'दिल्ली रिज' में स्थित 'भाटी' गाँव है जोकि 322 मी (1045 फीट) ऊँचा है। दिल्ली का पहाड़ी भाग यमुना नदी के समानान्तर वजीराबाद तक विस्तृत है।
- दिल्ली रिज को **दिल्ली का हरा फेफड़ा** भी कहते हैं। यह रिज पश्चिम से आने वाली धूल की भरी आँधियों से दिल्ली को सुरक्षित रखती है।
- यमुना नदी और पहाड़ी क्षेत्र का सम्पूर्ण भाग त्रिभुजाकार है, जिसका शीर्ष भाग वजीराबाद तथा आधार तुगलकाबाद और महरौली के मध्य है। दक्षिण में तुगलकाबाद और महरौली के मध्य का क्षेत्र 'कोही' (Kohi) कहलाता है।

2. यमुना बाढ़ का मैदान

- यह मैदान यमुना नदी के किनारे निम्न एवं बालुका क्षेत्र में विस्तृत है। इसे 'खादर' भी कहा जाता है। खादर यमुना के निक्षेपों वाला क्षेत्र है, यहाँ हल्की बलुई मिट्टी मिलती है। इसके अन्तर्गत गीता कालोनी, भजनपुरा, वजीराबाद आदि कालोनी के क्षेत्र आते हैं।
- वर्षा ऋतु में यह मैदान बाढ़ के पानी से ढक जाता है तथा वर्षा समाप्त होने के बाद मिट्टी में नमी आ जाती है। यह नमी मिट्टी की उर्वरता को बनाए रखने में सहायक होती है।

3. मैदानी भाग

- दिल्ली का मैदानी भाग यमुना नदी द्वारा निर्मित है। यह समुद्र तल से 175 मी से 200 मी की ऊँचाई पर स्थित है।
- इसे 'बांगर' भी कहा जाता है। यह दिल्ली के पहाड़ी भाग के उत्तर में और जी.टी. रोड के पश्चिम में स्थित है।
- यमुना के मैदान में मुख्य रूप से जलोढ़ मिट्टी पाई जाती है। इस मैदान में मुख्य रूप से गारनेट और अभ्रक मिलता है।

दिल्ली का अपवाह तन्त्र

- यमुना दिल्ली की मुख्य नदी है। यह उत्तर से दक्षिण दिशा में बहती है और अधिकांशतः उत्तर प्रदेश के साथ दिल्ली की पूर्वी सीमा रेखा के रूप में बहती है।
- यमुना के पूर्वी किनारे पर बसी दिल्ली यमुना पार या ट्रांस यमुना कहलाती है।
- यमुना नदी उत्तराखण्ड राज्य के उत्तरकाशी जिले में 'यमुनोत्री' हिमनद से निकलती है।
- यमुनोत्री हिमनद बन्दर पूँछ (6,316 मी) के पश्चिमी ढाल पर स्थित है।
- यमुना नदी उत्तराखण्ड, हिमाचल प्रदेश, उत्तर प्रदेश तथा हरियाणा से होकर दिल्ली में प्रवेश करती है।
- दिल्ली में यमुना नदी पाला गाँव के निकट प्रवेश करती है तथा पूर्व में जैतपुर बॉर्डर के पास पुनः उत्तर प्रदेश राज्य में प्रवाहित होती है।
- वजीराबाद तक यह दक्षिण की ओर प्रवाहित होती है और वहाँ से पूर्व की ओर मुड़ जाती है। दिल्ली में यमुना की लम्बाई 22 किमी है।
- हथिनी कुण्ड बैराज हरियाणा में यमुना नदी पर स्थित है। इस बैराज के द्वारा दिल्ली को जल आपूर्ति की जाती है।

दिल्ली की प्रमुख झीलें

दिल्ली की प्रमुख झीलें निम्न हैं

- ***भलसवा झील*** इस झील का विकास दिल्ली विकास प्राधिकरण (DDA) द्वारा किया गया है। इसमें तैराकी तथा नौकाविहार की सुविधा उपलब्ध है।

- ***दमदमा झील*** यह धौलाकुआँ से 45 किमी की दूरी पर स्थित है।
- ***नजफगढ़ झील*** यह दिल्ली के नजफगढ़ क्षेत्र में दिल्ली-हरियाणा सीमा पर अवस्थित है। यह क्षेत्र यमुना नदी से जुड़ा हुआ है। इसलिए इसमें जल की पर्याप्तता बनी रहती है।
- ***बड़खल झील*** यह अरावली रेंज में स्थित है। गर्मी के मौसम में यह सूख जाती है।
- ***संजय झील*** यह पूर्वी दिल्ली में त्रिलोकपुरी में अवस्थित है। इसका विकास दिल्ली विकास प्राधिकरण द्वारा किया गया है।

दिल्ली की प्रमुख नहरें

दिल्ली से जुड़ी दो प्रमुख नहरें आगरा नहर तथा सतलज-यमुना लिंक नहरें हैं। ये दोनों नहरें यमुना से सम्बन्धित हैं। *इनका वर्णन निम्न है*

- ***आगरा नहर*** इस नहर का निर्माण 1874 ई. में किया गया था। यह निजामुद्दीन के समीप ओखला ब्रिज से निकाली गई है।
- ***सतलज-यमुना लिंक नहर*** इस नहर का निर्माण फिरोजशाह तुगलक द्वारा करवाया गया था। यह दिल्ली के पालम गाँव से पंजाब तक विस्तृत है।

दिल्ली की जलवायु

- दिल्ली की जलवायु महाद्वीपीय है, जिसमें शीतोष्ण कटिबन्धीय मानसूनी जलवायु के लक्षण देखे जा सकते हैं।
- दिल्ली की जलवायु मुख्यतः पश्चिम तथा दक्षिण-पश्चिम में स्थित राजस्थान के रेगिस्तानी भाग तथा पूर्व में उत्तर प्रदेश के मैदानी भाग से प्रभावित है। *मुख्यतः दिल्ली में तीन ऋतुएँ होती हैं*

ग्रीष्म ऋतु

- दिल्ली में ग्रीष्म ऋतु मार्च से जून के महीने तक होती है।
- मई और जून में सर्वाधिक गर्मी पड़ती है और अप्रैल तथा मई में स्थानीय हवा **लू** का प्रभाव अधिक रहता है। मई महीने में अधिकतम औसत तापमान 39°-42°C तक पहुँच जाता है।

वर्षा ऋतु

- दिल्ली में वर्षा ऋतु जून से सितम्बर के महीने तक होती हैं।
- यहाँ जुलाई, अगस्त तथा सितम्बर में समुद्री हवा के प्रभाव के कारण वर्षा होती है। दिल्ली में औसत वर्षा 660 मिमी होती है।
- दिल्ली के दक्षिण-पश्चिम भाग से उत्तर-पूर्वी भाग की ओर वार्षिक वर्षा का अनुपात बढ़ता जाता है।
- जुलाई, अगस्त तथा सितम्बर में कुल वार्षिक वर्षा का 74% वर्षण दृष्टिगत होता है।
- मानसून को छोड़कर शेष महीनों में पश्चिमी या उत्तर-पश्चिमी दिशा से हवाएँ चलती हैं। मानसून के दौरान पूर्वी तथा दक्षिण-पूर्वी हवाएँ चलती हैं।

शीत ऋतु

- दिल्ली में शीत ऋतु अक्टूबर से मार्च के महीने तक होती है। शीत ऋतु में दिन और रात के तापमान में अधिक अन्तर पाया जाता है।
- जनवरी सबसे अधिक ठण्डा महीना होता है। इस समय अधिकतम दैनिक औसत तापमान 21.3°C तथा न्यूनतम तापमान 5.4°C होता है।
- जनवरी, फरवरी तथा मार्च में कभी-कभी पश्चिमी विक्षोभ के कारण वर्षा होती है।
- मध्य मार्च के बाद तापमान में वृद्धि होने लगती है।
- हिमालय तथा अरावली के मध्य अवस्थित होने के कारण शीत ऋतु में यहाँ तापमान कम रहता है साथ ही आर्द्रता अधिक रहने के कारण कुहरा लगने की प्रक्रिया नवम्बर से फरवरी के मध्य जनवरी में सामान्य रहती है।

दिल्ली का भौगोलिक स्वरूप एवं अपवाह तन्त्र

स्व-मूल्यांकन

1. दिल्ली का अक्षांशीय विस्तार है
(a) 28° 24' से 29° 53' उत्तरी अक्षांश
(b) 27° 24' से 28° 53' उत्तरी अक्षांश
(c) 28° 24' से 28° 50' उत्तरी अक्षांश
(d) 28° 24' से 29° 24' उत्तरी अक्षांश

2. दिल्ली निम्नलिखित में से किन देशान्तरों के मध्य स्थित है?
(a) 76° 50' से 77° 20' पूर्वी देशान्तर
(b) 78° 59' से 80° 34' पूर्वी देशान्तर
(c) 76° 50' से 80° 34' पूर्वी देशान्तर
(d) 78° 52' से 78° 54' पूर्वी देशान्तर

3. दिल्ली का कुल क्षेत्रफल कितना है?
(a) 1,483 वर्ग किमी (b) 1,583 वर्ग किमी
(c) 1,784 वर्ग किमी (d) 1,984 वर्ग किमी

4. राष्ट्रीय राजधानी क्षेत्र में किस राज्य के सर्वाधिक जिले सम्मिलित हैं?
(a) उत्तर प्रदेश (b) हरियाणा
(c) राजस्थान (d) हिमाचल प्रदेश

5. दिल्ली की सीमा तीन ओर से हरियाणा को स्पर्श करती है, जबकि पूर्वी सीमा जुड़ी है
(a) उत्तर प्रदेश से
(b) पश्चिम बंगाल से
(c) मध्य प्रदेश से
(d) उपरोक्त में से कोई नहीं

6. राष्ट्रीय राजधानी क्षेत्र में राजस्थान के कितने जिले सम्मिलित हैं?
(a) 2 (b) 3 (c) 4 (d) 5

7. उत्तर प्रदेश का निम्न में से कौन-सा जिला राष्ट्रीय राजधानी क्षेत्र (दिल्ली) में सम्मिलित नहीं है?
(a) गौतमबुद्ध नगर (b) हापुड़
(c) मेरठ (d) मथुरा

8. हरियाणा का कौन-सा जिला राष्ट्रीय राजधानी क्षेत्र (दिल्ली) में शामिल है?
(a) फरीदाबाद (b) गुरुग्राम
(c) रेवाड़ी (d) ये सभी

9. भू-आकृतिक दृष्टि से दिल्ली को कितने भागों में विभाजित किया गया है?
(a) 3 (b) 4
(c) 2 (d) 5

10. दिल्ली अरावली पहाड़ियों का विस्तृत भाग किस श्रृंखला के नाम से जाना जाता है?
(a) मेवात (b) अरवल
(c) पलवल (d) अलवर

11. अरावली पर्वतीय कटकों का विस्तार दिल्ली के किस क्षेत्र में अधिक है?
(a) उत्तर-पश्चिमी (b) दक्षिण-पश्चिमी
(c) उत्तर-पूर्वी (d) दक्षिणी

12. दिल्ली का सबसे ऊँचा स्थान कौन-सा है?
(a) पालमपुर (b) सीलमपुर
(c) भाटी (d) वजीराबाद

13. दिल्ली में यमुना के बाढ़ मैदान को किस नाम से जाना जाता है?
(a) बांगर (b) खादर
(c) पाट (d) तराई

14. यमुना नदी के मैदानी क्षेत्रों में किस प्रकार की मिट्‌टी पाई जाती है?
(a) काली मिट्‌टी (b) जलोढ़ मिट्‌टी
(c) लाल मिट्‌टी (d) लैटेराइट मिट्‌टी

15. यमुना नदी की लम्बाई दिल्ली में है
(a) 12 किमी (b) 22 किमी
(c) 25 किमी (d) 50 किमी

16. दिल्ली में नजफगढ़ झील कहाँ पर अवस्थित है?
(a) दिल्ली-उत्तर प्रदेश सीमा
(b) दिल्ली -हरियाणा सीमा
(c) मध्य दिल्ली
(d) उपरोक्त में से कोई नहीं

17. आगरा नहर दिल्ली में कहाँ से शुरू होती है?
(a) ओखला ब्रिज (b) पीतमपुरा
(c) गुरुग्राम (d) रोहिणी

18. दिल्ली की जलवायु पर किस क्षेत्र की जलवायु का असर है?
(a) राजस्थान
(b) उत्तर प्रदेश
(c) 'a' और 'b' दोनों
(d) उपरोक्त में से कोई नहीं

19. अप्रैल तथा मई में दिल्ली पर किस स्थानीय हवा का प्रभाव होता है?
(a) एल-नीनो (b) लू
(c) मिस्ट्रल (d) ला-नीनो

20. दिल्ली में अधिकतम औसत तापमान कब होता है?
(a) मई (b) अप्रैल
(c) जुलाई (d) अगस्त

21. दिल्ली में वर्षा ऋतु का माह है
(a) मार्च-जुलाई (b) अप्रैल-अगस्त
(c) जून-सितम्बर (d) जुलाई-सितम्बर

22. पश्चिमी विक्षोभ से दिल्ली में किन महीनों में हल्की से जोरदार वर्षा होती है?
(a) जनवरी-मार्च (b) मई-जून
(c) सितम्बर-अक्टूबर (d) दिसम्बर-जनवरी

23. निम्न में से कौन-सा कथन असत्य है?
(a) दिल्ली भारतीय उप-महाद्वीप में गंगा-यमुना दोआब क्षेत्र में स्थित मैदानी प्रदेश है
(b) दिल्ली में जनवरी सबसे अधिक ठण्डा महीना होता है
(c) दिल्ली शीतोष्ण कटिबन्धीय मानसूनी जलवायु के अन्तर्गत आती है
(d) उपरोक्त में से कोई नहीं

उत्तरमाला

1. (c) **2.** (a) **3.** (a) **4.** (b) **5.** (a) **6.** (a) **7.** (d) **8.** (d) **9.** (a) **10.** (a)
11. (d) **12.** (c) **13.** (b) **14.** (b) **15.** (b) **16.** (b) **17.** (a) **18.** (c) **19.** (b) **20.** (a)
21. (c) **22.** (a) **23.** (d)

अध्याय 4

मृदा, वनस्पति एवं पर्यावरण

प्राकृतिक संसाधन के अन्तर्गत उन सभी प्रकृति प्रदत्त पदार्थ एवं वस्तुओं को शामिल करते हैं, जिन्हें मानव अपनी आवश्यकता की पूर्ति के लिए प्रयोग करता है।

यद्यपि दिल्ली का क्षेत्रफल अधिक नहीं है, लेकिन फिर भी यहाँ पर मृदा एवं वनस्पति जैसे प्राकृतिक संसाधन पाए जाते हैं।

मृदा संसाधन

- दिल्ली में पाँच प्रकार की मृदाएँ पाई जाती हैं, *ये इस प्रकार हैं*
  1. बलुई या चूना प्रधान मृदा
  2. पर्वतीय मृदा
  3. दोमट मृदा
  4. रेत प्रधान महीन दोमट मृदा
  5. चूना प्रधान दोमट मृदा
- दिल्ली की मृदा को **दिल्ली सिल्ट** के नाम से भी जाना जाता है। दिल्ली सिल्ट में 20% से 60% तक रेत की मात्रा पाई जाती है।
- दक्षिणी दिल्ली में रेत प्रधान दोमट मृदा पाई जाती है। इसमें सब्जी तथा अन्य फसलें उगाई जाती हैं।

दिल्ली रिज (Ridge) तथा अरावली की मृदा में पर्वतीय मृदा के गुण होते हैं। अतः इसमें नमी धारण करने की क्षमता होती है, जिसके कारण यह क्षेत्र पर्याप्त हरा-भरा है।

वन संसाधन

- इण्डिया स्टेट ऑफ फॉरेस्ट रिपोर्ट 2017 के अनुसार, दिल्ली में कुल वनाच्छादित क्षेत्र 192.41 वर्ग किमी हैं जो कुल भौगोलिक क्षेत्र का 12.97% है।
- इण्डिया स्टेट ऑफ फॉरेस्ट रिपोर्ट 2017 के अनुसार, दिल्ली में कुल वन एवं वृक्षाच्छादित क्षेत्र 305.41 वर्ग किमी है, जोकि कुल क्षेत्रफल का 20.59% है तथा कुल वृक्षाच्छादित क्षेत्र 133 वर्ग किमी है, जो कुल भौगोलिक क्षेत्र का 7.62% है।
- इण्डिया स्टेट ऑफ फॉरेस्ट रिपोर्ट 2017 के अनुसार, दिल्ली में 6.72 वर्ग किमी अति सघन वन, 56.24 वर्ग किमी मध्यम सघन वन और 129.45 वर्ग किमी खुले वन क्षेत्र हैं।
- दिल्ली का **सर्वाधिक वन क्षेत्र वाला जिला दक्षिणी दिल्ली** (83.35 वर्ग किमी) और **सबसे कम वन क्षेत्र वाला जिला पूर्वी दिल्ली** (3.7 वर्ग किमी) है।

दिल्ली का जिलेवार वन क्षेत्र

जिले	*भौगोलिक क्षेत्र (किमी^{2} में)*	*अति सघन वन (किमी^{2} में)*	*मध्यम सघन वन (किमी^{2} में)*	*खुले वन (किमी^{2} में)*	*कुल (किमी^{2} में)*	*प्रतिशत (%) में*
केन्द्रीय दिल्ली	25	0	2.08	2.86	4.94	19.76
पूर्वी दिल्ली	64	0	1.05	2.65	3.7	5.78
नई दिल्ली	35	1.69	5.47	9.25	16.41	46.89
उत्तरी दिल्ली	59	0	2.83	1.75	4.58	7.76
उत्तर-पूर्वी दिल्ली	60	0	0.99	2.99	3.98	6.63
उत्तर-पश्चिमी दिल्ली	440	0.09	8.72	8.74	17.55	3.99
दक्षिणी दिल्ली	250	2.59	17.68	63.08	83.35	33.34
दक्षिणी-पश्चिमी दिल्ली	421	2.35	14.86	33.89	51.1	12.14
पश्चिमी दिल्ली	129	0	2.56	4.24	6.8	5.27
कुल	1,483	6.72	56.24	129.45	192.41	12.97

* **स्रोत** *इण्डिया स्टेट ऑफ फॉरेस्ट रिपोर्ट 2017*

वनों के प्रकार

दिल्ली में दो प्रकार के वन पाए जाते हैं

मानसूनी पतझड़ वन

- ये वन मार्च-अप्रैल में अपनी पत्तियाँ गिरा देते हैं तथा वर्षा ऋतु से पहले इनमें नई पत्तियाँ आ जाती हैं। इनमें शीशम, आँवला, साखू, साल आदि प्रमुख हैं।

शुष्क कँटीले वन

- दक्षिण-पश्चिम भाग में कुछ कँटीली झाड़ियाँ मिलती हैं। इन वृक्षों की ऊँचाई 6 से 9 मी तक होती है।
- ये वृक्ष कम नमी सह सकने की क्षमता रखते हैं, अतः इन्हें **गुल्म वन** कहा जाता है।

इन्दिरा गाँधी प्रियदर्शिनी वृक्ष मित्र पुरस्कार

दिल्ली में वन क्षेत्रफल में वृद्धि को केन्द्रीय पर्यावरण तथा वन मन्त्रालय ने प्रशंसनीय मानते हुए दिल्ली वन विभाग को 19 नवम्बर, 2009 को इन्दिरा गाँधी प्रियदर्शिनी वृक्ष मित्र पुरस्कार (वर्ष 2008) प्रदान किया।

वन्यजीव संरक्षण

दिल्ली में वन्यजीव संरक्षण के लिए तीन अभयारण्य तथा एक नेशनल जूलोजिकल पार्क स्थित है। *जिनका विवरण इस प्रकार है*

नेशनल जूलोजिकल पार्क

- यह **दिल्ली चिड़ियाघर** के रूप में भी जाना जाता है। 71 हेक्टेयर क्षेत्र में फैले इस जन्तु विहार की स्थापना वर्ष 1959 में की गई तथा वर्ष 1982 में इसे नेशनल जूलोजिकल पार्क का दर्जा दिया गया।
- यह पार्क दिल्ली के ऐतिहासिक धरोहर पुराना किला में स्थित है।

दिल्ली के वन्य अभयारण्य

दिल्ली में स्थित वन्य अभयारण्यों का वर्णन निम्न है

ओसलो भाटी पक्षी विहार

- यह दक्षिणी दिल्ली में तुगलकाबाद के समीप स्थित है। यह अरावली पहाड़ियों से घिरा है।

- वर्ष 1986 से इसे संरक्षित किया गया। इसमें अनेक प्रजाति के पक्षी पाए जाते हैं। यहाँ काली गर्दन का खरगोश भी पाया जाता है। यह लगभग 27.82 वर्ग किमी में विस्तारित है।

नजफगढ़ पक्षी विहार

यह 'नजफगढ़ झील' के नाम से भी जाना जाता है। वर्ष 1986 में इसे पक्षी विहार का दर्जा प्रदान किया गया।

ओखला पक्षी विहार

- यह दिल्ली तथा उत्तर प्रदेश की सीमा पर स्थित है। 3.5 वर्ग किमी क्षेत्र में स्थित इस पक्षी विहार की स्थापना 1874 ई. में की गई। वर्ष 1990 में इसे पक्षी विहार का दर्जा दिया गया था।
- यहाँ लगभग 302 प्रकार की प्रजातियों के पक्षी निवास करते हैं। विदेशी मूल की पक्षी प्रजातियों का आगमन भी यहाँ होता है।

दिल्ली के पार्क/गार्डन

दिल्ली में कुछ प्रसिद्ध पार्क तथा गार्डन हैं। इन पार्कों में से कुछ ऐतिहासिक महत्त्व के हैं, तो कुछ सांस्कृतिक महत्त्व के। *इनका वर्णन निम्न है*

लोदी गार्डन

- यह दिल्ली के दक्षिण मध्य क्षेत्र में 90 एकड़ विस्तृत है। इस गार्डन में पौधों, फूल, तालाब व फव्वारों के अतिरिक्त दिल्ली सल्तनत के प्राचीन स्मारक जैसे- सैयद वंश के शासक मोहम्मद शाह तथा लोदी वंश के शासक सिकन्दर लोदी का मकबरा स्थित है।
- यह गार्डन भारतीय पुरातात्विक विभाग के अन्तर्गत है। इसे पूर्व में 'लेडी विलिंग्डन पार्क' कहा जाता था।

मुगल गार्डन

- यह राष्ट्रपति भवन में स्थित है। यह गार्डन अपनी सुन्दरता के कारण प्रसिद्ध है। इसमें हजारों प्रजाति के पुष्प तथा पौधों को लगाया गया है।
- फरवरी से मार्च महीने में कुछ दिनों के लिए यह आम लोगों के लिए भी खोला जाता है।

बुद्ध जयन्ती स्मारक पार्क

- यह नई दिल्ली के दक्षिण भाग में स्थित है। इसकी स्थापना बुद्ध के 2500वें परिनिर्वाण की स्मृति में की गई थी।
- इस पार्क में महात्मा बुद्ध की प्रतिमा भी लगाई गई है। इस पार्क में श्रीलंका के बोधिवृक्ष को लालबहादुर शास्त्री ने लगाया था।

डीयर पार्क

यह दक्षिण दिल्ली के हौज खास में स्थित है। इसके समीप स्थित रोज गार्डन अत्यधिक प्रसिद्ध है।

नेहरू पार्क

यह दिल्ली के प्रसिद्ध क्षेत्र चाणक्यपुरी में स्थित है। 86 एकड़ में फैले इस पार्क का निर्माण वर्ष 1969 में किया गया।

इन्द्रप्रस्थ पार्क

यह दिल्ली के पूर्वी भाग में स्थित है। इसकी स्थापना वर्ष 2004 में दिल्ली विकास प्राधिकरण द्वारा की गई। नवम्बर, 2007 में इसे लोगों के लिए खोल दिया गया था।

दिल्ली में प्रदूषण

दिल्ली में मुख्यतः तीन प्रकार के प्रदूषण हैं, *जिनका विवरण निम्न है*

वायु प्रदूषण

- दिल्ली में वायु प्रदूषण का मुख्य कारण औद्योगिक प्रतिष्ठान तथा यातायात के साधन हैं। ऐसा माना जाता है कि वायु प्रदूषण में सबसे बड़ा योगदान वाहनों का है। वायु की गुणवत्ता यहाँ सबसे भयावह स्तर तक पहुँच चुकी है।
- दिल्ली विश्व के 10 प्रमुख वायु प्रदूषित शहरों में आता है।

दिल्ली सरकार द्वारा वायु प्रदूषण को रोकने के लिए निम्न प्रयास किए गए

- वर्ष 1995 में कैटलिटिक कन्वर्टस को अनिवार्य बनाया गया।
- दिल्ली में CNG से संचालित बसों का प्रयोग वर्ष 1998 से किया जा रहा है।
- वर्ष 2016 में **ऑड-इवेन योजना** (Odd-Even Scheme) की शुरुआत की गई।
- आईआईटी दिल्ली की मदद से दिल्ली सरकार ने ग्रीनिंग दिल्ली प्रोजेक्ट की शुरुआत वर्ष 2017 में की। यह वृक्षारोपण को बढावा देने वाला प्रोजेक्ट है।
- वायु प्रदूषण को नियन्त्रित करने के लिए 1 अप्रैल, 2017 से राज्य में BS-IV के मानकों का पालन करने वाले वाहनों को बन्द कर दिया गया।
- वायु प्रदूषण के बढ़ते स्तर को देखकर राज्य में 1 अप्रैल 2018 से BS-VI ईंधन (पेट्रोल व डीजल) को लाया गया है। इसके प्रयोग से वायु प्रदूषण में 50% तक का सुधार होगा।
- दिल्ली सरकार ने जहरीले प्रदूषण से मुक्ति के लिए इलेक्ट्रिक बसों का ट्रायल जनवरी 2019 में शुरू किया। बस को ओलेक्ट्रा बीवाईडी ने बनाया है और इसका नाम ईवज K-9 रखा गया है। यह बस जीरो एमिशन वाली है।
- दिल्ली में जगह-जगह पर वायु गुणवत्ता की जाँच हेतु मीटर लगाए गए।

औद्योगिक वायु प्रदूषण

- दिल्ली में कुल वायु प्रदूषण का लगभग एक चौथाई प्रतिशत औद्योगिक गतिविधियों से उत्सर्जित प्रदूषण से होता है। यह अनुमान दिल्ली सरकार द्वारा कराए जाने वाले आर्थिक सर्वेक्षण के आधार पर निर्धारित हुआ है।
- राजधानी दिल्ली में करीब 1300-1400 ऐसे उद्योग बन्द कर दिए गए हैं, जो औद्योगिक प्रदूषण में सक्रिय रूप से अपनी भागीदारी रखते हैं।
- साथ ही ये उद्योग सरकार के दिल्ली मास्टर प्लान-2002 के मानदण्डों के अनुरूप नहीं थे। इस तरह के उद्योगों को अन्य स्थानों पर ले जाने की योजना तय की गई और इसके लिए 1300 एकड़ की जमीन भी अधिकृत की गई, जिससे दिल्ली में उद्योगों से होने वाले वायु प्रदूषण को कम किया जा सके।
- इसके लिए दूसरा महत्त्वपूर्ण कार्य कोयला ईंधन बॉयलरों का प्रयोग करने वाले सभी उद्योगों को यह निर्देश दिया गया कि वह कोयले के स्थान पर तेल या गैस ईंधन बायलरों के प्रयोग की व्यवस्था करें।

वायु गुणवत्ता पूर्व चेतावनी प्रणाली

15 अक्टूबर, 2018 को दिल्ली में वायु गुणवत्ता पूर्व चेतावनी प्रणाली की शुरुआत की। इस प्रणाली के आधार पर गम्भीर वायु प्रदूषण का पूर्वानुमान लगाया जा सकता है।

वायु गुणवत्ता पूर्व चेतावनी प्रणाली का विकास भारतीय उष्णदेशीय मौसम विभान संस्थान (IITM) पुणे, भारतीय मौसम विभाग तथा मौसम पूर्वानुमान के राष्ट्रीय केन्द्र द्वारा संयुक्त रूप से किया गया है। यह प्रणाली दिल्ली में गम्भीर वायु प्रदूषण की सूचना दो-तीन दिन पूर्व देने में सक्षम है।

ध्वनि प्रदूषण

ध्वनि प्रदूषण एक प्रकार का शोर है। इसका मुख्य कारण औद्योगिक इकाइयों से उत्पन्न अवांछित आवाज है। यातायात वाहनों से उत्पन्न ध्वनि तथा समारोह या अन्य प्रयोजन हेतु ध्वनि विस्तारक यन्त्रों का प्रयोग है। दिल्ली में ध्वनि प्रदूषण अपने भयावह स्तर तक पहुँच गया है।

दिल्ली सरकार द्वारा ध्वनि प्रदूषण को रोकने के लिए निम्न प्रयास किए गए

- सरकार पुराने वाहनों पर चलने से रोक लगा रही है।
- आवासीय क्षेत्रों में रात 10 बजे से सुबह 6 बजे तक 5KVA से अधिक के जनरेटर पर रोक।
- CNG के उपयोग को बढ़ावा दिया जा रहा है ताकि इंजन से कम आवाज निकले।
- दीपावली के अवसर पर पटाखों से होने वाले प्रदूषण के संकट से निपटने के लिए दिल्ली सरकार प्रतिवर्ष 'एण्टी फायर क्रैकर्स कैम्पेन' चलाती है। इसकी शुरुआत वर्ष 2016 में हुई थी।
- दिल्ली सरकार ने 100 या इससे अधिक बिस्तरों वाले अस्पतालों, 1000 से अधिक विद्यार्थियों वाले शिक्षण संस्थानों एवं सभी अदालतों को शान्त क्षेत्र घोषित किया है, जहाँ 40 डेसिबल से अधिक ध्वनि पर जुर्माने का प्रावधान है।

जल प्रदूषण

- दिल्ली में जल प्रदूषण का मुख्य कारण घरेलू तथा औद्योगिक कचरे का बिना निष्पादन किए कहीं पर भी बहाया जाना है।
- कचरे के निष्पादन हेतु उपयुक्त साधन न होना भी कचरे को जलीय स्रोत से मिलाने में सहायक है। लगभग 70-75% कचरे को यमुना नदी में बहा दिया जाता है।

यमुना एक्शन प्लान

यमुना एक्शन प्लान वर्ष 1993 में यमुना को प्रदूषण से बचाने के लिए संचालित किया गया था। अब तक यमुना एक्शन प्लान के तीन फेज (चरण) संचालित हो चुके हैं। यमुना एक्शन प्लान फेज-3 की शुरुआत 10 मई, 2016 को 800 करोड़ की धनराशि के साथ की गई है।

दिल्ली में पर्यावरण की अन्य समस्याएँ

- दिल्ली में अन्य पर्यावरणीय समस्याओं के अन्तर्गत ठोस कचरा, बायो-मेडिकल कचरा और औद्योगिक अपशिष्ट पदार्थ शामिल हैं। इन सभी समस्याओं के मूल में औद्योगिक उत्पादन इकाईयों से निकलने वाले अपशिष्ट पदार्थ हैं।
- साथ ही दिल्ली में बढ़ते अस्पतालों व नर्सिंग होम से उत्सर्जित कचरा भी इस समस्या को बढ़ाता है। इन समस्याओं के निपटान हेतु दिल्ली प्रदूषण नियन्त्रण समिति' ने दो ऑपरेटरों को पृथक्-पृथक् उत्सर्जकों से कचरा एकत्र करने और निपटान के लिए अधिकृत किया है।
- बायो मेडिकल कचरे की समस्या से निपटने के लिए बायो मेडिकल कचरा (प्रबन्ध एवं परिचालन) नियम, 1998 लाया गया और इसके प्रभावकारी क्रियान्वयन के लिए इन्सिनेटर्स, ऑटोक्लेटस व माइक्रोवेब्स स्थापित किए गए है, जिससे काफी हद तक इन पर्यावरणीय समस्याओं को कम किया गया है। इस क्षेत्र में अन्य नियमन व विनियमन के सहारे पर्यावरणीय समस्याओं के निपटान हेतु कार्य किए जा रहे हैं।

दिल्ली में पर्यावरण सम्बन्धी प्रमुख नियम और अधिनियम

- जल प्रदूषण निवारण एवं नियन्त्रण नियम, 1975
- वायु प्रदूषण निवारण एवं नियन्त्रण नियम, 1975
- जल प्रदूषण निवारण एवं नियन्त्रण उपकर अधिनियम, 1977/1991 और नियम, 1978
- पर्यावरण संरक्षण अधिनियम, 1986
- विभिन्न उद्योगों के प्रदूषक उत्सर्जन मानकों सम्बन्धी अधिसूचना, 1989

- विकास परियोजना के पर्यावरण प्रभाव मूल्यांकन सम्बन्धी अधिसूचना, 1994
- बायो मेडिकल कचरा (प्रबन्ध एवं निपटान) नियम, 1998
- ध्वनि प्रदूषण नियमन एवं नियन्त्रण नियम, 2000
- प्लास्टिक से पुनः विनिर्माण और इस्तेमाल (संशोधन) नियम, 2003

दिल्ली में पर्यावरण संरक्षण से सम्बन्धित प्रयास

दिल्ली में पर्यावरण संरक्षण से सम्बन्धित अन्य प्रयास निम्नलिखित हैं

- पर्यावण संरक्षण की दिशा में महत्त्वपूर्ण कदम उठाते हुए दिल्ली सरकार ने वर्ष 2002 में दिल्ली प्रदूषण नियन्त्रण समिति का गठन किया।
- पर्यावरण संरक्षण के लिए **हरित न्यायाधिकरण** की स्थापना 2 जून, 2010 इसका मुख्यालय नई दिल्ली में हैं।
- पर्यावरण की दृष्टि से महत्त्वपूर्ण, गौरेया पक्षी को दिल्ली सरकार ने वर्ष 2012 में राजकीय पक्षी घोषित किया।
- अगस्त, 2012 में नई पार्किंग नीति लागू की गई। इसमें दिल्ली विकास प्राधिकरण तथा दिल्ली सरकार की भागीदारी है। इसका उद्देश्य यातायात को सुव्यवस्थित कर पर्यावरण का संरक्षण करना है।
- दिल्ली में लगभग 16,400 से भी अधिक पार्क हैं, जो लगभग 7043 हेक्टेयर में फैले हैं। पर्यावरण संरक्षण के लिए आवश्यक इन पार्कों का रख-रखाव दिल्ली पार्क और गार्डन सोसाइटी द्वारा किया जाता है।
- वर्तमान समय में तिमारपुर ओखला कचरा प्रबन्धन कम्पनी द्वारा ओखला में विद्युत उत्पादन का कार्य किया जा रहा है।
- दिल्ली सरकार द्वारा वनारोपण कार्यक्रम के प्रोत्साहन के फलस्वरूप वर्ष 1997-2017 की अवधि में 279 वर्ग किमी की वृद्धि हुई है।
- वर्ष 2018 में दिल्ली सरकार ने सियोल (दक्षिण कोरिया) मेट्रोपॉलिटन समझौते पर हस्ताक्षर किया। इस समझौते के बाद दिल्ली में प्रदूषण के स्तर को कम करने के लिए सियोल से प्रौद्योगिकीय सहायता ली जाएगी।

मृदा, वनस्पति एवं पर्यावरण
स्व-मूल्यांकन

1. कौन-सी मृदा दिल्ली में पाई जाती है?
(a) बलुई (b) दोमट
(c) पर्वतीय (d) ये सभी

2. इण्डिया स्टेट ऑफ फॉरेस्ट रिपोर्ट 2017 के अनुसार, राष्ट्रीय राजधानी क्षेत्र दिल्ली के कितने वर्ग किमी क्षेत्र पर वन एवं वृक्षाच्छादित क्षेत्र हैं?
(a) 305.41 (b) 288.60
(c) 283.48 (d) 248.85

3. इण्डिया स्टेट ऑफ फॉरेस्ट रिपोर्ट 2017 के अनुसार, दिल्ली में कितने प्रतिशत भाग पर वन एवं वृक्षाच्छादित क्षेत्र का विस्तार है?
(a) 20.59%
(b) 18%
(c) 16%
(d) 12.73%

4. निम्न में से दिल्ली में किस प्रकार के वन पाए जाते हैं?

(a) मानसूनी पतझड़ वन
(b) शुष्क कँटीले वन
(c) 'a' और 'b' दोनों
(d) उपरोक्त में से कोई नहीं

5. निम्न में से किस एक में काले गर्दन का खरगोश पाया जाता है?
(a) ओखला पक्षी विहार
(b) नजफगढ़ पक्षी विहार
(c) ओसलो भाटी पक्षी विहार
(d) नेशनल जूलोजिकल पार्क

6. नजफगढ़ पक्षी विहार, जिसे 'नजफगढ़ झील' के नाम से भी जाना जाता है, को पक्षी विहार का दर्जा कब मिला?
(a) वर्ष 1984 (b) वर्ष 1982
(c) वर्ष 1985 (d) वर्ष 1986

7. ओखला पक्षी विहार की स्थापना किस वर्ष की गई थी?
(a) वर्ष 1874 (b) वर्ष 1891
(c) वर्ष 1917 (d) वर्ष 1957

8. निम्न में से किस पक्षी विहार में विदेशी मूल के पक्षियों का भी आगमन होता है?
(a) ओखला पक्षी विहार
(b) लोदी पक्षी विहार
(c) मुगल गार्डन
(d) उपरोक्त में से कोई नहीं

9. लोदी गार्डन में किस शासक का मकबरा स्थित है
(a) इब्राहिम लोदी
(b) बहलोल लोदी
(c) सिकन्दर लोदी
(d) उपरोक्त में से कोई नहीं

10. मुगल गार्डन आम जनता के लिए कब खोला जाता है?
(a) फरवरी से मार्च
(b) अप्रैल से मई
(c) जून से जुलाई
(d) अक्टूबर से नवम्बर

11. दिल्ली में स्थित 'रोज गार्डन' (Rose Garden) किस पार्क के समीप है?
(a) लोदी गार्डन (b) नेहरू पार्क
(c) डीयर पार्क (d) बुद्धा जयन्ती पार्क

12. दिल्ली के प्रसिद्ध क्षेत्र चाणक्यपुरी में स्थित नेहरू पार्क का निर्माण कब किया गया?
(a) वर्ष 1965 में (b) वर्ष 1970 में
(c) वर्ष 1930 में (d) वर्ष 1969 में

13. दिल्ली विकास प्राधिकरण ने इन्द्रप्रस्थ पार्क का निर्माण किस वर्ष किया?
(a) वर्ष 2002 में (b) वर्ष 2004 में
(c) वर्ष 2005 में (d) वर्ष 2006 में

14. निम्नलिखित में से कौन-सा पार्क दिल्ली में स्थित नहीं है?
(a) लोदी गार्डन (b) राम बाग
(c) नेहरू पार्क (d) मुगल गार्डन

15. दिल्ली में CNG का प्रयोग कब से बसों को चलाने में किया जा रहा है?
(a) वर्ष 1997 से (b) वर्ष 1998 से
(c) वर्ष 1999 से (d) वर्ष 2000 से

16. दिल्ली मे ऑड-इवेन स्कीम की शुरुआत कब हुई थी?
(a) वर्ष 2012 (b) वर्ष 2014
(c) वर्ष 2016 (d) वर्ष 2017

17. दिल्ली में चलाई जा रही इलेक्ट्रिक बसों का क्या नाम है?
(a) ईवज K-9 (b) ईवज K-10
(c) ईवज K-12 (d) ईवज K-18

18. एण्टी फायर क्रैकर्स कैम्पेन की शुरुआत दिल्ली में कब हुई थी?
(a) वर्ष 2013 (b) वर्ष 2014
(c) वर्ष 2015 (d) वर्ष 2016

19. यमुना को प्रदूषण से बचाने के लिए 'यमुना एक्शन प्लान' कब आरम्भ किया गया?
(a) वर्ष 1995 (b) वर्ष 1993
(c) वर्ष 1996 (d) वर्ष 1998

20. यमुना एक्शन प्लान के फेज-3 की शुरुआत कब की गई?
(a) 1 जनवरी, 2016

(b) 1 अप्रैल, 2016
(c) 1 मई, 2016
(d) 10 मई, 2016

21. राष्ट्रीय हरित न्यायाधिकरण की स्थापना कब की गई?
(a) वर्ष 2009
(b) वर्ष 2010
(c) वर्ष 2011
(d) वर्ष 2012

22. राष्ट्रीय हरित न्यायाधिकरण का मुख्यालय कहाँ अवस्थित है?
(a) मुम्बई (b) चेन्नई
(c) नागपुर (d) नई दिल्ली

23. वर्ष 1997 -2017 के बीच दिल्ली में वनारोपण की वृद्धि कितनी हुई है?
(a) 260 वर्ग किमी (b) 206 वर्ग किमी
(c) 279 वर्ग किमी (d) 280 वर्ग किमी

24. सियोल समझौते पर दिल्ली सरकार ने कब हस्ताक्षर किए?
(a) वर्ष 2016 (b) वर्ष 2017
(c) वर्ष 2018 (d) वर्ष 2019

उत्तरमाला

1. (d) **2.** (a) **3.** (a) **4.** (c) **5.** (c) **6.** (d) **7.** (a) **8.** (a) **9.** (c) **10.** (a)
11. (c) **12.** (d) **13.** (b) **14.** (b) **15.** (b) **16.** (c) **17.** (a) **18.** (d) **19.** (b) **20.** (d)
21. (b) **22.** (d) **23.** (c) **24.** (c)

अध्याय 5

दिल्ली में कृषि, सिंचाई एवं पशुपालन व्यवस्था

दिल्ली में कृषि

- आर्थिक सर्वेक्षण 2018-19 के अनुसार, दिल्ली में 34,750 हेक्टेयर भूमि पर कृषि की जाती है। इसमें 70% क्षेत्र पर सब्जियों का उत्पादन किया जाता है।
- आर्थिक सर्वेक्षण 2018-19 के अनुसार, दिल्ली के सकल राज्य मूल्य संवर्द्धित में प्रचलित मूल्यों पर कृषि और सम्बन्धित क्षेत्र का योगदान 2018-19 में 0.49% है।
- दिल्ली राज्य में कुछ महत्त्वपूर्ण फसलों जैसे–गेहूँ, धान, बाजरा, ज्वार, चना और मक्का आदि की खेती की जाती है। वर्तमान में किसान अनाज वाली फसलों के स्थान पर फलों और सब्जियों, दुग्ध उत्पादन, मुर्गीपालन व फूलों की खेती को अधिक महत्त्व दे रहे हैं।
- ये गतिविधियाँ खाद्यान्नों व फसलों की तुलना में अधिक लाभदायक सिद्ध हुई हैं।
- दिल्ली में सब्जियों का उत्पादन व्यावसायिक स्तर पर होता है। इसमें आलू, टमाटर, प्याज, भिण्डी, मटर इत्यादि का उत्पादन अधिक होता है।
- दिल्ली सरकार सस्ते अनाज, दालों तथा सब्जियों की बिक्री मदर डेयरी, केन्द्रीय भण्डार तथा अन्य सहकारी संस्थाओं के माध्यम से करती है।
- पारम्परिक फसलों से कम आय प्राप्त होने के कारण दिल्ली में बागवानी फसलों का विकास अधिक हुआ है।

दिल्ली में उत्पादित फसलों का क्षेत्रफल, उत्पादन एवं उपज

फसल	***क्षेत्रफल*** *(हेक्टेयर में)*	***उत्पादन*** *(मीट्रिक में)*	***उपज*** *(किग्रा प्रति हेक्टेयर)*
गेहूँ	19,671	88,053	4,476
बाजरा	1,502	3,327	2,215
जौ	70	190	2,714
मक्का	36	179	4,972
ज्वार	3,201	3,095	967
धान	6,003	26,150	4,356
चना	25	53	2,120

* ***स्रोत*** *दिल्ली आर्थिक सर्वेक्षण, 2018-19*

दिल्ली कृषि विपणन परिषद्

- खाद्यान्न तथा सब्जियों के उत्पादन के साथ उनके वितरण को प्रभावी बनाने के लिए दिल्ली कृषि विपणन परिषद् का गठन वर्ष 1977 में किया गया है।
- इस परिषद् का गठन दिल्ली कृषि उत्पाद बिक्री अधिनियम, 1976 के आधार पर किया गया। इसका मुख्यालय पंखा रोड, जनकपुरी में स्थित है।

- दिल्ली कृषि विपणन परिषद् का उद्देश्य कृषि उत्पादों की बिक्री, खरीद तथा सुरक्षित रखने की प्रक्रिया एवं नीतियों को बनाना तथा उन्हें लागू करना है। इस परिषद् का कार्य कृषि उत्पादों के व्यावसायिक कार्यकलापों को नियन्त्रित करना भी है।
- दिल्ली कृषि विपणन परिषद् की सहायक संस्था 'मार्केटिंग एण्ड इन्सपेक्शन निदेशालय' है, जिसका कार्य खाद्य आपूर्ति को बनाए रखना है।

एशिया की फल एवं सब्जी की सबसे बड़ी मण्डी

चौधरी हीरा सिंह फल एवं सब्जी मण्डी आजादपुर में स्थित है। यह एशिया में फल एवं सब्जी की सबसे बड़ी मण्डी है। इसकी स्थापना वर्ष 1977 में हुई थी।

दिल्ली में सिंचाई व्यवस्था

- दिल्ली के ग्रामीण क्षेत्रों का तेजी से शहरीकरण होने के कारण सिंचाई के अन्तर्गत आने वाली कृषि योग्य भूमि धीरे-धीरे कम होती जा रही है।
- दिल्ली में सिंचाई मुख्य रूप से भूमिगत जल से और आंशिक रूप से सतही जल से होती है। भूमिगत जल से सिंचाई उथले और गहरे सरकारी ट्यूबवेल (नलकूप) से होती है, जबकि सतही जल से सिंचाई केशोपुर स्थित सीवेज ट्रीटमेण्ट प्लाण्ट्स और कोरोनेशन पिलर ओखला सीवेज ट्रीटमेण्ट प्लाण्ट्स में उपचारित जल से होती है।
- आर्थिक सर्वेक्षण 2018-19 के अनुसार, दिल्ली में सिंचित क्षेत्र 29,798 हेक्टेयर है, जिसमें से 2,246 हेक्टेयर की सिंचाई नहरों द्वारा तथा 19,777 हेक्टेयर क्षेत्र की सिंचाई कुओं द्वारा होती है।
- दक्षिण-पश्चिमी दिल्ली में 4,900 हेक्टेयर भूमि की सिंचाई हरियाणा सरकार के अधीन पश्चिमी यमुना नहर द्वारा की जा रही है।
- दिल्ली में ट्रीटमेण्ट प्लाण्टों से 250 हेक्टेयर भूमि पर सिंचाई की जाती है।
- दिल्ली में सिंचाई के लिए लघु सिंचाई परियोजनाओं के अतिरिक्त ड्रिप-सिंचाई तथा सूक्ष्म सिंचाई साधनों को भी अपनाया जा रहा है।
- दिल्ली में सिंचाई-व्यवस्था का नियन्त्रण सिंचाई तथा बाढ़ नियन्त्रण विभाग द्वारा किया जाता है।
- सिंचित क्षेत्र में सर्वाधिक खेती **गेहूँ** की होती है।

दिल्ली में पशुपालन

- पशुधन गणना 2012 के अनुसार, दिल्ली में पशुधन की संख्या 3.66 लाख है। इसमें सर्वाधिक संख्या भैंसों (1.60 लाख) की है।
- दिल्ली में सरकार ने पशुधन चिकित्सा की समुचित व्यवस्था की है। आर्थिक सर्वेक्षण 2018-19 के अनुसार, दिल्ली में पशु चिकित्सालयों की संख्या 49 है, जबकि पशु औषधालयों की संख्या 26 है।
- दिल्ली में अनेक धर्मार्थ चिकित्सालय हैं, जिनमें पशु-पक्षियों की निःशुल्क चिकित्सा की जाती है।
- दिल्ली के चाँदनी चौक में लाल किले के सामने स्थित धर्मार्थ पक्षियों का चिकित्साल्य एक महत्त्वपूर्ण चिकित्सालय है।

दुग्ध उत्पादन

- दिल्ली में दूध की माँग अधिक होने के कारण या उत्पादित होने वाले दूध से उपभोक्ताओं की पूर्ति नहीं हो पाती। इसी लिए यहाँ पर दूध दूसरे राज्यों से भी मँगाया जाता है।

मदर डेयरी

मदर डेयरी की स्थापना वर्ष 1974 में हुई थी। इसका मुख्यालय नई दिल्ली में स्थित है। यह एक प्रतिष्ठान है, जो भारतीय डेयरी विकास निगम द्वारा स्थापित किया गया है। दिल्ली में इसके दुग्ध विक्रय केन्द्र हैं।

मुर्गीपालन

- दिल्ली में पॉल्ट्री की कुल संख्या 4.59 लाख है।
- दिल्ली में चिकिन और अण्डों की माँग को देखते हुए कई बड़े पॉल्ट्री फार्म स्थापित किए गए हैं।
- मुर्गी पालन को प्रोत्साहन देने के लिए दिल्ली में स्थित इन्दिरा गाँधी ओपन यूनिवर्सिटी में मुर्गीपालन के लिए सर्टिफिकेट कोर्स संचालित है।

मछली पालन

- दिल्ली में मछली पालन विभाग की स्थापना वर्ष 1947 में हुई थी। यहाँ मछली पालन के लिए लगभग 106 किमी लम्बी नदी और नहरों का क्षेत्र है। इसके साथ ही 1,200 हेक्टेयर क्षेत्र झील का है।
- आर्थिक सर्वेक्षण 2018-19 के अनुसार, सिंचाई और मछली पालन विभाग तथा दिल्ली जल बोर्ड द्वारा क्रमशः 34 और 93 अन्य जल निकायों का विकास किया जा रहा है।

दिल्ली में कृषि, सिंचाई एवं पशुपालन व्यवस्था

स्व-मूल्यांकन

1. दिल्ली सरकार द्वारा सस्ते अनाज, दालों तथा सब्जियों की बिक्री करने वाले प्रमुख संस्थान हैं?
(a) मदर डेयरी
(b) केन्द्रीय भण्डार
(c) अन्य सहकारी संस्थाएँ
(d) उपरोक्त सभी

2. दिल्ली कृषि विपणन परिषद् का गठन किस वर्ष किया गया?
(a) वर्ष 1977 (b) वर्ष 1978
(c) वर्ष 1981 (d) वर्ष 1984

3. दिल्ली कृषि विपणन परिषद् का मुख्यालय दिल्ली में कहाँ स्थित है?
(a) आजादपुर
(b) रोहिणी
(c) जनकपुरी
(d) दरियागंज

4. चौधरी हीरा सिंह फल एवं सब्जी मण्डी, आजादपुर की स्थापना कब हुई थी?
(a) वर्ष 1977
(b) वर्ष 1978
(c) वर्ष 1979
(d) वर्ष 1980

5. दिल्ली में सिंचाई के अन्तर्गत आने वाली खेती योग्य भूमि धीरे-धीरे कम होती जा रही है। इसके सबसे प्रमुख कारण हैं?
(a) औद्योगीकरण
(b) शहरीकरण
(c) सड़कों का विकास
(d) जनसंख्या में अधिकता

6. दिल्ली की सिंचाई व्यवस्था आधारित है
(a) वर्षा (b) भूमिगत जल
(c) नदी (d) नहर

7. पश्चिमी यमुना नहर से दिल्ली के किस क्षेत्र में सिंचाई होती है?
(a) दक्षिणी
(b) दक्षिण-पश्चिमी
(c) उत्तर-पश्चिमी
(d) पूर्वी

8. दिल्ली में सिंचाई के लिए लघु सिंचाई परियोजनाओं के अतिरिक्त किस सिंचाई साधन का प्रयोग किया जाता है?
(a) ड्रिप सिंचाई
(b) सूक्ष्म सिंचाई
(c) 'a' और 'b' दोनों
(d) उपरोक्त में से कोई नहीं

9. दिल्ली की सिंचाई–व्यवस्था का नियन्त्रण करने वाला विभाग है
(a) कृषि विभाग
(b) सिंचाई तथा बाढ़ नियन्त्रण विभाग
(c) कृषि एवं सिंचाई विभाग
(d) शहरी विकास विभाग

10. दिल्ली के सिंचित क्षेत्रों में सर्वाधिक क्षेत्र में किस खाद्यान्न की खेती होती है?
(a) गेहूँ (b) चावल
(c) दाल (d) ज्वार

11. वर्ष 2012 की पशु गणना के आधार पर दिल्ली में कुल पशुधन की संख्या है
(a) 2.31 लाख (b) 3.66 लाख
(c) 1.65 लाख (d) 2.25 लाख

12. मदर डेयरी किसके द्वारा स्थापित की गई?
(a) भारतीय डेयरी विकास निगम द्वारा
(b) डेयरी उद्योग द्वारा
(c) दिल्ली दुग्ध योजना द्वारा
(d) उपरोक्त में से कोई नहीं

13. मदर डेयरी की स्थापना किस वर्ष हुई थी?
(a) वर्ष 1970 (b) वर्ष 1971
(c) वर्ष 1972 (d) वर्ष 1974

14. मदर डेयरी का मुख्यालय कहाँ स्थित है?
(a) कोलकाता (b) मुम्बई
(c) गाँधीनगर (d) नई दिल्ली

15. दिल्ली में पॉल्ट्री की कुल संख्या कितनी है?
(a) 4.59 लाख (b) 4.30 लाख
(c) 4.10 लाख (d) 4.00 लाख

16. दिल्ली में मछली पालन विभाग की स्थापना किस वर्ष की गई थी?
(a) वर्ष 1947 (b) वर्ष 1948
(c) वर्ष 1949 (d) वर्ष 1950

उत्तरमाला

1. (d) **2.** (a) **3.** (c) **4.** (a) **5.** (b) **6.** (b) **7.** (b) **8.** (c) **9.** (b) **10.** (a)
11. (b) **12.** (a) **13.** (d) **14.** (d) **15.** (a) **16.** (a)

अध्याय 6

दिल्ली में उद्योग एवं व्यापार

- दिल्ली उद्योग की दृष्टि से एक मध्यम श्रेणी का संघशासित प्रदेश है। यहाँ खनिज तथा कृषि क्षेत्रफल कम होने के कारण लघु उद्योगों का विकास हुआ है, जोकि कच्चे माल के आयात पर निर्भर होते हैं।
- दिल्ली में सर्वाधिक विकास अर्थव्यवस्था के तृतीय क्षेत्र में अर्थात् 'सेवा क्षेत्र' में हुआ है।
- दिल्ली की अर्थव्यवस्था में वर्ष 2018-19 में प्रचलित मूल्यों पर प्राथमिक क्षेत्र की भागीदारी 1.88%, द्वितीयक क्षेत्र की भागीदारी 14% तथा तृतीयक क्षेत्र की भागीदारी 84.12% है।

दिल्ली के प्रमुख उद्योग

दिल्ली के प्रमुख उद्योगों का विवरण निम्नलिखित है

परम्परागत उद्योग/कुटीर उद्योग

- प्राचीनकाल से ही दिल्ली परम्परागत उद्योगों में प्रमुख रहा है। दिल्ली के परम्परागत उद्योगों में हैण्डलूम, हस्तशिल्प, चमड़ाशिल्प इत्यादि प्रमुख हैं।
- परम्परागत उद्योगों को न सिर्फ सामान्य जन-जीवन बढ़ावा दे रहा है, बल्कि सरकार भी परम्परागत उद्योगों के विकास हेतु कार्यशील है।

दिल्ली के प्रमुख परम्परागत उद्योगों का वर्णन निम्नलिखित है

हस्तशिल्प

- हस्तशिल्प की परम्परागत विरासत को संरक्षित करने के लिए शिल्पकारों को प्रशिक्षण तथा दिशा-निर्देश देने के लिए कई योजनाएँ चलाई जा रही हैं।
- इसके अन्तर्गत कढ़ाई, मिट्टी के बर्तन बनाने वाले, संगमरमर की मूर्तियाँ बनाने वाले हस्तशिल्पियों को लाभ देने का कार्य किया जा रहा है।
- हस्तशिल्प प्रशिक्षण के लिए भरत नगर, दिल्ली में प्रशिक्षण केन्द्र की स्थापना वर्ष 2010 में की गई।
- बुनकरों को बचत के लिए प्रोत्साहित करने तथा उन्हें वित्तीय संरक्षण प्रदान करने के लिए **बुनकर बीमा योजना**, **सामूहिक बीमा योजना** तथा **बुनकर स्वास्थ्य बीमा स्कीम** चलाई जा रही है। बुनकरों को आवासीय सुविधा प्रदान की गई है।
- **बुनकर मित्र हैडलूम हैल्पलाइन सेन्टर** की स्थापना वर्ष 2016 मे की गई। यहाँ बुनकरों के व्यावसायिक क्षेत्र के प्रश्नों का जवाब दिया जाता है। यह हेल्पलाइन 10 बजे सुबह से 6 बजे शाम तक काम करती है।

चमड़े के सामान

- चमड़े के सामान बनाने की फैक्ट्री वर्ष 1978 में दिल्ली के वजीरपुर औद्योगिक क्षेत्र में स्थापित की गई।
- यहाँ फुटवियर व अन्य निर्माण में लगे कामगारों को प्रशिक्षण देने की सुविधा भी उपलब्ध है तथा प्रशिक्षुओं को मासिक मानदेय भी दिया जाता है।

दुध उत्पादन उद्योग

- दुध उत्पादन दिल्ली का एक महत्त्वपूर्ण उद्योग है। यह पशुपालन से जुड़ा एक लोकप्रिय उद्योग है, जिसके अन्तर्गत दुग्ध उत्पादन उसकी प्रोसेसिंग और खुदरा बिक्री के लिए किए जाने वाले कार्य आते हैं। इसके लिए गाय, भैस, बकरी आदि पशुधन के विकास का कार्य भी किया जाता है।
- दिल्ली एन. सी. आर. मैं भारत का सबसे बड़ा मिल्क मार्केट है। यहाँ 5 मिलियन टन दूध का रोजाना उत्पादन होता है। दिल्ली में मदर डेयरी, मधुसुदन, अमूल, नमस्ते इण्डिया, आनन्दा तथा पतंजली जैसे दूध वितरण कम्पनियाँ कार्यरत् हैं।

ज्ञान आधारित उद्योग

- ज्ञान आधारित उद्योग में सूचना प्रौद्योगिकी, शिक्षा सेवाएँ, वित्तीय सेवाएँ, मीडिया, फैशन तथा जैव-प्रौद्योगिकी शामिल हैं।
- यह प्रदूषण मुक्त तथा कम लागत वाले उद्यम हैं। इसमें लगभग 80% से 90% ही कुशल कामगार रोजगार प्राप्त हैं।

विनिर्माण आधारित उद्योग

- विनिर्माण आधारित उद्योग में उपभोक्ता वस्तुओं के निर्माण के कारण प्रदूषण का खतरा रहता है।
- इन उद्यमों में लगभग 40-50% ही कुशल कामगार हैं।

सेवा क्षेत्र उद्योग

- दिल्ली की अर्थव्यवस्था में सेवा क्षेत्र का महत्त्वपूर्ण योगदान है। इसके अन्तर्गत व्यापार, होटल और रेस्टोरेण्ट, रेलवे परिवहन, भण्डारण, संचार, वित्तीय सेवाएँ, भू-सम्पत्ति व रिहायशी और अन्य व्यावसायिक सेवाओं का स्वामित्व, लोक प्रशासन और अन्य सेवाएँ; जैसे–शिक्षा, स्वास्थ्य आदि को शामिल किया जाता है।
- यह क्षेत्र दिल्ली की अर्थव्यवस्था में लगभग 85.95% का योगदान देता है।

दिल्ली में औद्योगिक क्षेत्र

- दिल्ली सरकार ने प्रदूषण के चलते उद्योग विस्थापन के लिए बाहरी दिल्ली के विभिन्न स्थानों में जमीन अधिगृहीत की।
- दिल्ली सरकार द्वारा लगभग 1,900 एकड़ भूमि का बवाना, होलम्बी कलाँ व होलम्बी खुर्द तथा नरेला में नए औद्योगिक परिसर के विकास के लिए अधिग्रहण किया गया है।
- नरेला में 900 प्लाण्ट विकसित किए जा चुके हैं तथा 600 अन्य प्लाण्ट तैयार किए जा रहे हैं। झिलमिल औद्योगिक क्षेत्र में 378 घरेलू फैक्ट्रियाँ बनाने का काम पूरा हो चुका है।
- भोरगढ़ औद्योगिक सम्पदा के लिए 450 एकड़ भूमि का विकास किया जा रहा है। इसके अतिरिक्त एक विशाल औद्योगिक क्षेत्र के विकास के लिए कंझावला या कारला में 920 एकड़ जमीन का अधिग्रहण किया गया है।
- दिल्ली में एक लाख से अधिक छोटी व मध्यम विनिर्माण इकाइयाँ स्थापित हैं, जिनमें 6 लाख लोगों को रोजगार प्राप्त है।
- दिल्ली में 28 योजनाबद्ध औद्योगिक परिसर हैं, जो 4,647 एकड़ क्षेत्र पर अवस्थित हैं।
- आर्थिक सर्वेक्षण, दिल्ली 2018-19 के अनुसार, दिल्ली में 29 मान्यता प्राप्त औद्योगिक क्षेत्र और 4 प्लैटिड फैक्ट्री परिसर हैं।

- इसके अतिरिक्त 22 नॉन-कन्फर्मिंग बस्तियाँ हैं, जिन्हें विकास के लिए अधिसूचित किया गया है।

दिल्ली के महत्त्वपूर्ण औद्योगिक क्षेत्र

औद्योगिक क्षेत्र	*सम्बन्ध*
कीर्तिनगर औद्योगिक क्षेत्र	टिम्बर और पैकिंग उद्योग
मंगोलपुरी औद्योगिक क्षेत्र	लाइट इंजीनियरिंग उद्योग
नारायण औद्योगिक क्षेत्र ओखला औद्योगिक क्षेत्र	कम्प्यूटर उद्योग

शीर्ष पाँच जिलों में स्थापित उद्यम

जिले	*स्थापित उद्यम*	*नियोजित व्यक्तियों की संख्या*
मध्य दिल्ली	150671	599058
पश्चिमी	106726	313574
उत्तर-पश्चिमी	93297	286189
उत्तर-पूर्वी	86597	183313
पूर्व	80061	215979

** **स्रोत**-आर्थिक सर्वेक्षण, दिल्ली 2018-19*

दिल्ली के प्रमुख शॉपिंग कॉम्प्लेक्स

दिल्ली के औद्योगिक विकास में शॉपिंग कॉम्प्लेक्सों की महत्त्वपूर्ण भूमिका है।

इसमें से कुछ कॉम्प्लेक्स निम्नलिखित हैं

दिल्ली हाट

- दिल्ली हाट हस्तशिल्पों की बिक्री का प्रमुख स्थान है। यह दिल्ली के अरविन्दो मार्ग पर स्थित है। यहाँ विभिन्न राज्यों के हस्तशिल्पों के स्टॉल हैं, जिसमें कपड़े तथा अन्य वस्तुएँ प्राप्त होती हैं।
- दिल्ली हाट देश की राजधानी को एक महत्त्वपूर्ण प्रतिष्ठा प्रदान करता है, जिसके कारण यह स्थान लोगों को आकर्षित भी करता है।

पालिका बाजार

- पालिका बाजार राजीव चौक (कनॉट प्लेस) के पास स्थित एक भूमिगत बाजार है। यह बाजार पूर्णतः वातानुकूलित है।
- इस बाजार में लगभग 300 दुकानें हैं। यहाँ कपड़े, सौन्दर्य प्रसाधन तथा दैनिक उपभोग की वस्तुएँ प्राप्त होती हैं।

लाजपत राय मार्केट

- लाजपत राय मार्केट दिल्ली के लाल किले के सामने स्थित है। यह इलेक्ट्रॉनिक उत्पादों का एक बड़ा बाजार है।
- यहाँ टेलीविजन, रेडियो सहित अन्य इलेक्ट्रॉनिक्स के सामान भी उपलब्ध हैं।

नेहरू प्लेस

- नेहरू प्लेस कम्प्यूटर तथा उनसे जुड़े कल-पुर्जों तथा सॉफ्टवेयर के विक्रय स्थल के रूप में प्रसिद्ध है।
- यहाँ लगभग सभी बड़ी कम्प्यूटर कम्पनियों के शोरूम हैं, साथ ही खुदरा बाजार में भी कम्प्यूटर की बिक्री यहाँ की जाती है।
- कम्प्यूटरों के अतिरिक्त अन्य इलेक्ट्रॉनिक सामान तथा कपड़ों का बाजार भी यहाँ स्थित है।
- विभिन्न सेवाओं से सम्बन्धित कम्पनियों के कार्यालय भी नेहरू प्लेस में स्थित हैं।

जनपथ मार्केट

- जनपथ मार्केट की प्रसिद्धि दिल्ली के अन्य बाजारों से अधिक है। यहाँ कपड़ों की बिक्री होती है। सस्ते कपड़ों की खरीद के लिए लोग यहाँ आते हैं।
- यहाँ तिब्बत मार्केट है, जिसमें तिब्बत के हस्तशिल्प से जुड़े उत्पादों की बिक्री होती है। यह विदेशी सैलानियों को अत्यधिक आकर्षित करता है।

अन्य शॉपिंग केन्द्र

- सरोजिनी नगर मार्केट, चाँदनी चौक और करोल बाग भी कपड़ों का एक हब है। यहाँ महिलाओं के परिधान के साथ-साथ शादियों की भी खरीददारी की जाती है। यह बाजार अन्य जगहों से सस्ता है यहाँ से पूरे भारत में कपड़ों का व्यवसाय केन्द्रित होता हैं।

दिल्ली व्यापार मेला

व्यापार मेला वह प्रदर्शनी है, जिसमें किसी विशेष प्रकार के उद्योग अपने अद्यतन उत्पाद प्रदर्शित करते हैं। ये व्यापार मेला सामान्य मेले से भिन्न होता है।

भारतीय अन्तर्राष्ट्रीय व्यापार मेले का आयोंजन प्रत्येक वर्ष नवम्बर महीने में दिल्ली के प्रगति मैदान में आयोजित होता है।

38 वें भारतीय अन्तर्राष्ट्रीय व्यापार मेले (2018) का आयोजन 14 से 27 नवम्बर, 2018 को दिल्ली के प्रगति मैदान में आयोजित किया गया। इस बार की थीम 'रूरल एण्टरप्राइज इन इण्डिया, रखी गई थी। इस व्यापार मेले में भारत का पार्टनर आफगानिस्तान और फोकस देश नेपाल था, जबकि फोकस राज्य झारखण्ड को बनाया गया था।

दिल्ली के औद्योगिक संगठन

दिल्ली के औद्योगिक संगठन निम्न हैं

दिल्ली राज्य औद्योगिक एवं संरचना विकास निगम

- दिल्ली में उद्योगों के विकास में दिल्ली राज्य औद्योगिक संरचना विकास निगम

  (Delhi State Industrial and Infrastructure Development Corporation, DSIIDC)

  की भूमिका प्रभावी है। यह संस्था उद्योगों के लिए वित्तीय तथा आधारभूत सुविधाएँ उपलब्ध कराती हैं।

- DSIIDC की स्थापना फरवरी, 1971 में एक कम्पनी के रूप में की गई और इसे कम्पनी अधिनियम, 1956 के अन्तर्गत पंजीकृत किया गया। दिल्ली औद्योगिक विकास, संचालन और अनुरक्षण अधिनियम 2010, 8 जून, 2010 को अधिसूचित किया गया है। इस अधिनियम के प्रावधानों के अनुसार सभी औद्योगिक इकाइयाँ DSIIDC के अन्तर्गत आएँगी। *इसके प्रमुख कार्य निम्नलिखित हैं*
  - दिल्ली में उद्योगों की स्थापना में सहायता तथा संरक्षण प्रदान करना।
  - कच्चे मालों की उपलब्धता को बनाए रखना।
  - उद्योगों के लिए भूमि का अधिग्रहण तथा विकास करना।
  - छोटे तथा वृहत उद्योगों के बीच समन्वय स्थापित करना।

    दिल्ली में उद्योगों के लिए योजनाओं का निर्माण तथा क्रियान्वयन करना।

दिल्ली वित्त निगम (DFC)

- दिल्ली वित्त निगम (Delhi Finance Corporation DFC), दिल्ली में औद्योगिक आवश्यकताओं को वित्तीय सुविधाएँ प्रदान करने के लिए उत्तरदायी है। इसका कार्यालय दिल्ली के रोहिणी में स्थित है।
- कम्पनियों एवं सरकारी समितियों के मामलों में दिल्ली वित्त निगम अधिकतम ₹ 10 करोड़ तक का ऋण प्रदान करती है, जबकि प्रोपराइटरशिप एवं साझेदारी वाली कम्पनियों के मामले में यह सीमा ₹ 4 करोड़ तक है।
- दिल्ली वित्त निगम का गठन अप्रैल, 1967 में किया गया। इस निगम की स्थापना का मूल उद्देश्य लघु उद्योगों को बढ़ावा देना है।

- दिल्ली वित्त निगम महिला उद्यमियों के लिए 'महिला उद्यम निधि' के नाम से एक योजना चलाती है। इसके माध्यम से महिलाओं को औद्योगिक इकाई स्थापित करने में सहायता के लिए ऋण उपलब्ध कराया जाता है।

उद्यम/उद्योग सम्बन्धी प्रोत्साहन योजनाएँ

दिल्ली में उद्यम/उद्योग सम्बन्धी प्रोत्साहन योजनाएँ निम्न प्रकार हैं

प्रधानमन्त्री मुद्रा योजना

यह योजना (माइक्रो यूनिट्स डेवलपमेण्ट एण्ड रिफाइनेंस एजेन्सी) केन्द्र सरकार द्वारा लघु व्यवसाय क्षेत्र में युवाओं तथा इच्छुक व्यक्तियों को नए व्यवसाय शुरू करने के लिए वित्तीय सहायता उपलब्ध कराने के उद्देश्य से 8 अप्रैल, 2015 को शुरू की गई।

राजीव गाँधी स्वावलम्बन रोजगार योजना

- राजीव गाँधी स्वावलम्बन रोजगार योजना को दिल्ली खादी एवं ग्रामोद्योग बोर्ड द्वारा डिजाइन, विकसित और पदोन्नत किया गया है।
- दिल्ली में इस योजना की शुरूआत वर्ष 2016 में की गई थी।
- यह योजना राष्ट्रीय राजधानी क्षेत्र दिल्ली सरकार की मदद से बेरोजगार युवकों, कारीगरों, प्रशिक्षित पेशेवरों, कुशल टैक्नोक्रैट और उद्यमियों को रोजगार के अवसर प्रदान करने के लिए उद्योगों की अनुमति, व्यवसायों एवं सेवा क्षेत्र को बढ़ावा देने तथा विस्तार करने का कार्य करती है।
- इस योजना के तहत सरकार द्वारा आर्थिक मदद के रूप में ₹ 3 लाख, जिसमें 15% की सब्सिडी के साथ दिए जाने का प्रावधान है।

प्रधानमन्त्री रोजगार प्रोत्साहन योजना

- इस योजना की शुरुआत वर्ष 2016 में की गई थी। इसका उद्देश्य केन्द्र सरकार द्वारा प्रायोजित औपचारिक क्षेत्र में रोजगार के अवसर पैदा करने के लिए एक पेंशन योजना का निर्माण करना है।
- यह योजना ऐसे नए कर्मचारियों के लिए लागू होगी, जिन्होंने एक वर्ष में 240 दिनों तक काम किया है या जिनकी ₹15,000 प्रतिमाह की आय हो।
- इस योजना में सरकार द्वारा वेतन का 8.33% रोजगार के पहले तीन वर्षों के दौरान श्रमिकों के लिए नियोक्ताओं की ओर से पेंशन स्कीम में कर्मचारियों को भुगतान करना होगा।

नए औद्योगिक क्षेत्रों/केन्द्रों का विकास

दिल्ली में निम्न नए औद्योगिक क्षेत्रों/केन्द्रों का विकास किया गया है

नॉलेज बेस्ट बापरौला औद्योगिक पार्क

- बापरौला पार्क को दिल्ली राज्य औद्योगिक एवं ढाँचागत विकास निगम ने विकसित किया है।
- इस पार्क में सॉफ्टवेयर उद्योग, आईटी, सर्विस इण्डस्ट्री, आईटीईएस इण्डस्ट्री, मीडिया, बायोटेक्नोलॉजी, अनुसन्धान एवं विकास, बिजनेस सेवा, शिक्षा सेवा जैसे 8 उद्योग स्थापित करने की योजना है, जोकि प्रगतिशील अवस्था में हैं।
- यह पार्क लगभग 1 लाख लोगों को प्रत्यक्ष रोजगार के अवसर प्रदान करेगा। साथ ही अप्रत्यक्ष रोजगार में यह सीमा 1 लाख 70 हजार है।

मुण्डका बहु-स्तरीय विनिर्माण केन्द्र

- DSIIDC मुण्डका के रानीखेड़ा में लगभग 147 एकड़ भूमि पर विश्वस्तरीय सुविधाओं के साथ एक बहु-स्तरीय विनिर्माण केन्द्र का निर्माण कर रहा है।
- इसका उद्देश्य प्रदूषण न फैलाने वाले हल्के और सेवा उद्योगों का विकास करना है।
- इस परियोजना से लगभग 1 लाख 50 हजार लोगों को रोजगार मिलेगा।

दिल्ली की औद्योगिक नीति

- **दिल्ली की पहली औद्योगिक नीति** वर्ष 1982 में घोषित की गई थी। यह नीति वर्ष 1956 की औद्योगिक नीति पर आधारित थी।
- दिल्ली की औद्योगिक प्रवृत्ति कुशल कामगारों पर आधारित है। 'इण्डिया साइन्स रिपोर्ट, 2015' के अनुसार, दिल्ली की कार्यशील जनसंख्या का 40% डिग्री/ डिप्लोमा धारक है।
- विश्व बैंक की एक रिपोर्ट 'Doing Business in India' वर्ष 2019 में दिल्ली को अन्तिम 10 शहरों में स्थान नहीं दिया गया है। रिपोर्ट के अनुसार, दिल्ली में बिजनेस करना पहले जितना सुगम नहीं रह गया हैं।
- वर्ष 2017-18 के दौरान दिल्ली का स्कोर 47 फीसदी था, तो वहीं 2018-19 में यह मात्र 33.99 फीसदी रह गया है। इस सूची में तेलांगना, आन्ध्रप्रदेश तथा हरियाणा शीर्ष पर हैं।
- दिल्ली के मास्टर प्लान 2021 और औद्योगिक नीति, 2010-21 का अनुपालन करते हुए कंझावला में नए औद्योगिक क्षेत्र का विकास किया जा रहा है।
- यह एक ग्रीन फील्ड परियोजना है, जिसका विस्तार 920 एकड़ में है।
- **दिल्ली की औद्योगिक नीति, वर्ष 2010** में लागू की गई है, इसमें औद्योगिक वातावरण को निम्न कुशलता से उच्च कुशलता तथा उच्च तकनीकी स्तर का बनाने की ओर ध्यान दिया गया है।

इसके लिए निम्नलिखित कार्यनीति तैयार की गई है

- आधारभूत संरचना का विकास करना।
- वाणिज्यिक प्रक्रिया को सुगम तथा ई-मार्केटिंग से जोड़ना।
- ज्ञान आधारित उद्योगों को बढ़ावा देना तथा कुशल कामगारों को सहायता प्रदान करना।
- पुनर्विकास नीति के आधार पर औद्योगिक क्षेत्रों की ओर ध्यान देना।
- उच्च तकनीकी उद्यमों तथा उच्च कुशलता को महत्त्व प्रदान करना।
- प्रदूषण मुक्त उद्योगों की स्थापना को बढ़ावा देना।

दिल्ली में उद्योग एवं व्यापार

स्व-मूल्यांकन

1. वर्ष 2018-19 के अनुसार दिल्ली की अर्थव्यवस्था में प्राथमिक क्षेत्र की भागीदारी कितनी है?
(a) 1.88% (b) 3.60%
(c) 4.63% (d) 6.67%

2. हस्तशिल्प प्रशिक्षण के लिए दिल्ली में कहाँ प्रशिक्षण केन्द्र स्थापित किया गया है?
(a) भरत नगर
(b) सन्त नगर
(c) उत्तम नगर
(d) उपरोक्त में से कोई नहीं

3. चमड़े के सामान बनाने की फैक्ट्री वर्ष 1978 में कहाँ स्थापित की गई थी?
(a) वजीरपुर
(b) आजादपुर
(c) दरियागंज
(d) कमला नगर

4. आर्थिक सर्वेक्षण 2018-19 के अनुसार, दिल्ली राज्य औद्योगिक विकास निगम के अधीन कितने औद्योगिक क्षेत्र कार्यरत् हैं?
(a) 26 (b) 27
(c) 28 (d) 29

5. दिल्ली हाट क्यों प्रसिद्ध है?
(a) हस्तशिल्पों के लिए
(b) भारतीय व्यंजनों के लिए
(c) इलेक्ट्रॉनिक सामानों के लिए
(d) कम्प्यूटर पार्ट्स के लिए

6. इलेक्ट्रॉनिक सामानों के लिए प्रसिद्ध लाजपत राय मार्केट स्थित है
(a) कश्मीरी गेट
(b) लालकिला के निकट
(c) कुतुबमीनार के निकट
(d) नई दिल्ली स्टेशन

7. कम्प्यूटर तथा उनसे जुड़े कल-पुर्जों तथा सॉफ्टवेयर के विक्रय स्थल के रूप में प्रसिद्ध है
(a) सरोजिनी नगर मार्केट
(b) नेहरू प्लेस
(c) जनपथ मार्केट
(d) पालिका बाजार

8. दिल्ली के औद्योगिक विकास में किस संस्था की महत्त्वपूर्ण भूमिका है?
(a) दिल्ली राज्य औद्योगिक और ढाँचागत विकास निगम
(b) दिल्ली राज्य उद्यमी संगठन
(c) चैम्बर आफ कॉमर्स
(d) दिल्ली विपणन विभाग

9. निम्नलिखित में से क्या 'दिल्ली राज्य औद्योगिक विकास निगम' का कार्य निर्धारित नहीं है?
(a) उद्योगों की स्थापना में सहयोग
(b) कच्चे मालों की उपलब्धता सुनिश्चित करना
(c) योजनाओं का निर्माण
(d) उद्योगों पर करारोपण

10. दिल्ली वित्त निगम का उद्देश्य है
(a) उद्योगों का निरीक्षण
(b) उद्योगों को वित्तीय सुविधा प्रदान करना
(c) उद्योगों का नियन्त्रण
(d) उद्योगों का विनियमन

11. 'दिल्ली वित्त निगम' का गठन किस वर्ष किया गया था?
(a) वर्ष 1965
(b) वर्ष 1967
(c) वर्ष 1972
(d) वर्ष 1977

12. दिल्ली वित्त निगम (DFC) ने महिला उद्यमियों के लिए किस योजना का संचालन आरम्भ किया है?
(a) महिला सशक्तीकरण
(b) महिला उद्यम निधि
(c) महिला समृद्धि
(d) महिला सशक्त निधि

13. दिल्ली वित्त निगम (DFC) का कार्यालय कहाँ स्थित है?
(a) रोहिणी (b) पंजाबी बाग
(c) इन्द्रप्रस्थ (d) नेहरू प्लेस

14. बुनकर मित्र हैडलूम हेल्पलाइन सेन्टर की स्थापना कब हुई थी?
(a) वर्ष 2013 (b) वर्ष 2015
(c) वर्ष 2016 (d) वर्ष 2017

15. प्रधानमन्त्री रोजगार प्रोत्साहन योजना की शुरुआत कब हुई थी?
(a) वर्ष 2015 (b) वर्ष 2016
(c) वर्ष 2017 (d) वर्ष 2018

16. बापरौला पार्क कहाँ स्थित है?
(a) दिल्ली (b) मुम्बई
(c) कोलकाता (d) गाजियाबाद

17. प्रदूषण रहित हल्के उद्योगों का विकास किसका उद्देश्य है?
(a) बुराडी विनिर्माण केन्द्र
(b) मुण्डका बहुस्तरीय नियोजन केन्द्र
(c) सन्त नकार औद्योगिक केन्द्र
(d) उपरोक्त में से कोई नहीं

18. दिल्ली की पहली औद्योगिक नीति किस वर्ष लागू की गई थी?
(a) वर्ष 1960
(b) वर्ष 1982
(c) वर्ष 1996
(d) वर्ष 2001

19. इडिया साइन्स रिपोर्ट 2015 के अनुसार दिल्ली में कार्यशील जनसंख्या का कितनी प्रतिशत डिप्लोमा धारक है
(a) 35% (b) 40%
(c) 25% (d) 55%

20. कंझावला औद्योगिक क्षेत्र का विस्तार है
(a) 290 एकड़
(b) 920 एकड़
(c) 224 एकड़
(d) 1500 एकड़

21. निम्न कथनों में से कौन-सा/से कथन सही है/हैं?
1. उद्यमशीलता उद्यमों में पूँजी के स्थान पर कौशल श्रम को प्राथमिकता दी जाती है।
2. दिल्ली में स्थापित उद्यमों को ज्ञान आधारित उद्यम तथा विनिर्माण आधारित उद्यमों में बाँटा गया है।

कूट
(a) केवल 1
(b) केवल 2
(c) 1 और 2 दोनों
(d) न तो 1 और न ही 2

उत्तरमाला

1. (a) **2.** (a) **3.** (a) **4.** (d) **5.** (a) **6.** (b) **7.** (b) **8.** (a) **9.** (d) **10.** (b)
11. (b) **12.** (b) **13.** (a) **14.** (c) **15.** (b) **16.** (a) **17.** (b) **18.** (b) **19.** (b) **20.** (b)
21. (c)

अध्याय 7

दिल्ली में परिवहन एवं जनसंचार

दिल्ली (राष्ट्रीय राजधानी क्षेत्र) सड़कों, रेल लाइनों और विमान सेवाओं के द्वारा भारत के सभी भागों से जुड़ा हुआ है। भारत की सम्पूर्ण परिवहन व्यवस्था का केन्द्र दिल्ली है।

दिल्ली में परिवहन व्यवस्था

दिल्ली के परिवहन की ऐतिहासिक पृष्ठभूमि का अध्ययन करने से ज्ञात होता है कि प्राचीन इतिहास में सड़कों के विकास हेतु अनेक कार्य किए गए थे तथा सुल्तान और मुगल शासकों के द्वारा परिवहन की सेवाओं को आधुनिक रूप दिया गया। अंग्रेजों के आगमन के परिणामस्वरूप परिवहन में तकनीकों का प्रयोग प्रारम्भ हुआ; जैसे–रेल सेवा एवं विमान सेवा।

वर्तमान समय में दिल्ली की परिवहन व्यवस्था तीनों भागों में विभाजित है

1. सड़क परिवहन 2. रेल परिवहन 3. वायु परिवहन

सड़क परिवहन

- दिल्ली की सड़कों का ऐतिहासिक महत्त्व है। प्रत्येक मार्ग ऐतिहासिक तथा सांस्कृतिक घटनाओं से जुड़ा हुआ है। दिल्ली में राज्य एवं राष्ट्रीय महामार्ग दोनों ही निर्मित हैं।
- आर्थिक सर्वेक्षण 2018-19 के अनुसार, दिल्ली में सड़कों की कुल लम्बाई 23,670 किमी है। भारतीय राष्ट्रीय राजमार्ग प्राधिकरण के नवम्बर, 2018 तक के आँकड़ों के अनुसार राज्य में राष्ट्रीय राजमार्गों की लम्बाई 110.7 किमी है।

दिल्ली के राष्ट्रीय राजमार्ग

राष्ट्रीय राजमार्ग	*कहाँ से कहाँ तक*	*राज्य में लम्बाई (किमी)*
9	दिल्ली-हरियाणा बॉर्डर-दिल्ली उत्तर प्रदेश बॉर्डर	26.9
44	कुण्डली के पास हरियाणा दिल्ली बॉर्डर-मुकरबा चौक आउटर रिंग रोड	15
48	राओ तुला राम मार्ग जंक्शन-दिल्ली हरियाणा बार्डर	10.2
148A	महरौली-अंधेरिया मोड़-छतरपुर T-पॉइण्ट-NH48 जंक्शन हरियाणा	8.0
148AE	NH48 शिव मूर्ति-भरतल चौक-खेकड़ी दौला NH48 हरियाणा	9.9
248BB	शिवमूर्ति (रंगपुरी) के समीप NH-48 के साथ जक्शन से प्रारम्भ होकर-एनीसीटी में बसंत कुंज के पास नेल्सन मंडेला मार्ग पर समाप्त	25.7
344M	NH48 शिवमूर्ति-बांकोली-नरेला-मुंडका-नजफगढ़-द्वारका NH248BB भरतल चौक	15.0
कुल		**110.7**

* **स्रोत** www.nhai.roadnetwork

दिल्ली के प्रमुख सड़क मार्ग

दिल्ली के प्रमुख सड़क मार्ग निम्न हैं

महात्मा गाँधी रोड (रिंग रोड)

- इस मार्ग की कुल लम्बाई 40 किमी है और इस पर लगभग 24 फ्लाईओवर निर्मित हैं। यह एक वृत्ताकार मार्ग है, जो दिल्ली के मध्य से होकर गुजरता है। यह मार्ग दिल्ली के एक बड़े भाग को जोड़ता है।
- महात्मा गाँधी मार्ग एम्स, लाजपत नगर, महारानी बाग, सराय काले खाँ, राजघाट, कश्मीरी गेट, माल रोड, विधानसभा, मॉडल टाउन, दिल्ली विश्वविद्यालय, आजादपुर, नेताजी सुभाष प्लेस, पंजाबी बाग, मोती बाग, धौला कुआँ, राजा गार्डन इत्यादि से होकर गुजरता है।

डॉ. ए. पी. जे. अब्दुल कलाम रोड

- डॉ. ए. पी. जे. अब्दुल कलाम रोड नई दिल्ली में अवस्थित है।
- वर्ष 2015 में औरंगजेब मार्ग का नाम 'ए.पी.जे. अब्दुल कलाम रोड', 'मिसाइल मैन' के निधन के बाद उनके सम्मान में रखा गया है।

राजपथ

- 'राजपथ' इण्डिया गेट से विजय चौक तक के सड़क मार्ग का नाम है। इस मार्ग के ठीक सामने राष्ट्रपति भवन स्थित है।
- राजपथ की कुल लम्बाई 5 किमी है।

जनपथ

- राजनीतिक रूप से इस मार्ग की प्रसिद्धि अधिक है। कई सांसदों तथा मन्त्रियों के आवास जनपथ पर स्थित हैं। जनपथ राजीव चौक (कनॉट प्लेस) से पृथ्वीराज रोड़ को जोड़ता है।
- यह मार्ग वाणिज्यिक गतिविधियों के लिए भी जाना जाता है।

अकबर रोड

- नई दिल्ली में अकबर रोड अपनी राजनीतिक गतिविधियों के लिए अधिक जाना जाता है। इस सड़क पर कांग्रेस पार्टी का मुख्यालय स्थित है।
- केन्द्र सरकार के कई प्रशासनिक भवन तथा सांसदों/मन्त्रियों के आवास इसी मार्ग पर स्थित हैं।

नेताजी सुभाष मार्ग

- यह मार्ग दिल्ली गेट से प्रारम्भ होकर कश्मीरी गेट तक जाती है।
- नेताजी सुभाष मार्ग पर दरियागंज, जामा मस्जिद तथा लाल किला स्थित हैं। चाँदनी चौक इसी मार्ग से जुड़ने वाला एक शाखा मार्ग है।

पार्लियामेण्ट स्ट्रीट

- जिस मार्ग पर भारतीय संसद स्थित है, उसे पार्लियामेण्ट स्ट्रीट के नाम से जाना जाता है।
- पार्लियामेण्ट स्ट्रीट में प्रशासनिक भवनों की संख्या सर्वाधिक है।

हेडगेवार मार्ग (आउटर रिंग रोड)

- दिल्ली के बाहरी क्षेत्रों को आपस में जोड़ने वाली सड़क 'आउटर रिंग रोड' या 'बाहरी मुद्रिका' कहलाती है।
- पहले यह दिल्ली के ग्रामीण क्षेत्रों से होकर गुजरने वाली सड़क थी, किन्तु अब दिल्ली के शहरी क्षेत्र का विस्तार यहाँ तक भी हो चुका है।

अरुणा आसफ अली मार्ग

- यह सड़क नई दिल्ली स्टेशन से राजघाट तक जाती है।
- इस मार्ग पर जाकिर हुसैन कॉलेज, लाहौरी गेट, गोविन्द वल्लभ पन्त अस्पताल, लोकनायक जयप्रकाश अस्पताल, अम्बेडकर स्टेडियम तथा फिरोजशाह कोटला स्टेडियम स्थित हैं।

माल रोड

- माल रोड ब्रिटिश काल में अत्यधिक महत्त्वपूर्ण सड़क मार्ग था। यह सड़क पुरानी दिल्ली को दिल्ली के उत्तर तथा पूर्वी भाग से जोड़ती है।

- माल रोड पर दिल्ली विश्वविद्यालय, सिविल लाइन तथा विधानसभा स्थित हैं।

अफजल खाँ रोड

- यह सड़क छोटी मालान से होकर करोल बाग तक जाती है। करोल बाग क्षेत्र में इस रोड पर दिल्ली का अति व्यस्त मार्ग स्थित है।
- इस सड़क का नाम मुगल सेनापति अफजल खान के नाम पर रखा गया है।

तिलक मार्ग

- यह दिल्ली का अति महत्त्वपूर्ण मार्ग है। यह सुप्रीम कोर्ट म्यूजियम से प्रारम्भ होकर पटियाला हाउस कोर्ट तक जाता है।
- महान् स्वतन्त्रता सेनानी बाल गंगाधर तिलक के नाम पर इसका नाम तिलक मार्ग रखा गया है।

सफदरजंग रोड

- यह दिल्ली का व्यस्तम मार्ग है। इसके दक्षिण में सफदरजंग का मकबरा स्थित है।
- उत्तर में यह मार्ग तीन मूर्ति मार्ग, राजाजी मार्ग व रेसकोर्स मार्ग से प्रारम्भ होता है सफदरजंग मुगलकाल में अवध के नवाब थे।
- इन्हीं के नाम पर सड़क का नाम सफदरजंग रोड पड़ा।

लोककल्याण मार्ग (रेसकोर्स रोड)

- सुरक्षा की दृष्टि से यह दिल्ली का एक महत्त्वपूर्ण मार्ग है। इसी मार्ग पर भारत के प्रधानमन्त्री का निवास स्थान है।
- वर्ष 2016 में इस मार्ग का नाम बदलकर लोककल्याण मार्ग कर दिया गया। ज्ञात हो कि ब्रिटिश शासन के दौरान यहाँ घुड़सवारी का आयोजन किया जाता था।

बारहखम्बा रोड

- बारहखम्भा रोड दिल्ली के कनॉट पलेस को मण्डी हाउस से जोड़ता है। दूरदर्शन केन्द्र इसी मार्ग पर स्थित है।
- इस रोड का नाम तुगलक काल में बनाए गए बारह खम्भा महल (बारह खम्भों पर स्थित) के नाम पर रखा गया है।

अशोका रोड

- यह रोड भारत की सूचना एवं संचार मन्त्रालय का आधिकारिक मुख्यालय है। यह भारत की राजधानी दिल्ली के मध्य में स्थित हैं।
- यह संसद मार्ग पुलिस स्टेशन से इन्दिरा गाँधी नेशनल सेन्टर फॉर आर्ट तक जाती है। इस रोड का नाम महान् मौर्य सम्राट अशोक के नाम पर रखा गया है।

बहादुरशाह जफर मार्ग

- यह दिल्ली का एक प्रमुख मार्ग है, जो आई. टी. ओ. दिल्ली के दक्षिण से आरम्भ होकर दिल्ली गेट (दरियागंज) के उत्तर में समाप्त होता है।
- फिरोजशाह कोटला मैदान इसी मार्ग पर स्थित है। इस मार्ग का नाम अन्तिम मुगल बादशाह बहादुरशाह जफर के नाम पर रखा गया है।

श्री अरविन्दो मार्ग

- यह नई दिल्ली का एक मुख्य मार्ग है, जो दक्षिणी दिल्ली में पड़ता है। यह मार्ग सफदरजंग के मकबरे से आरम्भ होकर कुतुबमीनार तक जाता है।
- इस मार्ग का नाम भारत के महान दार्शनिक श्री अरविन्दो के नाम पर रखा गया है।

लोधी रोड

- यह मार्ग दक्षिण-मध्य दिल्ली का एक प्रमुख मार्ग है। इस मार्ग पर खिलजी वंश के शासकों के कई मकबरे स्थित हैं, जिन्हें बागों का रूप दिया गया है तथा इन्हें लोधी गार्डन का नाम भी दिया गया।
- यह मार्ग सफदरजंग के मकबरा से लेकर निजामुद्दीन की दरगाह तक जाता है।

मानसिंह रोड

- यह पूर्वोत्तर दिल्ली का महत्त्वपूर्ण मार्ग है। दिल्ली का मशहूर ताजमहल होटल इसी मार्ग पर स्थित है। साथ ही संघ लोक सेवा आयोग का मुख्यालय इसी मार्ग पर स्थित है।
- इस मार्ग का नाम मुगलकाल के सेनापति मानसिंह के नाम पर रखा गया है।

एक्सप्रेस-वे मार्ग

प्रमुख एक्सप्रेस-वे मार्ग निम्नलिखित हैं

दिल्ली-मेरठ एक्सप्रेस-वे मार्ग

- 27 मई, 2018 को दिल्ली-मेरठ एक्सप्रेस-वे के पहले खण्ड 8.3 किमी का उद्घाटन किया गया। इसकी कुल लम्बाई 60 किमी है।यह दिल्ली के निजामुद्दीन रेलवे स्टेशन से शुरू होकर मेरठ तक जाता है।
- इसी दिन 135 किमी लम्बे ईस्टर्न पेरिफेरल एक्सप्रेस-वे का उद्घाटन किया गया, जो कुण्डली एवं पलवल को आपस में जोड़ता है।

दिल्ली-गुरुग्राम एक्सप्रेस-वे मार्ग

यह मार्ग दिल्ली को गुरुग्राम से जोड़ता है। इसकी कुल लम्बाई 28 किमी है।

प्रमुख फ्लाईओवर व पुल

प्रमुख फ्लाईओवर व पुल निम्न हैं

सिग्नेचर ब्रिज, वजीराबाद

- इस ब्रिज का निर्माण दिल्ली के वजीराबाद में यमुना नदी पर किया गया हैं। इस ब्रिज के निर्माण हेतु वर्ष 2010 में सरकार द्वारा अनुमति दी गई थी। यह ब्रिज **दिल्ली का पहला रेज्जु कर्षण ब्रिज** (Cable Stayed Bridge) तथा **देश का पहला असममित केबल रक्षित ब्रिज** (Asymmetric Cable Safe Bridge) है।
- यह ब्रिज यमुना के पश्चिमी किनारे पर स्थित राष्ट्रीय राजमार्ग-1 को पूर्वी किनारे पर स्थित वजीराबाद रोड से जोड़ता है तथा उत्तर व पूर्वोत्तर दिल्ली के मध्य यात्रा के समय को कम करता है। इस ब्रिज के ऊपर बने पायलोन की ऊचाँई 154 मी है, जो दिल्ली की किसी भी इमारत से ऊँची है अर्थात् यह कुतुबमीनार से भी दोगुनी ऊँचाई का है। इस पुल की लम्बाई 675 मी और चौड़ाई 35.2 मी है। इस पुल का उद्घाटन 4 नवम्बर, 2018 को दिल्ली के मुख्यमन्त्री अरविन्द केजरीवाल द्वारा किया गया।
- आइफिल टावर की तरह सिग्नेचर ब्रिज पर पर्यटकों के लिए 154 मीटर ऊँचे पिलर पर जाने की सुविधा हैं। यहाँ से दिल्ली का मनोरम दृश्य दिखता है।

बारापुल्ला नाले पर एलिवेटेड रोड

- इस परियोजना के तीन चरण हैं। प्रथम चरण में सराय काले खाँ से जवाहरलाल नेहरू स्टेडियम तक 3.8 किमी के एलिवेटेड रोड कॉरीडोर का निर्माण हो चुका है।
- द्वितीय चरण के अन्तर्गत लाला लाजपत राय पथ और मथुरा रोड तथा रिंग रोड को जोड़ना है। तृतीय चरण में सराय काले खाँ से मयूर विहार फेज-1 को जोड़ना है। द्वितीय चरण का कार्य मार्च, 2018 में और तृतीय चरण का कार्य दिसम्बर, 2018 में पूरा हो चुका है।

आउटर रिंग रोड में IIT से NH-8 तक कॉरीडोर

- इसके अन्तर्गत बाहरी रिंग रोड पर मुनीरका फ्लाईओवर को पश्चिम में आर्मी अस्पताल और बीजे रोड तथा इनर रिंग रोड क्रॉसिंग पर अण्डरपास का निर्माण किया गया है।
- इसका निर्माण कार्य दिसम्बर, 2018 में पूरा हो गया।

DND फ्लाईओवर

- DND फ्लाईओवर दिल्ली को नोएडा से सबसे लघुत्तम मार्ग से जोड़ता है। यह फ्लाईओवर यमुना नदी पर स्थित है।

- 9.2 किलोमीटर लम्बे इस फ्लाईओवर में 8 लेन हैं।
- यह भारत का पहला टोलफ्री फ्लाईओवर है, जिसे ISO:9001:2008 सर्टिफीकेट मिला है।

निजामुद्दीन ब्रिज

- यह दिल्ली में पुराने ब्रिजों में से एक है। इसका निर्माण वर्ष 1994 में हुआ था।
- राष्ट्रीय राजमार्ग संख्या-24 पर स्थित, यमुना नदी पर बने निजामुद्दीन ब्रिज की कुल लम्बाई 750 मीटर तथा चौड़ाई 22.6 मी है।
- इस ब्रिज के माध्यम से उत्तर प्रदेश से दिल्ली की ओर वाहन आते हैं।

ओखला बैराज ब्रिज

- ओखला बैराज ब्रिज का निर्माण यमुना नदी पर किया गया है।
- इसकी कुल लम्बाई 554 मी है। इस ब्रिज के रख रखाव की जिम्मेदारी दिल्ली सरकार के अधीन है।
- यहाँ पर ओखला वर्ल्ड सेन्चुरी भी स्थित है। यह दिल्ली से नोएडा को जोड़ने का कार्य करती है।

ओल्ड यमुना ब्रिज

- दिल्ली में यमुना नदी पर बने पहले रेल तथा सड़क यातायात के लिए प्रसिद्ध ओल्ड यमुना ब्रिज को 'लोहे का पुल' के नाम से भी जाना है।
- रेलवे की तकनीकी भाषा में इसका नाम ब्रिज संख्या 249 है।
  इसका निर्माण कार्य वर्ष 1863 में प्रारम्भ हुआ था, जो वर्ष 1866 में बनकर तैयार हुआ।
- इसकी कुल लम्बाई 804.67 मीटर है। यह शाहदरा को दिल्ली शहर से जोड़ता है। इस पुल का निर्माण ईस्ट इण्डिया रेलवे कम्पनी द्वारा करवाया गया था।

पुराना वजीराबाद बैराज ब्रिज

- यमुना नदी पर स्थित पुराना वजीराबाद बैराज ब्रिज का निर्माण वर्ष 1960 में हुआ था। तत्कालीन समय में यह उत्तरी दिल्ली को उत्तरीपूर्वी दिल्ली से जोड़ने के लिए एकमात्र पुल हुआ करता था।
- वाहनों के लिए इस पुल की चौड़ाई कुल साढ़े चार मीटर है। इसके दोनों ओर साइकिल ट्रैक हैं।

दिल्ली परिवहन निगम

- दिल्ली में बसों का परिचालन 'दिल्ली परिवहन निगम' द्वारा होता है। इसकी शुरुआत वर्ष 1948 में की गई थी।
- राज्य में सड़क परिवहन का मुख्य आधार बसें हैं।
- आर्थिक सर्वेक्षण 2018-19 के अनुसार, दिल्ली में कुल वाहनों की संख्या वार्षिक वृद्धि लगभग 7% है और सभी वाहनों की कुल संख्या 109.86 लाख है।
- राज्य में तीन अन्तर्राष्ट्रीय बस अड्डे कश्मीरी गेट, सराय काले खाँ व आनन्द विहार है, जहाँ से अन्तर्राजीय बसें चलती हैं।
- राज्य में **मेट्रोशाखा पथ बसें** चलाई गई हैं, जो मेट्रो स्टेशनों के क्षेत्रों को आपस में जोड़ती हैं। इसके साथ ही राज्य में जवाहरलाल नेहरू शहरी नवीनीकरण मिशन के अन्तर्गत उच्च क्षमता बसें चलाई गई हैं। इन बसों के रंग हरे व लाल हैं, जिनमें लाल बसें वातानुकूलित हैं।
- वर्ष 2010 से राज्य में ब्लू लाइन बसों को कोर्ट द्वारा बन्द कर दिया गया है।
- वर्ष 2018 में दिल्ली में हाइड्रोजन कम्प्रेश नेचुरल गैस (एच.सी.एन.जी.) से बस ऑपरेशन का पायलट प्रोजेक्ट डी.टी.सी. द्वारा राजघाट डिपो से शुरू हुआ तथा इसके लिए हाइड्रोजन सिलेण्डर जर्मनी से आयात किए जा रहे हैं, जो वजन में सीएनजी सिलेण्डर से हल्के है। इण्डियन ऑयल कॉर्पोरेशन ने इसका डिजाइन तैयार किया है।

रेल परिवहन

- दिल्ली में रेल परिवहन का शुभारम्भ 1 जनवरी, 1867 को 'ईस्ट इण्डिया रेलवे' की स्थापना के साथ हुआ।
- 1 मार्च, 1891 को दिल्ली-अम्बाला-कालका रेलवे की शुरुआत हुई।
- दिल्ली, उत्तर रेलवे के अन्तर्गत स्थित है तथा उत्तर रेलवे जोन का मुख्यालय नई दिल्ली में स्थित है। इस जोन की स्थापना 14 अप्रैल, 1952 को की गई थी। **फिरोजपुर, अम्बाला, मुरादाबाद** तथा **दिल्ली** इस जोन के चार रेलवे मण्डल हैं।
- **उत्तर रेलवे भारत की सबसे लम्बी रेल व्यवस्था** है। इसके अन्तर्गत रेल मार्गों की लम्बाई 6,807 किमी है तथा दिल्ली के अन्दर रेलमार्ग की लम्बाई 200 किमी है।
- दिल्ली में चार प्रमुख रेलवे स्टेशन नई दिल्ली, पुरानी दिल्ली, हजरत निजामुद्दीन व सराय रोहिल्ला हैं।
- भारतीय रेलवे की पहली कम्प्यूटरीकृत अनारक्षित टिकट प्रणाली नई दिल्ली रेलवे स्टेशन से प्रारम्भ की गई।
- दिल्ली के तुगलकाबाद में 'इनलैण्ड कण्टेनर डिपो' स्थापित किया गया है। यह भारतीय रेलवे का सबसे बड़ा कण्टेनर डिपो है। पड़पड़गंज में भी कण्टेनर डिपो की स्थापना की गई है। रिंग रोड के समानान्तर दिल्ली में 'रिंग रेलवे' भी निर्मित है।
- 19 जून, 2016 को नई दिल्ली तथा चेन्नई के बीच फेड रेल सेवा शुरू की गई। इसका उद्देश्य सामानों को कम समय में एक जगह से दूसरी जगह पहुँचाना तथा परिवहन लागत में कमी लाना है।
- 11 सितम्बर, 2016 को नई दिल्ली से मुम्बई के बीच टेल्गो ट्रेन का परिचालन किया गया। इससे दिल्ली तथा मुम्बई के बीच की दूरी 12 घण्टे में तय की गई।

वन्दे भारत एक्सप्रेस

यह भारत की सबसे तेज ट्रेन है, जिसे पूर्णतः भारत में ही विकसित किया गया है। यह दिल्ली से वाराणसी के बीच चलेगी। पहले इसका नाम 'ट्रेन 18' था। इसकी शुरुआत 15 फरवरी, 2019 को हुई। *इस ट्रेन की प्रमुख विशेषताएँ इस प्रकार हैं*

- यह भारत की पहली इंजन रहित ट्रेन है।
- भारत की ट्रेनों में एक अलग इंजन कोच होता है, जबकि वन्दे भारत में मेट्रो ट्रेन के समान एकीकृत इंजन है।
- यह पूर्ण रूप से ऑटोमेटिक है अर्थात् इसके दरवाजे मेट्रो के समान खुलते व बन्द होते हैं।
- यात्रियों को इण्टरनेट के लिए ऑनवार्ड वाई-फाई की सुविधा भी प्रदान की गई है।
- ट्रेन में जी.पी.एस. आधारित उन्नत सूचना प्रणाली है जो आने वाले स्टेशनों की जानकारी भी देगी।
- ट्रेन में स्वच्छता की समस्या को हल करने के लिए जैव-वैक्यूम शौचालय बनाए गए हैं।

रेलवे से सम्बन्धित प्रमुख संस्थाएँ

रेलवे से सम्बन्धित प्रमुख संस्थाएँ निम्नलिखित हैं

- ***भारतीय रेल सम्मेलन एसोसिएशन*** इसका गठन वर्ष 1903 में किया गया था। इस एसोसिएशन का उद्देश्य यात्रियों से सम्बन्धित क्रियाकलापों की विसंगतियों को दूर करना है।
- ***इण्डियन रेलवे कंस्ट्रक्शन कम्पनी*** (IRCON) इसकी स्थापना वर्ष 1976 में की गई थी।
- ***रेल दावा अधिकरण*** इसकी स्थापना रेलवे अधिकरण अधिनियम, 1987 के तहत 8 नवम्बर, 1989 को की गई। यह प्रणाली नई प्रणाली दिल्ली में स्थित है।

- ***रेलवे सूचना प्रणाली केन्द्र*** (CRIS) यह नई दिल्ली में स्थित है तथा इसकी स्थापना वर्ष 1989 में की गई है।
- ***रेल भवन*** नई दिल्ली में रेलमन्त्री का कार्यालय है, जिसे रेल भवन के नाम से जाना जाता है। यहाँ केन्द्रीय रेल कारखाना आधुनिकीकरण संगठन का कार्यालय भी है, जिसकी स्थापना वर्ष 1997 में की गई थी।
- ***भारतीय रेल खान-पान तथा पर्यटन निगम लिमिटेड*** इसका मुख्यालय भी नई दिल्ली में स्थित है। इसकी स्थापना 27 सितम्बर, 1997 को रेलवे में खान-पान की सुव्यवस्था को देखने तथा पर्यटन को बढ़ावा देने के उद्देश्य से की गई है। इसके द्वारा दिल्ली के नांगलोई में बोतल बन्द पानी तैयार किया जाता है, जिसे **रेल नीर** नाम दिया गया है।
- ***भारतीय कण्टेनर निगम लिमिटेड*** यह 'भारतीय कण्टेनर निगम लिमिटेड' रेल मन्त्रालय का एक उपक्रम है। इसकी स्थापना वर्ष 1998 में की गई थी।
- ***भारतीय रेलटेल निगम*** रेलगाड़ियों के सुरक्षित तथा व्यवस्थित परिचालन के लिए वर्ष 2001 में भारतीय रेलटेल निगम लिमिटेड की स्थापना की गई। इसका मुख्यालय नई दिल्ली में स्थित है। इस कम्पनी की प्राधिकृत पूँजी ₹ 1000 करोड़ है।

दिल्ली मेट्रो

- दिल्ली मेट्रो देश की राजधानी की आधुनिकतम परिवहन व्यवस्था है। इसका उद्घाटन 24 दिसम्बर, 2002 को किया गया था। पहले चरण में दिल्ली मेट्रो सिर्फ 8.3 किमी (शाहदरा से तीस हजारी) लम्बी थी।
- दिल्ली में मेट्रो सेवा प्रारम्भ करने के लिए **दिल्ली मेट्रो कॉर्पोरेशन लिमिटेड** की स्थापना वर्ष 1995 में की गई थी।
- दिल्ली मेट्रो का काम चार चरण में पूरा होना है। **पहले चरण** में 65.1 किमी लम्बे रेलमार्ग का निर्माण किया गया, जिसमें से 13.57 किमी मार्ग भूमि के नीचे तथा 51.93 किमी एलिवेटेड मार्ग है।
- अक्टूबर, 2016 में दिल्ली मेट्रो की द्वारका-बाराखम्बा ब्लू लाइन के उद्घाटन के साथ ही **पहले चरण** का काम पूरा हो गया।
- **दूसरे चरण** में 124.93 किमी लम्बी रेल लाइन का कार्य भी पूरा कर लिया गया है। इसका पहला खण्ड जून, 2008 में तथा अन्तिम खण्ड अगस्त, 2011 में शुरू हुआ।
- **तीसरे चरण** में और अतिरिक्त मार्गों को मिलाकर 160.58 किमी लम्बी रेल लाइनों का निर्माण कार्य दिसम्बर, 2018 तक पूर्ण हुआ। इसमें 42.192 किमी लम्बी एन.सी.आर. लाइन भी शामिल है। इस चरण के उत्तरोतर विस्तार का लक्ष्य 2020 रखा गया है।
- मैट्रो के चौथे चरण की योजना सरकार के पास विचाराधीन है। मेट्रो ट्रेनें सुबह 6 बजे से रात 11:00 बजे तक चलती हैं। ट्रेनों की आवृति सबसे अधिक व्यस्त समय में 2 मिनट 18 सेकेण्ड से लेकर अन्य समय में 10 मिनट तक की है।

दिल्ली में परिचालित मेट्रो सेवा

नाम	*लाइन*
रेड लाइन	दिलशाद गार्डन-रिठाला
येलो लाइन	समयपुर बादली-हुडा सिटी सेण्टर
ब्लू लाइन	नोएडा-द्वारका, यमुना बैंक-वैशाली
ग्रीन लाइन	इन्द्रलोक-मुण्डका
वायलेट लाइन	आई टी ओ-स्कॉट मुंजेसर
एयरपोर्ट लाइन	नई दिल्ली-आई जी आई एयरपोर्ट
मेजेन्टा लाइन	बोटेनिकल गार्डन-जनकपुरी वेस्ट
पिंक लाइन	मजलिस पार्क-शिव विहार

दिल्ली मेट्रो को 'कार्बन क्रेडिट'

- दिल्ली मेट्रो विश्व का पहला ऐसा रेलवे नेटवर्क बना है, जिसे संयुक्त राष्ट्र ने ग्रीन हाउस गैसों में कमी लाने के लिए 'कार्बन क्रेडिट' दिया है।

- कार्बन क्रेडिट संयुक्त राष्ट्र के 'स्वच्छ विकास तन्त्र' यानी क्लीन डेवलपमेण्ट मैकेनिज्म योजना के तहत दिया जाता है।

दिल्ली मेट्रो को आउट स्टैण्डिंग पीएसयू अवॉर्ड

- दिल्ली मेट्रो रेल कॉर्पोरेशन को वर्ष 2016 में इण्डिया मैनेजमेण्ट एसोसिएशन का आउट स्टैण्डिंग पी.एस.यू. ऑफ द ईयर का अवॉर्ड प्राप्त हुआ है।
- यह अवॉर्ड शहरी परिवहन के क्षेत्र में विश्वस्तरीय सेवा उपलब्ध कराने तथा परियोजना प्रबन्धन के क्षेत्र में सर्वश्रेष्ठ कार्य करने के लिए दिया गया है।

मेट्रो का पहला सोलर प्लाण्ट

- 11 अगस्त, 2014 को मेट्रो के द्वारका सेक्टर-21 पर लगाया गया पहला रूफटॉप सोलर पावर प्लाण्ट है।
- रूफटॉप सोलर पावर प्लाण्ट से 500 किलोवाट बिजली का उत्पादन होता है। इस बिजली का उपयोग इस स्टेशन की बिजली सम्बन्धी जरूरतों को पूरा करने में किया जाएगा।

दिल्ली मेट्रो विश्व के 16 बड़े मेट्रो ग्रुप में शामिल

अक्टूबर, 2014 को दिल्ली मेट्रो विश्व के 16 बड़े मेट्रो ग्रुप में अपनी जगह बना चुका है। दिल्ली मेट्रो रेल कॉर्पोरेशन (DMRC) को दुनिया के छोटे, बड़े और मध्यम मेट्रो नेटवर्क के बैंचमार्किंग ग्रुप 'नोवा' के एक मेम्बर के रूप में ही मान्यता हासिल थी।

वायु परिवहन

दिल्ली वायु मार्ग देश के प्रमुख शहरों तथा विदेशों से जुड़ा हुआ है। पहली हवाई यात्रा 8 जनवरी, 1927 को आरम्भ की गई। दिल्ली में मुख्यतः दो हवाई अड्डे हैं, *जिनका विवरण इस प्रकार है*

सफदरजंग हवाई अड्डा

- नई दिल्ली में 22 फरवरी, 1936 को वायसराय लॉर्ड विलिंग्टन ने सफदरजंग हवाई अड्डे का शिलान्यास किया था। पहले इसका नाम 'विलिंग्टन एयरपोर्ट' था।
- आधुनिक किस्म के हवाई जहाजों के लिए यह हवाई अड्डा पर्याप्त नहीं है।

  अधिकांशतः इस हवाई अड्डे का प्रयोग केवल इण्डियन एयरलाइन्स, छोटे वायुयानों व विभिन्न फ्लाइंग क्लबों द्वारा किया जाता है।

  यहाँ से पवन हंस हेलीकॉप्टर सेवा भी उपलब्ध होती है।

इन्दिरा गाँधी अन्तर्राष्ट्रीय हवाई अड्डा

- इस हवाई अड्डे को पहले पालम हवाई अड्डे के नाम से जाना जाता था। इस हवाई अड्डे का निर्माण द्वितीय विश्वयुद्ध के दौरान हुआ था। इसके निर्माण का उद्देश्य रॉयल वायु सेना की सैन्य आवश्यकताओं को पूरा करना था।
- घरेलू तथा अन्तर्राष्ट्रीय विमानों का परिचालन पालम स्थित इन्दिरा गाँधी हवाई अड्डे से किया जाता है।
- इन्दिरा गाँधी हवाई अड्डे पर तीन टर्मिनल कार्यरत् हैं।

  वर्तमान में अब इस हवाई अड्डे के दो भाग कर दिए गए हैं

  (i) **टर्मिनल 1** (T1) घरेलू उड़ानों के लिए।

  (ii) **टर्मिनल 2 एवं टर्मिनल 3** (T2 and T3) अन्तर्राष्ट्रीय एवं घरेलू दोनों प्रकार की उड़ानों के लिए।

दिल्ली में जनसंचार व्यवस्था

समाचार-पत्रों, पत्रिकाओं व अन्य ज्ञानोपयोगी प्रकाशन के सन्दर्भ में दिल्ली समृद्ध है। *दिल्ली में जनसंचार व्यवस्था इस प्रकार है*

समाचार-पत्र

- दिल्ली का पहला अखबार **दिल्ली अखबार** था, जो 1836 ई. में प्रकाशित हुआ था। यह समाचार-पत्र उर्दू भाषा में प्रकाशित हुआ।
- 1837 ई. में **सैयद-उल-अखबार** प्रकाशित होने लगा, जिसका सम्पादन पहले सैयद मोहम्मद खान द्वारा किया गया तथा बाद में इसका सम्पादन सर सैयद अहमद खाँ ने किया, परन्तु यह दूसरा समाचार-पत्र 1849 ई. में बन्द हो गया था।
- 1853 से 1884 ई. के बीच दिल्ली से प्रकाशित होने वाले कुछ महत्त्वपूर्ण समाचार-पत्र–'सादिक-उल-अखबार', 'अकमल-उल-अखबार' (1866), 'द नासिर-उल-अखबार' (1873), 'द खैरख्वाह-ए-हिन्द' (1875), 'साफिर-ए-हिन्द' आदि थे।
- वर्ष 1920 में अम्बिका प्रसाद वाजपेयी ने **स्वतन्त्र** पत्र निकाला, जिसने असहयोग आन्दोलन का समर्थन किया।
- स्वामी श्रद्धानन्द ने दिल्ली में **तेज पत्र** की स्थापना की तथा देशबन्धु दास गुप्ता को इसका प्रबन्ध निदेशक बनाया।
- घनश्याम दास बिड़ला ने वर्ष 1923 में दिल्ली से **अर्जुन** समाचार-पत्र निकाला, परन्तु इस पर देशद्रोह का आरोप लगाकर प्रतिबन्धित, कर दिया गया।
- वर्ष 1934 में यह समाचार-पत्र **वीर अर्जुन** नाम से प्रकाशित हुआ।
- दिल्ली से प्रकाशित होने वाला पहला अंग्रेजी समाचार-पत्र **द डेल्ही मेल** था, जिसका प्रकाशन वर्ष 1914 में प्रारम्भ हुआ, किन्तु वर्ष 1923 में इसे बन्द कर दिया गया।
- **द हिन्दुस्तान टाइम्स** का प्रकाशन दिल्ली से वर्ष 1924 में किया जाने लगा।
- **द स्टेट्समैन** का दिल्ली संस्करण वर्ष 1930 में आरम्भ हुआ।
- वर्तमान में राज्य के प्रमुख दैनिक हिन्दी समाचार-पत्र-नवभारत टाइम्स, जनसत्ता, हिन्दुस्तान, दैनिक जागरण, पंजाब केसरी, वीर अर्जुन, नई दुनिया आदि हैं।
- वर्तमान में राज्य के प्रमुख दैनिक अंग्रेजी समाचार-पत्र-द टाइम्स ऑफ इण्डिया, द हिन्दुस्तान टाइम्स, द इण्डियन एक्सप्रेस, द स्टेट्समैन, द पेट्रियट, द नेशनल हेरल्ड, द पायनियर, द हिन्दू, द इवनिंग न्यूज, फाइनेंशियल एक्सप्रेस, बिजनेस इण्डिया आदि हैं।

पाक्षिक एवं साप्ताहिक समाचार-पत्र

समाचार-पत्र	*भाषा*
एलिव, इण्डियन ऑब्जर्वर, मेन स्ट्रीम, एम्प्लायमेण्ट न्यूज	अंग्रेजी
रोजगार समाचार	हिन्दी
अखबार-ए-नाऊ	उर्दू

मासिक पत्रिकाएँ

पत्रिकाएँ	*भाषा*
सुषमा, कादम्बिनी, गृहशोभा, नन्दन, फिल्मी कलियाँ, फिल्मी दुनिया, मधुर कथाएँ, मायापुरी, सरस सलिल, सरिता	हिन्दी
आजकल	हिन्दी/उर्दू
क्राइम एण्ड डिटेक्टिव, वुमन्स इरा, पंजाबी डायजेस्ट	अंग्रेजी
इण्डिया टुडे	हिन्दी/अंग्रेजी
आउटलुक	हिन्दी/अंग्रेजी

समाचार एजेन्सियाँ

- राज्य में प्रेस ट्रस्ट ऑफ इण्डिया (Press Trust of India, PTI) सबसे बड़ी समाचार एजेन्सी है। इसकी स्थापना 27 अगस्त, 1947 को हुई थी और इसने 1 फरवरी, 1949 से अपनी सेवाएँ आरम्भ कीं। यह एजेन्सी अंग्रेजी और हिन्दी में अपनी समाचार सेवाएँ दे रही है।
- भाषा एजेन्सी की हिन्दी समाचार सेवा है। PTI और भाषा के साथ-साथ यूएनआई, वार्ता, इण्डिया प्रेस एजेन्सी आदि दिल्ली में स्थित हैं।
- वर्तमान में राज्य के प्रमुख दैनिक उर्दू समाचार-पत्र मिलाप, प्रताप, कौमी आवाज, आवाम आदि हैं।

रेडियो

- दिल्ली में रेडियो स्टेशन की स्थापना वर्ष 1935 में हुई थी।
- आकाशवाणी का नया प्रसारण केन्द्र वर्ष 1943 में बनकर तैयार हुआ। दिल्ली के आकाशवाणी केन्द्र से व्यावसायिक सेवा की शुरुआत वर्ष 1969 में हुई। वर्ष 1965 से नियमित समाचार बुलेटिन का प्रसारण आरम्भ किया गया।
- दिल्ली केन्द्र से ऑल इण्डिया रेडियो ने सबसे पहले युवाओं के लिए **युगवाणी** वर्ष 1969 से शुरू किया था। समाचार सेवा प्रभाग 28 मई, 1995 से एफ एम चैनल पर भी समाचार प्रसारित कर रहा है।
- वर्तमान में राज्य के प्रमुख रेडियो स्टेशन्स 91.10 रेडियो सिटी, 92.70 बिग एम, 93.50 रेड एफ एम, 94.30 रेडियो वन, 98.3 रेडियो मिर्ची, 100.10 आकाशवाणी एफ एम गोल्ड, 106.40 आकाशवाणी विविध भारती आदि है। राज्य में रेडियो मनोरंजन का महत्त्वपूर्ण साधन है।
- प्रधानमन्त्री नरेन्द्र मोदी ने आकाशवाणी रेडियो स्टेशन के माध्यम से ही अपना कार्यक्रम **मन की बात** प्रारम्भ किया। इस कार्यक्रम का प्रसारण पहली बार 3 अक्टूबर, 2014 को किया गया था।

दूरदर्शन

- दूरदर्शन का पहला प्रसारण 15 सितम्बर, 1959 को आकाशवाणी भवन, नई दिल्ली में स्थित एक कामचलाऊ स्टूडियो से किया गया था।
- 1 जनवरी, 1976 से दूरदर्शन पर नियमित विज्ञापन प्रारम्भ हुआ।
- वर्ष 1982 में दिल्ली और अन्य ट्रांसमीटरों के बीच उपग्रह द्वारा नियमित सम्पर्क के साथ राष्ट्रीय प्रसारण शुरू हुआ तथा दूरदर्शन ने रंगीन प्रसारण शुरू किया। इन परिवर्तनों को शीघ्रता लागू करने की मुख्य प्रेरणा उस वर्ष दिल्ली में आयोजित **एशियाई खेलों** से मिली थी।

दूरसंचार

- महानगर टेलीफोन निगम लिमिटेड (MTNL) भारत सरकार की स्वामित्व वाली एक दूरसंचार कम्पनी है, जो दिल्ली के अतिरिक्त मुम्बई, थाणे एवं नवी मुम्बई को दूरसंचार सुविधाएँ उपलब्ध कराती है।
- इसकी स्थापना वर्ष 1986 में की गई थी। इसका मुख्यालय नई दिल्ली में स्थित है। वर्ष 2000 तक दिल्ली में केवल यही दूरसंचार उपलब्ध कराती थी, लेकिन वर्ष 2000 के बाद दूरसंचार निजी क्षेत्रों के लिए खोल दिया गया।
- इसके बाद दिल्ली में लगभग सभी दूरसंचार कम्पनियाँ दूरसंचार की सुविधाएँ प्रदान कराती हैं, जिसमें प्रमुख हैं–एयरटेल, वोडाफोन, जियो आदि। दूरसंचार कम्पनियाँ टेलीफोन, मोबाइल एवं इण्टरनेट की सुविधाएँ उपलब्ध कराती हैं।

दिल्ली में परिवहन एवं जनसंचार

स्व-मूल्यांकन

1. आर्थिक सर्वेक्षण 2018-19 के अनुसार, दिल्ली की सड़कों की कुल लम्बाई कितनी है?
(a) 28,900 किमी (b) 23,670 किमी
(c) 24,042 किमी (d) 25,009 किमी

2. भारतीय राष्ट्रीय राजमार्ग प्राधिकरण के नवम्बर, 2018 तक के आँकड़ों के अनुसार दिल्ली में सबसे लम्बा राष्ट्रीय राजमार्ग कौन-सा है?
(a) NH-44 (b) NH-48
(c) NH-9 (d) NH-19

3. दिल्ली में स्थित महात्मा गाँधी मार्ग को अन्य किस नाम से जाना जाता है?
(a) रिंग रोड (b) फ्रण्ट रोड
(c) लिंक रोड (d) डेल्ही लिंक

4. डॉ. ए. पी. जे. अब्दुल कलाम रोड किस मार्ग का परिवर्तित नाम है?
(a) औरंगजेब रोड (b) अकबर रोड
(c) पटेल मार्ग (d) शान्तिपथ

5. निम्न में से किस सड़क मार्ग को राजपथ के नाम से जाना जाता है?
(a) इण्डिया गेट से विजय चौक
(b) राजीव चौक से पृथ्वी राज रोड
(c) इण्डिया गेट से सफदरजंग मार्ग
(d) राजीव चौक से पार्लियामेण्ट स्ट्रीट

6. कांग्रेस पार्टी का मुख्यालय केन्द्रीय दिल्ली के किस मार्ग पर स्थित है?
(a) जनपथ (b) पटेल मार्ग
(c) अकबर रोड (d) औरंगजेब रोड

7. नेताजी सुभाष मार्ग दिल्ली के किस भाग से प्रारम्भ होता है?
(a) दिल्ली गेट (b) लाजपत नगर
(c) पंजाबी बाग (d) आजादपुर

8. प्रसिद्ध लाल किला किस मार्ग पर स्थित है
(a) नेताजी सुभाष मार्ग
(b) अरविन्दो मार्ग
(c) महात्मा गाँधी मार्ग
(d) सरदार पटेल मार्ग

9. बाहरी दिल्ली के ग्रामीण क्षेत्रों को जोड़ने वाले 'बाहरी रिंग रोड' का दूसरा नाम क्या है?
(a) अकबर मार्ग (b) सुभाष मार्ग
(c) हेडगेवार मार्ग (d) पृथ्वीराज मार्ग

10. दिल्ली का सिविल लाइन किस रोड पर स्थित है?
(a) माल रोड
(b) अरुणा आसफ अली मार्ग
(c) पार्लियामेण्ट स्ट्रीट
(d) तिलक मार्ग

11. करोल बाग क्षेत्र से कौन-सी रोड गुजरती है?
(a) तिलक मार्ग
(b) अफजल खाँ रोड
(c) सफदरजंग रोड
(d) हेडगेवार मार्ग

12. दिल्ली के सफदरजंग रोड का नाम किसके नाम पर पड़ा है?
(a) अवध के नवाब
(b) हैदराबाद के निजाम
(c) बंगाल के नवाब
(d) वहमनी का शासक

13. किस मार्ग का नाम बदलकर लोककल्याण मार्ग कर दिया गया है?
(a) औरंगजेब रोड
(b) अकबर रोड
(c) रेसकोर्स रोड
(d) तिलक मार्ग

14. दिल्ली गेट से होकर कौन-सी सड़क गुजरती है?
(a) बारहखम्भा रोड
(b) अशोका रोड
(c) श्री अरविन्द मार्ग
(d) बहादुरशाह जफर मार्ग

15. संघ लोक सेवा आयोग किस मार्ग के किनारे स्थित है?
(a) लोधी रोड (b) मानसिंह रोड
(c) हेडगेवार रोड (d) अकबर रोड

16. दिल्ली-मेरठ एक्सप्रेस-वे की कुल लम्बाई कितनी है?
(a) 40 किमी (b) 50 किमी
(c) 60 किमी (d) 100 किमी

17. सिग्नेचर ब्रिज का निर्माण किस स्थान पर हुआ है?
(a) कनॉट प्लेस (b) वजीराबाद
(c) शालीमार बाग (d) उत्तम नगर

18. बारापुल्ला नाले पर एलिवेटेड रोड का निर्माण कितने चरणों में पूरा हुआ?
(a) दो चरण (b) तीन चरण
(c) चार चरण (d) पाँच चरण

19. DND फ्लाईओवर की कुल लम्बाई कितनी है?
(a) 9.2 किलोमीटर (b) 8 किलोमीटर
(c) 20 किलोमीटर (d) 17 किलोमीटर

20. निजामुद्दीन ब्रिज का निर्माण कब हुआ था?
(a) वर्ष 1990 (b) वर्ष 1994
(c) वर्ष 1999 (d) वर्ष 2002

21. ओल्ड यमुना ब्रिज को किस नाम से जाना जाता है?
(a) लकड़ी का पुल (b) ईंट का पुल
(c) लोहे का पुल (d) पत्थर का पुल

22. निम्नलिखित में से कौन-सा संगठन दिल्ली में बसों के परिचालन के लिए उत्तरदायी है?
(a) दिल्ली परिवहन समूह
(b) दिल्ली परिवहन आयोग
(c) दिल्ली परिवहन निगम
(d) दिल्ली परिवहन विभाग

23. दिल्ली में ईस्ट इण्डिया रेलवे की स्थापना कब हुई थी?
(a) वर्ष 1853 (b) वर्ष 1860
(c) वर्ष 1867 (d) वर्ष 1830

24. दिल्ली के किस स्थान पर भारतीय रेलवे ने 'इनलैण्ड कण्टेनर डिपो' स्थापित किया है?
(a) सरोजिनी नगर (b) तुगलकाबाद
(c) नेहरू प्लेस (d) शालीमार बाग

25. भारतीय रेल सम्मेलन एसोसिएशन का गठन कब हुआ था?
(a) वर्ष 1860 (b) वर्ष 1900
(c) वर्ष 1901 (d) वर्ष 1903

26. रेल दावा अधिकरण की स्थापना कब की गई?
(a) 15 अगस्त, 2002
(b) 7 जुलाई, 1998
(c) 8 नवम्बर, 1989
(d) 10 मई, 1976

27. रेलवे सूचना प्रणाली केन्द्र (CRIS) का मुख्यालय कहाँ स्थित है?
(a) नई दिल्ली (b) गोरखपुर
(c) जयपुर (d) मुम्बई

28. भारतीय रेल खान-पान तथा पर्यटन विभाग (IRCTC) द्वारा दिल्ली के किस स्थान पर बोतल बन्द पानी का संयन्त्र चलाया जा रहा है?
(a) नजफगढ़ (b) नांगलोई
(c) उत्तम नगर (d) कश्मीरी गेट

29. वर्ष 2001 में 'भारतीय रेलटेल निगम लिमिटेड' की स्थापना की गई। इसका मुख्यालय स्थित है
(a) मुरादाबाद (b) फिरोजपुर
(c) नई दिल्ली (d) भटिण्डा

30. दिल्ली मेट्रो की पहली सेवा किस वर्ष प्रारम्भ की गई?
(a) वर्ष 2001 (b) वर्ष 2002
(c) वर्ष 2003 (d) वर्ष 2004

31. 'दिल्ली मेट्रो कॉर्पोरेशन लिमिटेड' की स्थापना किस वर्ष की गई थी?
(a) वर्ष 1998 (b) वर्ष 1995
(c) वर्ष 1993 (d) वर्ष 1982

32. दिल्ली में पहली हवाई यात्रा की शुरुआत की गई
(a) 8 जनवरी, 1927
(b) 10 मार्च, 1932
(c) 9 जून, 1936
(d) 10 अगस्त, 1938

33. नई दिल्ली में 22 फरवरी, 1936 को किस वायसराय ने सफदरजंग हवाई अड्डे का शिलान्यास किया था?
(a) लॉर्ड विलिंग्टन
(b) लॉर्ड इरविन
(c) लॉर्ड वेवेल
(d) उपरोक्त में से कोई नहीं

34. दिल्ली से प्रकाशित होने वाला पहला समाचार-पत्र था
(a) द स्टेट्समैन
(b) दिल्ली अखबार
(c) द डेल्ही मेल
(d) द हिन्दुस्तान टाइम्स

35. दिल्ली का पहला अखबार प्रकाशित किया गया था?
(a) 1836 ई. (b) 1837 ई.
(c) 1849 ई. (d) 1853 ई.

36. दिल्ली के किस समाचार-पत्र पर देशद्रोह का आरोप लगाकर प्रतिबन्धित किया गया था?
(a) अर्जुन
(b) द डेल्ही मेल
(c) अकमल-उल-अखबार
(d) द रेखटी अखबार

37. दिल्ली से प्रकाशित होने वाला पहला अंग्रेजी समाचार-पत्र था
(a) पायनियर
(b) द हिन्दुस्तान टाइम्स
(c) द टाइम्स ऑफ इण्डिया
(d) द डेल्ही मेल

38. 'द हिन्दुस्तान टाइम्स' का प्रकाशन किस वर्ष आरम्भ हुआ?
(a) वर्ष 1926
(b) वर्ष 1928
(c) वर्ष 1930
(d) वर्ष 1924

39. दिल्ली से निकलने वाला 'मेन स्ट्रीम' नामक समाचार-पत्र किस भाषा का है?
(a) हिन्दी (b) उर्दू
(c) अंग्रेजी (d) पंजाबी

40. 'प्रेस ट्रस्ट ऑफ इण्डिया' की स्थापना कब हुई थी?
(a) 30 अगस्त, 1940
(b) 27 अगस्त, 1947
(c) 1 फरवरी, 1949
(d) उपरोक्त में से कोई नहीं

41. दिल्ली में रेडियो स्टेशन किस वर्ष आरम्भ किया गया?
(a) वर्ष 1927
(b) वर्ष 1935
(c) वर्ष 1942
(d) वर्ष 1948

42. दिल्ली के आकाशवाणी केन्द्र से व्यावसायिक सेवा की शुरुआत कब हुई?
(a) वर्ष 1969
(b) वर्ष 1970
(c) वर्ष 1971
(d) वर्ष 1972

43. दूरदर्शन का पहला प्रसारण कब किया गया?
(a) 30 सितम्बर, 1960
(b) 15 सितम्बर, 1959
(c) 15 अगस्त, 1948
(d) 15 जुलाई, 1947

44. दिल्ली से दूरदर्शन पर नियमित विज्ञापन कब से प्रारम्भ हुआ?
(a) सितम्बर, 1984
(b) 1 जनवरी, 1976
(c) अगस्त, 1965
(d) 1 जनवरी, 1982

45. किस वर्ष दिल्ली और अन्य ट्रांसमीटरों के बीच उपग्रह द्वारा नियमित सम्पर्क के साथ राष्ट्रीय प्रसारण शुरू हुआ तथा दूरदर्शन ने रंगीन प्रसारण शुरू किया?
(a) वर्ष 1984
(b) वर्ष 1982
(c) वर्ष 1985
(d) वर्ष 1986

46. एम. टी. एन. एल. (MTNL) का मुख्यालय कहाँ स्थित है?
(a) मुम्बई (b) दिल्ली
(c) कोलकाता (d) चेन्नई

47. निजी क्षेत्रों के लिए दूर संचार कब खोल दिया गया?
(a) वर्ष 2000 के बाद
(b) वर्ष 2002 के बाद
(c) वर्ष 2010 के बाद
(d) वर्ष 2012 के बाद

48. निम्नलिखित में से कौन-सा युग्म सही सुमेलित है?
(a) नई दुनिया – हिन्दी
(b) बिजनेस इण्डिया – हिन्दी
(c) प्रताप – हिन्दी
(d) सरिता – अंग्रेजी

उत्तरमाला

1. (b) **2.** (c) **3.** (a) **4.** (a) **5.** (a) **6.** (c) **7.** (a) **8.** (a) **9.** (c) **10.** (a)
11. (b) **12.** (a) **13.** (c) **14.** (d) **15.** (b) **16.** (c) **17.** (b) **18.** (b) **19.** (a) **20.** (b)
21. (c) **22.** (c) **23.** (c) **24.** (b) **25.** (d) **26.** (c) **27.** (a) **28.** (b) **29.** (c) **30.** (b)
31. (b) **32.** (a) **33.** (a) **34.** (b) **35.** (a) **36.** (a) **37.** (d) **38.** (d) **39.** (c) **40.** (b)
41. (b) **42.** (a) **43.** (b) **44.** (b) **45.** (b) **46.** (b) **47.** (a) **48.** (a)

अध्याय 8

दिल्ली की विधायिका एवं कार्यपालिका

प्रशासनिक इकाई के रूप में दिल्ली

- 1858 ई. में ब्रिटिश सरकार द्वारा दिल्ली को पश्चिमोत्तर प्रान्त से पृथक् कर पंजाब में स्थानान्तरित किया गया। पंजाब प्रान्त उपराज्यपाल के शासनाधीन था तथा दिल्ली डिवीजन कमीशनर के अधीन थी।
- पहली बार दिल्ली का जिलों में विभाजन 1819 ई. में किया गया था।
- वर्ष 1862 में तत्कालीन दिल्ली जिले के अन्तर्गत दिल्ली तहसील, वल्लभगढ़ तहसील या उत्तरी भाग और रोहतक जिले के कुछ भाग शामिल थे और यह दो परगनों 'उत्तरी और दक्षिणी' में बँटा था।

मुख्य आयुक्त के प्रान्त के रूप में दिल्ली

- वर्ष 1911 में राजधानी को कलकत्ता से दिल्ली स्थानान्तरित करने की घोषणा किंग जॉर्ज पंचम द्वारा किंग्स-वे-कैम्प के निकट स्थित कॉरोनेशन दरबार (Coronation Darbar) में की गई थी।
- 1 अप्रैल, 1912 को दिल्ली को कलकत्ता के स्थान पर भारत की नई राजधानी बनाया गया।
- 1 अक्टूबर, 1912 को एक घोषणा जारी कर दिल्ली को मुख्य आयुक्त का प्रान्त बना दिया गया तथा दिल्ली जिले की दो तहसील सोनीपत एवं वल्लभगढ़ को अलग करके क्रमशः रोहतक एवं गुरुग्राम (गुड़गाँव) जिलों में जोड़ दिया गया।
- दिल्ली की तहसील एवं महरौली थाने क्षेत्र को मिलाकर दिल्ली को नया प्रान्त बनाया गया, जिसका क्षेत्रफल लगभग 547 वर्ग मील था।
- 25 मार्च, 1913 को नई राजधानी दिल्ली के निर्माण और नागरिक सम्बन्धित मुद्दों के प्रबन्ध की देख-रेख हेतु एक 'इम्पीरियल दिल्ली कमेटी' का गठन किया गया।
- वर्ष 1916 में इम्पीरियल कमेटी को पंजाब म्युनिसिपल एक्ट, 1911 के अन्तर्गत रायसीना म्युनिसिपल समिति के रूप में अधिसूचित किया गया।
- वर्ष 1927 में इसे दिल्ली नगरपालिका समिति के रूप में पुनर्गठित किया गया।
- वर्ष 1932 में इसे प्रथम श्रेणी की नगरपालिका का दर्जा प्रदान किया गया।
- वर्ष 1911 से 1930 तक वायसराय का निवास माल रोड के निकट बने **वायसराय रीगल** में था।
- वर्ष 1931 में **राष्ट्रपति भवन** के उद्घाटन के बाद वायसराय इस भवन से अपनी प्रशासनिक गतिविधियों को चलाने लगे। पहला वायसराय जिसने राष्ट्रपति भवन में प्रवेश किया, वह **लॉर्ड इरविन** था।

स्वतन्त्रता के पश्चात् दिल्ली का स्वरूप

- स्वतन्त्रता के उपरान्त भारतीय राज्यों को चार श्रेणियों 'क', 'ख', 'ग' तथा 'घ' में बाँटा गया था।
- वर्ष 1950 में दिल्ली को भारतीय संविधान के अन्तर्गत भाग 'ग' के राज्यों में मुख्य आयुक्त के प्रान्तों के रूप में शामिल किया गया। इसमें विधायी अधिकारों का कोई विभाजन नहीं था तथा इनके प्रशासन का दायित्व केन्द्र सरकार पर था।
- भाग 'ग' राज्य प्रशासन अधिनियम के आधार पर 6 सितम्बर, 1951 को दिल्ली के लिए **विधानमण्डल** और **मन्त्रिपरिषद्** की व्यवस्था की गई, लेकिन भारत की राजधानी होने के कारण दिल्ली के अधिकारों को सीमित किया गया।
- वर्ष 1953 में गठित राज्य पुनर्गठन आयोग की सिफारिश के आधार पर 1 नवम्बर, 1956 से दिल्ली की मन्त्रिपरिषद् और विधानमण्डल को समाप्त कर दिया गया तथा दिल्ली को केन्द्रशासित प्रदेश बनाया गया और दिल्ली का प्रशासन राष्ट्रपति द्वारा मुख्य आयुक्त के माध्यम से चलाया जाने लगा।

दिल्ली को राष्ट्रीय राजधानी क्षेत्र का दर्जा

- 69वें संविधान संशोधन, 1991 द्वारा केन्द्रशासित प्रदेश दिल्ली को विशेष दर्जा देते हुए 'राष्ट्रीय राजधानी क्षेत्र' दिल्ली बनाया गया। 69वें संविधान संशोधन द्वारा संविधान में अनुच्छेद-239 (क क) तथा 239 (क ख) जोड़े गए।
- दिल्ली विकास अधिनियम वर्ष 1957 में पारित हुआ।
- इस अधिनियम के उपबन्धों के आधार पर दिल्ली विकास प्राधिकरण (Delhi Development Authority, DDA) गठित किया गया।
- वर्ष 1957 में दिल्ली नगरपालिका अधिनियम संसद में पारित किया गया, जिसके आधार पर वर्ष 1958 में दिल्ली नगर निगम का गठन किया गया।

दिल्ली पूर्ण राज्य की माँग

दिल्ली को पूर्ण राज्य का दर्जा दिए जाने की माँग लम्बे समय से की जा रही है। वर्तमान में दिल्ली एक केन्द्रशासित प्रदेश होने के साथ-साथ राष्ट्रीय राजधानी क्षेत्र भी है।

सर्वप्रथम वर्ष 1988 में भाजपा नेता कालका दास ने दिल्ली को पूर्ण राज्य का दर्जा देने की माँग उठाई थी।

वर्ष 1998 में भाजपा नेता साहिब सिंह वर्मा ने इसके लिए एक मसौदा विधेयक तैयार किया था। वर्ष 2003 में दिल्ली को पूर्ण राज्य का दर्जा देने सम्बन्धी एक विधेयक तत्कालीन उपप्रधानमन्त्री लाल कृष्ण आडवानी ने संसद में पेश किया था।

जून 2018 में दिल्ली के मुख्यमन्त्री अरविन्द केजरीवाल ने भी दिल्ली को पूर्णराज्य का दर्जा देने की माँग को लेकर धरना प्रदर्शन किया।

दिल्ली विधानमण्डल का स्वरूप

- दिल्ली में लोकप्रिय शासन की स्थापना के लिए केन्द्र सरकार द्वारा 24 दिसम्बर, 1987 को न्यायमूर्ति आर. एस. सरकारिया की अध्यक्षता में **दिल्ली प्रशासन पुनर्गठन समिति** बनाई गई।

  बाद में इस समिति को 'बालकृष्णन समिति' कहा गया। इस समिति का उद्देश्य केन्द्रशासित दिल्ली के प्रशासन से सम्बन्धित विभिन्न मुद्दों का अध्ययन करना और संघ प्रशासन के गठन की सम्भावनाओं पर अनुशंसा करना था।

- दिल्ली की योजना तैयार करने के लिए केन्द्र सरकार ने वर्ष 1950 में जी.डी. बिडला की अध्यक्षता में एक समिति नियुक्त की। इस समिति ने दिल्ली के सभी शहरी क्षेत्रों के लिए एकल नियोजन एवं नियन्त्रण प्राधिकरण की अनुशंसा की।
- परिणामस्वरूप, अध्यादेश 1955 प्रस्थापित करके दिल्ली विकास (अंन्तिम) प्राधिकरण डीडीपी का एकागठन किया गया। 30 दिसम्बर, 1957 को इसे नया नाम 'दिल्ली विकास प्राधिकरण' दिया गया।
- दिल्ली में विधानमण्डल का स्वरूप एकल है, यहाँ विधानपरिषद् का गठन नहीं किया गया है।

दिल्ली में लोकसभा और राज्यसभा सीटें

दिल्ली में सात लोकसभा सीटें हैं, जो निम्न हैं

1. चाँदनी चौक
2. उत्तर-पूर्वी दिल्ली
3. पूर्वी दिल्ली
4. नई दिल्ली
5. पश्चिमी दिल्ली
6. दक्षिणी दिल्ली
7. उत्तर-पश्चिमी दिल्ली

- दिल्ली से राज्यसभा के तीन सदस्य चुने जाते हैं, जिनका चुनाव दिल्ली विधानसभा के सदस्य करते हैं।

दिल्ली विधानसभा

- राष्ट्रीय राजधानी क्षेत्र दिल्ली में नीति-निर्माण के लिए एक सदनात्मक विधानसभा की व्यवस्था की गई है।
- दिल्ली विधानसभा के लिए 70 सीटों पर निर्वाचन किया जाता है।
- दिल्ली विधानसभा भवन पुरानी सचिवालय बिल्डिंग में स्थित है।
- इस भवन का निर्माण वर्ष 1912 में किया गया था। इस भवन का डिजाइन ई मॉण्टेग्यू थॉमस ने तैयार किया था।
- संसद भवन के निर्माण से पूर्व ब्रिटिश सरकार केन्द्रीय असेम्बली के रूप में इस भवन का उपयोग करती थी।
- दिल्ली विधानसभा का गठन पहली बार 7 मार्च, 1952 को हुआ, जब गवर्नमेण्ट ऑफ पार्ट-सी स्टेट्स एक्ट, 1951 में दिल्ली को राज्य का दर्जा दिया गया।
- 1 नवम्बर, 1956 को दिल्ली विधानसभा समाप्त कर दी गई।
- सितम्बर, 1966 में विधानसभा के स्थान पर मैट्रोपोलिटन काउन्सिल (Metropolitan Council) गठित की गई। इसमें 56 निर्वाचित तथा 5 मनोनीत सदस्य थे।
- इस काउन्सिल के पास विधायी शक्तियाँ नहीं थीं। यह दिल्ली सरकार की सलाहकारी संस्था थी।
- संविधान के 69वें संशोधन के उपरान्त राष्ट्रीय राजधानी क्षेत्र दिल्ली अधिनियम, 1991 पारित कर संसद ने मैट्रोपोलिटन काउन्सिल के स्थान पर विधानसभा के पुनर्गठन की स्वीकृति दी।
- वर्ष 1993 में दिल्ली राष्ट्रीय राजधानी क्षेत्र अधिनियम के अन्तर्गत विधानसभा का पुनर्गठन किया गया।

दिल्ली के उप-राज्यपाल

- दिल्ली के प्रशासन का संवैधानिक प्रमुख उप-राज्यपाल होता है।
- वर्ष 1966 से पूर्व दिल्ली का उप-राज्यपाल 'आयुक्त' कहा जाता था।
- उप-राज्यपाल दिल्ली विधानसभा के गठन के उपरान्त तथा प्रत्येक पहले सत्र के दौरान अभिभाषण देता है। वह सत्र बुलाने तथा सत्रावसान के लिए उत्तरदायी है।
- उप-राज्यपाल में विधानसभा को भंग करने की शक्ति निहित है।
- विधानसभा में पारित प्रत्येक बिल उप-राज्यपाल के पास भेजा जाता है।

- उप-राज्यपाल को यह शक्ति प्राप्त है कि वह बिल को स्वीकार करे अथवा पुनर्विचार के लिए विधानसभा को भेज दे।
- दिल्ली के प्रथम उप-राज्यपाल एन.एन. झा थे, जिनका कार्यकाल 7 नवम्बर, 1966 से 19 जनवरी, 1972 तक था। वर्तमान में दिल्ली के उप-राज्यपाल (6 मई, 2019 के अनुसार) अनिल बैजल हैं।

मन्त्रिपरिषद्

- दिल्ली में प्रशासन हेतु उपराज्यपाल के अतिरिक्त एक मन्त्रिपरिषद् की व्यवस्था है, जिसके सदस्य विधानसभा के सदस्य होते हैं। यहाँ मुख्यमन्त्री के अतिरिक्त सात कैबिनेट मन्त्रियों/राज्य मन्त्रियों की व्यवस्था है।
- विधानसभा का नेता मुख्यमन्त्री कहलाता है। उप-राज्यपाल मुख्यमन्त्री तथा अन्य मन्त्रियों को पद तथा गोपनीयता की शपथ दिलाता है।
- मुख्यमन्त्री मन्त्रियों के बीच विभागों का बँटवारा करता है। सभी मन्त्री सामूहिक रूप से विधानसभा के प्रति उत्तरदायी होते हैं।
- राष्ट्रपति द्वारा 1 दिसम्बर, 1993 को जारी एक आदेश से नई सरकार की शक्तियाँ और कम हो गई हैं। इसके अनुसार, सरकार को दिल्ली के प्रमुख पदों–मुख्य सचिव, गृह सचिव, भूमि और भवन सचिव तथा पुलिस कमिश्नर की नियुक्ति, स्थानान्तरण और अनुशासनात्मक कार्यवाही आदि के सम्बन्ध में कोई शक्ति प्राप्त नहीं होगी।

दिल्ली के मुख्यमन्त्री

मुख्यमन्त्री	*कार्यकाल*
चौधरी ब्रह्म प्रकाश	17 मार्च, 1952-12 फरवरी, 1955
गुरुमुख निहाल सिंह	12 फरवरी, 1955-1 नवम्बर 1956 (1956 से 1993 तक दिल्ली विधानसभा अस्तित्व में नहीं थी)
मदनलाल खुराना	2 दिसम्बर, 1993-20 फरवरी, 1996
साहिब सिंह वर्मा	26 फरवरी, 1996-12 अक्टूबर, 1998
सुषमा स्वराज	12 अक्टूबर, 1998-3 दिसम्बर, 1998
शीला दीक्षित	3 दिसम्बर, 1998-28 दिसम्बर, 2013
अरविन्द केजरीवाल	28 दिसम्बर, 2013-15 फरवरी, 2014
राष्ट्रपति शासन	15 फरवरी, 2014-14 फरवरी, 2015
अरविन्द केजरीवाल	14 फरवरी, 2015 से अब तक

** 12 जुलाई, 2019 के अनुसार*

दिल्ली सचिवालय

- प्रशासनिक कार्यों के लिए दिल्ली में एक सचिवालय है। यह आई.टी.ओ. के पास स्थित है।
- सभी विभागों के सचिव तथा अन्य अधिकारी की नियुक्ति उप-राज्यपाल द्वारा की जाती है। मुख्य सचिव मुख्यमन्त्री कार्यालय का प्रधान होता है।

दिल्ली की विधायिका एवं कार्यपालिका

स्व-मूल्यांकन

1. ब्रिटिश सरकार ने दिल्ली को सीमान्त प्रान्त के प्रान्तीय शहर का दर्जा कब दिया?
(a) वर्ष 1805 (b) वर्ष 1857
(c) वर्ष 1858 (d) वर्ष 1900

2. दिल्ली का पहली बार जिलों में विभाजन कब किया गया?
(a) वर्ष 1819 में (b) वर्ष 1911 में
(c) वर्ष 1916 में (d) वर्ष 1826 में

3. दिल्ली को मुख्य आयुक्त का प्रान्त कब बनाया गया?
(a) वर्ष 1912 (b) वर्ष 1913
(c) वर्ष 1914 (d) वर्ष 1915

4. राजधानी को दिल्ली स्थानान्तरित किए जाने की घोषणा किसके द्वारा 'किंग्स-वे-कैम्प' के निकट स्थित 'कॉरोनेशन' दरबार में की गई थी?
(a) किंग जॉर्ज प्रथम
(b) किंग जॉर्ज द्वितीय
(c) किंग जॉर्ज पंचम
(d) उपरोक्त में से कोई नहीं

5. दिल्ली की तहसील एवं महरौली थाने क्षेत्र को मिलाकर दिल्ली को नया प्रान्त बनाया गया इसका क्षेत्रफल कितना था?
(a) 547 वर्ग मील (b) 650 वर्ग मील
(c) 500 वर्ग मील (d) 800 वर्ग मील

6. वर्ष 1911 में कोलकाता (कलकत्ता) से राजधानी दिल्ली परिवर्तित हो जाने से दिल्ली के प्रशासनिक कार्यों की देख-रेख किस कमेटी द्वारा की जाती थी?
(a) इम्पीरियल दिल्ली कमेटी
(b) प्रशासनिक कमेटी
(c) रॉयल कमेटी
(d) उपरोक्त में से कोई नहीं

7. दिल्ली को भारतीय संविधान के अन्तर्गत भाग 'ग' के राज्यों में शामिल करते हुए विधानमण्डल तथा मन्त्रिपरिषद् की व्यवस्था कब की गई?
(a) वर्ष 1952 (b) वर्ष 1956
(c) वर्ष 1951 (d) वर्ष 1966

8. किस संविधान संशोधन अधिनियम के पश्चात् संघ राज्यक्षेत्र दिल्ली को, 'राष्ट्रीय राजधानी राज्यक्षेत्र दिल्ली' के रूप में जाना जाने लगा?
(a) 68वें संविधान संशोधन अधिनियम
(b) 69वें संविधान संशोधन अधिनियम
(c) 78वें संविधान संशोधन अधिनियम
(d) 79वें संविधान संशोधन अधिनियम

9. किस संविधान संशोधन के बाद दिल्ली में विधानसभा का पुनर्गठन हुआ था?
(a) 69वें (b) 72वें
(c) 75वें (d) 78वें

10. राष्ट्रीय राजधानी क्षेत्र 'दिल्ली' की विधानसभा में सदस्यों की संख्या कितनी है?
(a) 84 (b) 80
(c) 73 (d) 70

11. दिल्ली में लोकप्रिय शासन की स्थापना के लिए केन्द्र सरकार द्वारा वर्ष 1987 में किसकी अध्यक्षता में 'दिल्ली प्रशासन पुनर्गठन समिति' बनाई गई?
(a) चौधरी ब्रह्म प्रकाश
(b) आर. एस. सरकारिया
(c) जगमोहन
(d) उपरोक्त में से कोई नहीं

12. दिल्ली में लोकसभा सदस्यों की संख्या कितनी है?
(a) 4 (b) 5 (c) 6 (d) 7

13. दिल्ली से निर्वाचित होने वाले राज्यसभा सदस्यों की संख्या कितनी है?
(a) 3 (b) 2 (c) 4 (d) 1

14. दिल्ली विधानसभा का गठन पहली बार कब किया गया?
(a) 7 मार्च, 1952
(b) 1 नवम्बर, 1956
(c) 20 दिसम्बर, 1956
(d) उपरोक्त में से कोई नहीं

15. दिल्ली राष्ट्रीय राजधानी क्षेत्र अधिनियम के अन्तर्गत किस वर्ष विधानसभा का पुनर्गठन किया गया?
(a) वर्ष 1919 (b) वर्ष 1992
(c) वर्ष 1993 (d) वर्ष 1994

16. दिल्ली के प्रथम उप-राज्यपाल कौन थे?
(a) ए. एन. झा
(b) भगवान सहाय
(c) शंकर प्रसाद
(d) जगमोहन

17. दिल्ली के प्रथम मुख्यमन्त्री कौन थे?
(a) गुरुमुख सिंह निहाल
(b) चौधरी ब्रह्म प्रकाश
(c) मदनलाल खुराना
(d) साहिब सिंह वर्मा

18. दिल्ली की प्रथम महिला मुख्यमन्त्री कौन थी?
(a) शीला दीक्षित (b) सुषमा स्वराज
(c) इन्दिरा गाँधी (d) राबड़ी देवी

19. दिल्ली में राष्ट्रपति शासन कब लगाया गया था?
(a) वर्ष 1996 (b) वर्ष 1999
(c) वर्ष 2014 (d) वर्ष 2018

20. निम्नलिखित कथनों में से असत्य कथन का चुनाव कीजिए
(a) दिल्ली सचिवालय भवन निजामुद्दीन भवन के निकट स्थित है
(b) सभी विभागों के सचिव तथा अन्य अधिकारियों की नियुक्ति उप-राज्यपाल द्वारा की जाती है
(c) मुख्य सचिव मुख्यमन्त्री कार्यालय का प्रधान होता है
(d) उपरोक्त में से कोई नहीं

21. मुख्यमन्त्री कार्यलय का प्रधान कौन होता है।
(a) राज्यपाल
(b) मुख्य सचिव
(c) राष्ट्रपति
(d) उपरोक्त में से कोई नहीं

उत्तरमाला

1. (c) **2.** (a) **3.** (a) **4.** (c) **5.** (a) **6.** (a) **7.** (c) **8.** (b) **9.** (a) **10.** (d)
11. (b) **12.** (d) **13.** (a) **14.** (a) **15.** (c) **16.** (a) **17.** (b) **18.** (b) **19.** (c) **20.** (d)
21. (b)

अध्याय 9

दिल्ली की न्यायपालिका

राज्य न्यायिक प्रशासन में उच्च न्यायालय की स्थिति शीर्ष पर होती है। केवल दिल्ली एक ऐसा केन्द्रशासित प्रदेश है, जिसका अपना उच्च न्यायालय है। उच्च न्यायालय के साथ-साथ अधीनस्थ न्यायालय दिल्ली के न्यायिक प्रशासन का भाग है।

दिल्ली उच्च न्यायालय

दिल्ली उच्च न्यायालय का गठन 31 अक्टूबर, 1966 को किया गया, जिसमें चार न्यायाधीशों के. एस. हेगड़े, आई. डी. दुआ, एच. आर. खन्ना व एस. के. कपूर को नियुक्त किया गया था तथा के. एस. हेगड़े को दिल्ली उच्च न्यायालय का प्रथम मुख्य न्यायाधीश नियुक्त किया गया। दिल्ली उच्च न्यायालय का कार्यक्षेत्र राष्ट्रीय राजधानी क्षेत्र (National Capital Territory, NCT) है।

दिल्ली उच्च न्यायालय के प्रथम मुख्य न्यायाधीश जस्टिस के.एस. हेगड़े थे, जिनका कार्यकाल 31 अक्टूबर, 1966 से 17 जुलाई, 1967 तक था। वर्तमान में (12 जुलाई, 2019 के अनुसार) दिल्ली उच्च न्यायालय के मुख्य न्यायाधीश डी. एन. पटेल हैं।

अधीनस्थ न्यायालय

राज्य की न्यायपालिका में अधीनस्थ न्यायालय उच्च न्यायालय के अधीन एवं उसके दिशा-निर्देश के अनुसार, जिला और निम्न स्तरों पर कार्य करते हैं।

जिला न्यायालय

जिले का सबसे बड़ा न्यायिक अधिकारी जिला न्यायाधीश होता है। जब वह दीवानी मामलों की सुनवाई करता है, तो उसे जिला न्यायाधीश कहा जाता है, लेकिन जब वह फौजदारी मामलों की सुनवाई करता है, तो उसे सत्र न्यायाधीश कहते हैं। दिल्ली में छः जिला न्यायालय स्थापित हैं, *जिनका विवरण निम्नलिखित है*

1. ***तीस हजारी न्यायालय*** इसके अधिकार क्षेत्र में केन्द्रीय जिला एवं पश्चिम जिला शामिल हैं।
2. ***पटियाला हाउस न्यायालय*** इसके अधिकार क्षेत्र में नई दिल्ली जिला शामिल है।
3. ***कड़कड़डूमा न्यायालय*** इसके अधिकार क्षेत्र में पूर्वी जिला, उत्तर-पूर्वी जिला एवं शाहदरा जिला शामिल हैं।
4. ***रोहिणी न्यायालय*** इसके अधिकार क्षेत्र में उत्तरी जिला एवं उत्तरी-पश्चिमी जिला शामिल हैं।
5. ***द्वारका न्यायालय*** इसके अधिकार क्षेत्र में दक्षिणी-पश्चिमी जिला शामिल है।
6. ***साकेत न्यायालय*** इसके अधिकार क्षेत्र में दक्षिणी जिला एवं दक्षिणी-पूर्वी जिला शामिल हैं।

लोक अदालत

- कानूनी सेवा प्राधिकरण अधिनियम, 1987 के अन्तर्गत लोक अदालतों को संवैधानिक दर्जा दिया गया।
- दिल्ली कानूनी सेवा प्राधिकरण ने दिल्ली में 3 मार्च, 2002 को लोक अदालत आयोजित की गई थी।
- लोक अदालतों द्वारा दिए गए निर्णय को सिविल कोर्ट का डिक्री माना जाता है और यह सभी पार्टियों पर अन्तिम और बाध्यकारी होता है। लोक अदालत में मामला दर्ज करने के लिए कोई अदालत शुल्क नहीं लगता।

परिवार न्यायालय

- परिवार न्यायालय की स्थापना परिवार न्यायालय अधिनियम, 1984 के अन्तर्गत की गई।
- इसका मुख्य उद्देश्य विवाह एवं पारिवारिक मामलों से सम्बन्धित विवादों में मध्यस्थता एवं बातचीत को प्रोत्साहित करना और त्वरित (शीघ्रगामी) समाधान सुनिश्चित करना है। दिल्ली में 15 परिवार न्यायालय कार्यरत् हैं।

किशोर न्यायालय

बच्चों एवं किशोर मामलों से सम्बन्धित विवादों में मध्यस्थता एवं बातचीत को प्रोत्साहित करने और त्वरित समाधान के लिए महिला एवं बाल विकास विभाग, दिल्ली की सरकार ने सेवा कुटीर कॉम्प्लेक्स, किंग्सवे कैंप एवं दिल्ली गेट में दो किशोर न्यायालयों की स्थापना की है।

ई-कोर्ट

- न्याय की प्रक्रिया को सरल बनाने के उद्देश्य से ई-कोर्ट की शुरुआत 8 फरवरी, 2009 में अहमदाबाद में हुई थी। देश के पहले कागजरहित ई-कोर्ट की स्थापना फरवरी 2010 में दिल्ली के कड़कड़डूमा अदालत में हुई थी।
- इस न्यायालय में न्यायाधीश के समक्ष कोई व्यक्ति मुकदमें की फाइलें कॉन्फ्रेस के माध्यम से न्यायालय में अपनी उपस्थिति दर्ज करा सकता है।

दिल्ली में स्थित प्रमुख न्यायाधिकरण

दिल्ली में 8 प्रमुख न्यायाधिकरण स्थित हैं। *जो इस प्रकार हैं*

1. केन्द्रीय प्रशासनिक अधिकरण
2. विद्युत अपीलीय न्यायाधिकरण
3. प्रतियोगिता अपीलीय न्यायाधिकरण
4. सीमा शुल्क, उत्पाद शुल्क और सेवा कर अपीलीय न्यायाधिकरण
5. साइबर अपीलीय न्यायाधिकरण
6. आयकर अपीलीय न्यायाधिकरण
7. रेलवे क्लेम न्यायाधिकरण
8. ऋण वसूली न्यायाधिकरण।

दिल्ली की न्यायपालिका

स्व-मूल्यांकन

1. निम्नलिखित संघ शासित प्रदेश में से किसका अपना उच्च न्यायालय है?
(a) अण्डमान एवं निकोबार द्वीप-समूह
(b) दिल्ली
(c) चण्डीगढ़
(d) पुदुचेरी

2. दिल्ली उच्च न्यायालय की स्थापना कब की गई थी?
(a) अक्टूबर, 1956
(b) अक्टूबर, 1977
(c) अक्टूबर, 1965
(d) अक्टूबर, 1966

3. दिल्ली उच्च न्यायालय के प्रथम मुख्य न्यायाधीश कौन थे?
(a) न्यायाधीश आई. डी. दुआ
(b) न्यायाधीश प्रकाश नारायण
(c) न्यायाधीश के. एस. हेगड़े
(d) न्यायाधीश राजेन्द्र सच्चर

4. दिल्ली उच्च न्यायालय की प्रथम महिला मुख्य न्यायाधीश कौन थीं?
(a) गीता मित्तल
(b) जी. रोहिणी
(c) एन. वी. रामन
(d) ए. बी. सिन्हा

5. अधीनस्थ न्यायालय किसके अधीन एवं किसके दिशा-निर्देश में कार्य करते हैं?
(a) उच्चतम न्यायालय
(b) उच्च न्यायालय
(c) राज्य सरकार
(d) केन्द्र सरकार

6. दिल्ली में कितने जिला न्यायालय स्थापित हैं?
(a) आठ (b) नौ
(c) ग्यारह (d) छः

7. दक्षिणी जिला किस न्यायालय के अधिकार क्षेत्र में शामिल है?
(a) द्वारका न्यायालय
(b) पटियाला हाउस न्यायालय
(c) साकेत न्यायालय
(d) कड़कड़डूमा न्यायालय

8. दिल्ली में लोक अदालत कब आयोजित की गई थी?
(a) अप्रैल, 1987 (b) मार्च, 2002
(c) मई, 2012 (d) जून, 2008

9. परिवार न्यायालय की स्थापना किस अधिनियम के तहत हुई थी?
(a) कानूनी सेवा प्राधिकरण अधिनियम, 1987
(b) परिवार न्यायालय अधिनियम, 1984
(c) दिल्ली कानूनी सेवा प्राधिकरण अधिनियम, 2002
(d) परिवार न्यायालय संशोधित अधिनियम, 2012

10. दिल्ली में कितने परिवार न्यायालय कार्यरत् हैं?
(a) 10 (b) 18 (c) 12 (d) 15

11. दिल्ली के किशोर न्यायालय को किसके द्वारा स्थापित किया गया है?
(a) दिल्ली उच्च न्यायालय
(b) महिला एवं बाल विकास विभाग, दिल्ली
(c) सामाजिक एवं न्याय विभाग, दिल्ली
(d) दिल्ली जिला न्यायालय

12. दिल्ली में किशोर न्यायालय कहाँ स्थित है?
(a) किंग्सवे कैंप (b) दिल्ली गेट
(c) 'a' और 'b' दोनों (d) तीस हजारी

13. दिल्ली में कितने किशोर न्यायालय कार्यरत् हैं?
(a) दो (b) चार
(c) तीन (d) पाँच

14. दिल्ली स्थित न्यायाधीकरणों की संख्या कितनी है?
(a) 5 (b) 6
(c) 7 (d) 8

15. दिल्ली में ई-कोर्ट की स्थापना सर्वप्रथम कब हुई थी
(a) वर्ष 2005
(b) वर्ष 2010
(c) वर्ष 2007
(d) वर्ष 2009

16. देश का पहला कागजरहित ई-कोर्ट कौन सा है
(a) साकेत
(b) तीस हजारी
(c) कड़कड़डूम
(d) रोहिणी

उत्तरमाला

1. (b) **2.** (d) **3.** (c) **4.** (b) **5.** (b) **6.** (d) **7.** (c) **8.** (b) **9.** (b) **10.** (d) **11.** (b) **12.** (c) **13.** (a) **14.** (d) **15.** (b) **16.** (c)

अध्याय 10

दिल्ली में स्थानीय स्वशासन

दिल्ली की वैधानिक संस्थाएँ

दिल्ली की कुल जनसंख्या का 95.80% भाग दिल्ली नगर निगम क्षेत्र में, जबकि 3.20% भाग नई दिल्ली नगरपालिका परिषद् क्षेत्र में तथा 1% भाग जनसंख्या दिल्ली कैण्टोनमेण्ट बोर्ड क्षेत्र में निवास करता है।

दिल्ली सरकार अपना स्थानीय प्रशासन तीन वैधानिक संस्थाओं द्वारा चलाती है, जो निम्नलिखित हैं

1. दिल्ली नगर निगम
2. नई दिल्ली नगरपालिका परिषद्
3. दिल्ली कैण्टोनमेण्ट बोर्ड

दिल्ली नगर निगम

दिल्ली के कुल क्षेत्रफल 1,483 वर्ग किमी में से 1,397.29 वर्ग किमी क्षेत्र का प्रशासन दिल्ली नगर निगम के अन्तर्गत आता है, जो कुल क्षेत्रफल का 94.22% है।

नई दिल्ली नगर निगम की स्थापना से सम्बन्धित प्रमुख बिन्दु इस प्रकार है

- 1862 ई. में दिल्ली नगर निगम की शुरुआत के समय केवल 2 वर्ग मील क्षेत्र शामिल था, जिसमें 1.21 लाख जनसंख्या निवास करती थी।
- संसदीय अधिनियम द्वारा 7 **अप्रैल, 1958 को दिल्ली नगर निगम की स्थापना** की गई।
- नगर निगम का पहला आम चुनाव वर्ष 1958 में सम्पन्न हुआ, जिसमें 11 स्थानीय निकायों में से 9 निकायों का एकीकरण हुआ। इसके साथ ही ग्रामीण क्षेत्रों की नागरिक आवश्यकताओं की पूर्ति के लिए **दिल्ली जिला बोर्ड** का गठन किया गया। बोर्ड की स्थापना के समय वर्ष 1958 में निगम में कुल 80 पार्षद थे, जिसमें से 12 सीटें अनुसूचित जाति के सदस्यों के लिए आरक्षित थीं।
- दिल्ली कैण्टोनमेण्ट बोर्ड और नई दिल्ली नगर समिति का स्वतन्त्र अस्तित्व था। जल, विद्युत और परिवहन उपलब्ध कराने वाली संस्था नगर उपक्रम के अधीन हो गई। ये संस्था निगम नियन्त्रण में आ गईं।
- दिल्ली नगर निगम के अधीन आने वाली जल, विद्युत एवं परिवहन उपलब्ध कराने वाली संस्था को क्रमशः दिल्ली जल आपूर्ति एवं जल निकास उपक्रम, दिल्ली विद्युत आपूर्ति उपक्रम और दिल्ली परिवहन उपक्रम नाम दिया गया।
- वर्ष 1963 तक दिल्ली नगर निगम के सभी अधिकार नगर निगम एवं आयुक्त के पास थे। उन्हें विकेन्द्रीकरण करते हुए कुछ अधिकार निगम क्षेत्रीय समितियों एवं आयुक्त के अधिकारियों को प्रदान किए गए।
- वर्ष 1967 में दिल्ली नगर निगम में पार्षदों की संख्या 80 से बढ़ाकर 100 कर दी गई।

- **दिल्ली नगर निगम संशोधन अधिनियम, 1993** में लागू किया गया। वर्ष 1996 में दिल्ली विद्युत बोर्ड तथा वर्ष 1997 में दिल्ली जल बोर्ड दिल्ली सरकार के दो स्वतन्त्र बोर्ड के रूप में स्थापित हुए।
- दिल्ली नगर निगम (संशोधन) अधिनियम, 1993 के द्वारा पार्षदों की संख्या बढ़ाकर 134 कर दी गई।

दिल्ली नगर निगम का विभाजन

दिल्ली सरकार ने दिल्ली नगर निगम (संशोधन) अधिनियम, 2011 के अनुसार दिल्ली नगर निगम को पुनर्गठित करके तीन निगमों में विभाजित कर दिया गया था। *इनका वर्णन निम्नलिखित हैं*

(i) ***उत्तरी दिल्ली नगर निगम*** इसमें 104 वार्डों को शामिल किया गया, जिसमें 104 पार्षदों का चुनाव होता है।

(ii) ***दक्षिण दिल्ली नगर निगम*** इसमें 104 वार्डों को शामिल किया गया, जिसमें 104 पार्षदों का चुनाव होता है।

(iii) ***पूर्वी दिल्ली नगर निगम*** इसमें 64 वार्डों को शामिल किया गया, जिसमें 64 पार्षदों का चुनाव होता है।

- इन तीनों नगर निगम पार्षदों का चुनाव प्रत्यक्ष रूप से दिल्ली की जनता द्वारा वयस्क मताधिकार से किया जाता है। वर्तमान में पार्षदों की कुल संख्या 272 है। चुने हुए प्रतिनिधियों में बहुमत के आधार पर **महापौर** (मेयर) तथा **उप-महापौर** (उप-मेयर) का चयन किया जाता है। नगर निगमों में महिलाओं के लिए 50% सीटें आरक्षित कर दी गई हैं।
- प्रत्येक नगर निगम में चार वैधानिक समितियाँ **स्थापना समिति, वार्ड समिति, ग्रामीण क्षेत्रीय समिति और शिक्षा समिति** होती हैं। इसके अतिरिक्त निगम आपनी आवश्यकतानुसार विशेष और तदर्थ समितियों के सहयोग से स्थापना और वार्ड समिति कोई भी उप-समिति की स्थापना कर सकती है।

नगर आयुक्त

- यह दिल्ली नगर निगम की कार्यपालिका इकाई का प्रमुख होता है, जो एक निगरानी निदेशक, एक वित्तीय सलाहकार और अतिरिक्त आयुक्तों (शिक्षा, स्वास्थ्य, झुग्गी-झोंपड़ी, अभियन्त्रण और राजस्व के लिए) के सहयोग से कार्य सम्पन्न कराता है।
- इसकी नियुक्ति केन्द्र सरकार द्वारा की जाती है तथा इसे निगम की विशेष बैठक में सदस्यों की कुल संख्या के 3/5 से प्रस्ताव पारित कर हटाया जा सकता हैं।
- दिल्ली नगर निगम को व्यापक अधिकार और जिम्मेदारी दी गई है, लेकिन दिल्ली सरकार एवं केन्द्र सरकार दोनों को इसके क्रियाकलाप में रुकावट एवं निगरानी करने का अधिकार दिया गया है।
- दिल्ली सरकार, निगम से किसी भी दस्तावेज को माँग सकती है तथा दस्तावेज की जाँच के लिए किसी भी व्यक्ति को नियुक्त कर सकती है।
- केन्द्र सरकार निगम पर नियन्त्रण रखती है यदि निगम अपनी शक्ति का दुरुपयोग कर रहा हो या उसके प्रदर्शन में ह्रास हो रहा हो, तो वह निगम को भंग कर सकती है।
- दिल्ली नगर निगम **विश्व का दूसरा सबसे बड़ा निगम** है, जो राजधानी नगर के 1.67 करोड़ नागरिकों को नगरीय सेवाएँ प्रदान करता है। ज्ञात हो कि विश्व का सबसे बड़ा नगर निगम टोकियो (जापान) है।

दिल्ली नगर निगम के कार्य

निगम को व्यापक कार्य एवं जिम्मेदारियाँ सौंपी गई हैं। *निगम 23 बाध्यकारी और 27 स्वैच्छिक कार्य करता है, जो निम्नलिखित हैं*

बाध्यकारी कार्य

कुछ महत्त्वपूर्ण बाध्यकारी कार्य निम्नलिखित हैं

- नगर, बाजार और बूचड़खाने का निर्माण करना तथा उसे सही स्थिति में बनाए रखना।
- शौचालय और मूत्रालय की सुविधाएँ प्रदान करना, उनका रख-रखाव करना तथा सफाई करना।

- चिकित्सालय, प्रसूति केन्द्र और बाल कल्याण केन्द्र की स्थापना करना तथा उनका रख-रखाव करना।
- संक्रामक बीमारियों की पहचान करना तथा उनकी रोकथाम करना।
- गलियों में विद्युत, पानी और सफाई की व्यवस्था करना।
- जन्म एवं मृत्यु का पंजीकरण करना।

स्वैच्छिक कार्य

कुछ महत्त्वपूर्ण स्वैच्छिक कार्य निम्नलिखित हैं

- सड़क के किनारे एवं सार्वजनिक स्थलों पर वृक्षारोपण करना और उसकी देखभाल करना।
- पुस्तकालय, स्मारक, संग्रहालय, जैविक उद्यानों की स्थापना करना और उनका रख-रखाव करना।
- स्टेडियमों, खेल-कूद के स्थल, अखाड़ों आदि का निर्माण करना और उनको बनाए रखना।
- मेले और प्रदर्शनियों की व्यवस्था एवं प्रवेधन करना।
- अधिकारियों एवं कर्मचारियों के लिए आवास ऋण एवं वाहन ऋण प्रदान करना।

दिल्ली नगर निगम के कर

दिल्ली नगर निगम द्वारा विभिन्न प्रकार के कर वसूल किए जाते हैं, जो निम्नलिखित हैं

- सम्पत्ति कर
- थियेटर कर
- वाहनों पर कर
- व्यावसायिक कर
- टॉल टैक्स
- शिक्षा कर
- समाचार-पत्र में छपे विज्ञापन को छोड़कर अन्य विज्ञापनों पर लगाए गए कर
- सम्पत्ति हस्तान्तरण पर कर
- भवन का नक्शा पास कराने पर कर
- भूमि राजस्व पर स्थानीय कर
- विद्युत बिक्री या आपूर्ति पर कर

दिल्ली नगर निगम के जोन

दिल्ली नगर निगम को सुचारु रूप से प्रशासन चलाने के लिए 12 जोनों में विभाजित किया गया है, जो निम्नलिखित हैं

1. रोहिणी
2. नजफगढ़
3. नरेला
4. सिविल लाइन्स
5. शाहदरा साउथ
6. शाहदरा नॉर्थ
7. वेस्ट जोन
8. पहाड़गंज
9. करोल बाग
10. साउथ जोन
11. सेण्ट्रल जोन
12. सिटी जोन

दिल्ली नगर निगम दिल्ली सरकार को स्थानान्तरित

- 26 अक्टूबर, 2009 को केन्द्र सरकार ने दिल्ली नगर निगम के अधिकारों को दिल्ली सरकार के अधीन करने की घोषणा की।
- धारा 42 (2) वार्ड समितियों का गठन एवं शक्ति, 3 (A) में जोन का पुनर्निर्धारण, 5 (2) में वार्डों का डिलिमिटेशन तथा धारा 512 लैण्ड एवं बिल्डिंग के अतिरिक्त टैक्स, नियुक्तियों और नोटिफिकेशन को भी दिल्ली सरकार को सौंप दिया गया है।
- धारा 489 में प्राइमरी स्कूल एवं धारा 372 (2) में विशेष अस्पतालों के परिचालन का अधिकार, धारा 480 (2) में दिल्ली नगर निगम, की कार्यवाही तथा चलाने के उपाय जैसे मुद्दे दिल्ली सरकार को सौंप दिए गए।
- दिल्ली सरकार को यह भी अधिकार सौंप दिया गया कि उसे अब दिल्ली नगर निगम की बड़ी योजनाओं को पास कराने के लिए केन्द्र सरकार की अनुमति की आवश्यकता नहीं है।

नई दिल्ली नगरपालिका परिषद्

- दिल्ली नगरपालिका परिषद् अधिनियम के तहत वर्ष 1994 में नई दिल्ली नगरपालिका समिति का पुनर्गठन किया गया।

- नई दिल्ली नगरपालिका परिषद् का गठन एनडीएमसी एक्ट, 1994 के आधार पर किया गया। इसके अन्तर्गत दिल्ली का 43.7 वर्ग किमी क्षेत्र आता है।
- इसका विस्तार पूसा रोड से न्यू लिंक रोड तथा पंचकुइया रोड से नई दिल्ली रेलवे स्टेशन तक के क्षेत्र में है।
- नई दिल्ली नगरपालिका परिषद् के चेयरमैन की नियुक्ति केन्द्र सरकार द्वारा की जाती है, जिसमें दिल्ली के मुख्यमन्त्री की सहमति जरूरी है। नई दिल्ली नगरपालिका परिषद् का मुख्यालय जन्तर-मन्तर के पास नई दिल्ली में स्थित है।
- नई दिल्ली नगरपालिका परिषद् के 10 सदस्यों में 5 सरकारी तथा 5 गैर-सरकारी होते हैं। गैर-सरकारी सदस्यों में से 3 विधानसभा सदस्य होते हैं। नई दिल्ली नगरपालिका परिषद् क्षेत्र के लोकसभा सदस्य को आमन्त्रित सदस्यता प्रदान की जाती है।

दिल्ली कैण्टोनमेण्ट बोर्ड

- दिल्ली कैण्टोनमेण्ट बोर्ड वर्ष 1914 में बना। यह रक्षा मन्त्रालय के अधीन कार्यरत् है। कैण्टोनमेण्ट एक्ट, 2006 के माध्यम से इस बोर्ड के ढाँचे में अनेक सुधार लाए गए।
- भारतीय संविधान के अनुसार, दिल्ली कैण्टोनमेण्ट बोर्ड भारत में श्रेणीबद्ध कैण्टोनमेण्ट बोर्ड्स में श्रेष्ठ है तथा इसे श्रेणी-I का दर्जा प्राप्त है। इस बोर्ड की कार्य प्रणालियों पर केन्द्रीय सरकार का नियन्त्रण होता है।

दिल्ली में जिला प्रशासन

- दिल्ली में जिला प्रशासन का मुख्य अधिकारी उपायुक्त होता है। वह कानून व्यवस्था, हथियारों और विस्फोटकों के लिए लाइसेंस जारी करना, नागरिकता प्रमाण-पत्र प्रदान करना, उत्पाद शुल्क तथा राजस्व के अतिरिक्त आपराधिक मामलों के न्यायिक कार्य के लिए जिम्मेदार है।

दिल्ली के जिले एवं तहसील (उपमण्डल)

जिला	*तहसील (उपमण्डल)*
उत्तर-पश्चिमी	नरेला, सरस्वती विहार, मॉडल टाउन
उत्तरी	सिविल लाइन, सदर बाजार, कोतवाली
उत्तर-पूर्वी	सीलमपुर, शाहदरा, सीमापुरी
पूर्वी	गाँधीनगर, विवेक विहार, प्रीत विहार
नई दिल्ली	पार्लियामेण्ट स्ट्रीट, कनॉट प्लेस, चाणक्यपुरी
केन्द्रीय (मध्य)	करोलबाग, पहाड़गंज, दरियागंज,
पश्चिमी	पंजाबी बाग, पटेल नगर, राजौरी गार्डन
दक्षिण-पश्चिमी	नजफगढ़, दिल्ली कैण्ट, बसन्त विहार
दक्षिण	डिफेन्स कॉलोनी, हौज खास, कालकाजी
दक्षिण-पूर्वी जिला	कालकाजी, सरिता विहार, डिफेन्स कॉलोनी
शाहदरा	शाहदरा, सीमापुरी, विवेक विहार

दिल्ली में पुलिस व्यवस्था

- दिल्ली पुलिस केन्द्र सरकार के गृह मन्त्रालय के अधीन कार्य करती है।
- दिल्ली पुलिस का गठन 1861 ई. में 'इण्डियन पुलिस एक्ट' के अन्तर्गत हुआ था।
- स्वतन्त्रता से पूर्व (1947 तक) यह पंजाब पुलिस के अन्तर्गत हुआ।
- वर्ष 1966 में **दिल्ली पुलिस का पुनर्गठन** किया गया।
- दिल्ली पुलिस का हैडक्वार्टर इन्द्रप्रस्थ एस्टेट, विकास मार्ग, दिल्ली में स्थित है।
- राष्ट्रीय राजधानी क्षेत्र दिल्ली में विधि-व्यवस्था बनाए रखने की जिम्मेदारी 'दिल्ली पुलिस' की है। दिल्ली पुलिस का सूत्र वाक्य '*Citizen First*' है।

- **10 दिसम्बर दिल्ली पुलिस दिवस** के रूप में मनाया जाता है।
- **दिल्ली पुलिस महानगर पुलिस के रूप में विश्व में सबसे बड़ी पुलिस है।**
- दिल्ली में 6 रेंज, 11 जिले एवं 181 पुलिस स्टेशन हैं।
- दिल्ली पुलिस का प्रधान **पुलिस आयुक्त** है, जिसे संयुक्त आयुक्त एवं सहायक आयुक्त सहायता कहते हैं।
- प्रत्येक जिले में एक पुलिस उप-आयुक्त होता है, जिसकी सहायता के लिए एक से अधिक पुलिस उप-आयुक्त होते हैं।
- प्रत्येक पुलिस अनुमण्डल एक सहायक पुलिस आयुक्त के अधीन होता है। पुलिस स्टेशन में उप निरीक्षक, सहायक रूप निरीक्षक, हैड कॉन्स्टेबल और कॉन्स्टेबल होते हैं।
- दिल्ली पुलिस बल में महिलाओं को एक तिहाई (33%) आरक्षण की व्यवस्था है।

दिल्ली पर्यटक पुलिस

- दिल्ली में पर्यटकों की सहायता एवं सुरक्षा के लिए दिल्ली पर्यटक पुलिस का गठन किया गया है। इसका कार्य पर्यटकों की समस्याओं का निदान करना है।
- पर्यटकों की मुख्य समस्याएँ यातायात, ठहरने एवं पर्यटन सम्बन्धी जानकारी, ठग एवं दलाल द्वारा उनके कीमती सामान को गायब करना आदि मुख्य समस्याएँ हैं।
- *दिल्ली पुलिस की पर्यटक पुलिस की निम्नलिखित दस स्थानों पर प्रतिनियुक्ति की गई है*

1. इण्डिया गेट
2. जनपथ
3. पालिका बाजार
4. लाल किला
5. कुतुबमीनार
6. राजघाट
7. पहाड़गंज
8. इन्दिरा गाँधी अन्तर्राष्ट्रीय हवाई अड्डा
9. नई दिल्ली रेलवे स्टेशन
10. हजरत निजामुद्दीन रेलवे स्टेशन

दिल्ली स्थानीय स्वशासन के प्रमुख संस्थान

दिल्ली में स्थानीय स्वशासन के लिए जिम्मेदार प्रमुख संस्थानों का विवरण निम्न है

दिल्ली विकास प्राधिकरण

- वर्ष 1957 में दिल्ली विकास प्राधिकरण (Delhi Development Association, DDA) की स्थापना बिड़ला समिति के आधार पर की गई।
- केन्द्र सरकार ने वृहद् क्षेत्रों के विकास, भीड़-भाड़ वाले नगरों की समस्या से निजात पाने के लिए दिल्ली का विकास योजनाबद्ध तरीके से करने के लिए दिल्ली विकास प्राधिकरण का गठन किया गया था।
- दिल्ली का **उपराज्यपाल दिल्ली विकास प्राधिकरण का पदेन अध्यक्ष होता है,** जबकि दिल्ली नगर निगम का पदेन आयुक्त, राज्य विधानसभा के तीन प्रतिनिधि और केन्द्र सरकार द्वारा नियुक्त व्यक्ति इसके सदस्य होते हैं।
- सलाहकार परिषद् प्राधिकरण के सदस्यों की संख्या 20 होती है।
- सदस्यों में दिल्ली विकास प्राधिकरण का पदेन अध्यक्ष, केन्द्र सरकार द्वारा दस मनोनीत सदस्य होते हैं, जिसमें से तीन संसद सदस्य एवं चार तकनीकी विभाग से, दिल्ली परिवहन निगम, दिल्ली नगर निगम और विद्युत व जल आपूर्ति विभाग से, उद्योग से व श्रम प्रतिनिधियों को शामिल किया गया है।

नगर एवं राष्ट्रीय योजना संगठन

- वर्ष 1957 में नगर एवं राष्ट्रीय योजना संगठन ने दिल्ली विकास प्राधिकरण के परामर्श से दिल्ली के लिए एक मास्टर प्लान तैयार किया, जिसे केन्द्र सरकार से अनुमोदन प्राप्त हुआ।

- **दिल्ली भारत का प्रथम नगर है जिसका मास्टर प्लान है,** जिसमें क्षेत्रीय और महानगरीय विकास को अपनाया गया है।
- दिल्ली मास्टर प्लान की सफलता के लिए मुख्य रूप से दिल्ली विकास प्राधिकार जिम्मेदार है, लेकिन इससे दिल्ली सरकार, दिल्ली नगर निगम, नई दिल्ली नगरपालिका परिषद्, केन्द्र सरकार का लोक निर्माण विभाग, केन्द्र सरकार के गृह एवं शहरी विकास मन्त्रालय भी सम्बन्धित हैं।

दिल्ली शहरी कला आयोग

- दिल्ली शहरी कला आयोग की स्थापना संसदीय कानून, 1973 के तहत की गई। यह दिल्ली की शहरी संरचना, सौन्दर्य विषयक् स्तर और पर्यावरण से सम्बन्धित रख-रखाव के लिए जिम्मेदार है।
- दिल्ली शहरी कला आयोग के कार्य प्रभावशाली नहीं हैं, क्योंकि उसके पास अपने निर्णय को लागू करने का और दोषियों को दण्डित करने का अधिकार नहीं है।

राष्ट्रीय राजधानी क्षेत्र योजना बोर्ड

- दिल्ली के मास्टर प्लान के लिए राष्ट्रीय राजधानी क्षेत्र योजना बोर्ड का गठन किया गया, जिसका मुख्य उद्देश्य राष्ट्रीय राजधानी क्षेत्र का विकास करना था।
- केन्द्रीय शहरी विकास मन्त्रालय का मन्त्री राष्ट्रीय राजधानी क्षेत्र योजना बोर्ड का पदेन अध्यक्ष होता है। इस बोर्ड में 21 सदस्य होते हैं, जिसमें भारत सरकार के विभिन्न मन्त्रालयों से पाँच सदस्य, सम्बन्धित राज्यों के मुख्यमन्त्री, दिल्ली के उपराज्यपाल एवं मुख्यमन्त्री तथा सम्बन्धित राज्यों के शहरी विकास के मन्त्री शामिल हैं।

दिल्ली में स्थानीय स्वशासन

स्व-मूल्यांकन

1. दिल्ली सरकार का स्थानीय प्रशासन कितनी संस्थाओं द्वारा संचालित होता है?
(a) 1 (b) 2 (c) 3 (d) 4

2. दिल्ली नगर निगम में दिल्ली के कुल क्षेत्रफल का कितना प्रतिशत आता है?
(a) 95.80 % (b) 80.05 %
(c) 90.58 % (d) 75 %

3. दिल्ली जिला बोर्ड की स्थापना कब हुई थी?
(a) वर्ष 1948 (b) वर्ष 1958
(c) वर्ष 1975 (d) वर्ष 2014

4. दिल्ली नगर निगम का विभाजन कब किया गया?
(a) वर्ष 2001
(b) वर्ष 2008
(c) वर्ष 2011
(d) वर्ष 2014

5. वर्तमान में दिल्ली नगर निगम में पार्षदों की संख्या कितनी है?
(a) 100
(b) 134
(c) 250
(d) 272

6. दिल्ली नगर निगम की कार्यपालिका इकाई का प्रमुख कौन है?
(a) उपराज्यपाल
(b) मुख्यमन्त्री
(c) नगर आयुक्त
(d) पुलिस आयुक्त

7. दिल्ली नगर निगम कितने जोनों में विभाजित है?
(a) 10 (b) 12
(c) 15 (d) 18

8. दिल्ली नगर निगम के अधिकार व दिल्ली सरकार को कब हस्तानान्तरित कर दिया गया?
(a) अक्टूबर, 2008
(b) अक्टूबर, 2009
(c) अक्टूबर, 2010
(d) अक्टूबर, 2011

9. नई दिल्ली नगरपालिका परिषद् का गठन किस वर्ष किया गया?
(a) वर्ष 1995
(b) वर्ष 1994
(c) वर्ष 1996
(d) वर्ष 1998

10. नई दिल्ली नगरपालिका परिषद् के चेयरमैन की नियुक्ति केन्द्र सरकार द्वारा की जाती है, लेकिन इसके लिए किसकी सहमति जरूरी है?
(a) राष्ट्रपति
(b) दिल्ली के उपराज्यपाल
(c) दिल्ली के मुख्यमन्त्री
(d) केन्द्रीय गृह मन्त्रालय

11. दिल्ली कैण्टोनमेण्ट बोर्ड किस केन्द्रीय मन्त्रालय के अन्तर्गत कार्य करता है?
(a) गृह मन्त्रालय
(b) रक्षा मन्त्रालय
(c) वित्त मन्त्रालय
(d) पर्यटन मन्त्रालय

12. दिल्ली कैण्टोनमेण्ट बोर्ड का पुनर्गठन किस वर्ष किया गया?
(a) वर्ष 1998
(b) वर्ष 2002
(c) वर्ष 2003
(d) वर्ष 2006

13. दिल्ली कैण्टोनमेण्ट बोर्ड की कार्य प्रणालियों पर नियन्त्रण है
(a) दिल्ली सरकार
(b) केन्द्रीय सरकार
(c) 'a' और 'b' दोनों
(d) उपरोक्त में से कोई नहीं

14. वर्ष 1966 में दिल्ली पुलिस का पुनर्गठन किया गया। पहली बार दिल्ली पुलिस का गठन किस वर्ष किया गया?
(a) 1860 ई. (b) 1861 ई.
(c) 1876 ई. (d) 1891 ई.

15. 'दिल्ली पुलिस दिवस' मनाया जाता है
(a) 28 फरवरी को
(b) 16 फरवरी को
(c) 10 दिसम्बर को
(d) 14 नवम्बर को

16. दिल्ली में कुल कितने जिले हैं?
(a) 9 (b) 10 (c) 11 (d) 15

17. दिल्ली विकास प्राधिकरण का गठन कब किया गया?
(a) वर्ष 1958
(b) वर्ष 1957
(c) वर्ष 1960
(d) वर्ष 1965

18. किस समिति की सिफारिशों के आधार पर 'दिल्ली विकास प्राधिकरण' का गठन किया गया?
(a) बिड़ला समिति
(b) कृपलानी समिति
(c) नेहरू समिति
(d) पार्थसारथी समिति

19. दिल्ली विकास प्राधिकरण का पदेन अध्यक्ष कौन होता है?
(a) दिल्ली के उपराज्यपाल
(b) दिल्ली के मुख्यमन्त्री
(c) केन्द्रीय गृहमन्त्री
(d) महापौर

20. दिल्ली शहरी कला आयोग की स्थापना कब की गई थी?
(a) वर्ष 1980
(b) वर्ष 1973
(c) वर्ष 1966
(d) वर्ष 1985

21. निम्नलिखित में से असत्य कथन को छाँटिए
(a) दिल्ली पुलिस का गठन 1861 ई. में 'इण्डियन पुलिस एक्ट' के तहत हुआ था
(b) स्वतन्त्रता से पूर्व (1947 तक) यह हरियाणा पुलिस के अन्तर्गत आती थी
(c) दिल्ली पुलिस विश्व की सबसे बड़ी नगरीय पुलिस संस्था है
(d) दिल्ली पुलिस का सूत्र वाक्य 'Citizen First' है

उत्तरमाला

1. (c) **2.** (a) **3.** (b) **4.** (c) **5.** (d) **6.** (c) **7.** (b) **8.** (b) **9.** (b) **10.** (c)
11. (b) **12.** (d) **13.** (b) **14.** (b) **15.** (c) **16.** (c) **17.** (b) **18.** (a) **19.** (a) **20.** (b)
21. (b)

अध्याय 11

दिल्ली के धार्मिक स्थल

दिल्ली के प्रसिद्ध मन्दिर

दिल्ली के प्रमुख मन्दिरों का वर्णन निम्न है

अक्षरधाम स्वामीनारायण मन्दिर

- यह मन्दिर दिल्ली में यमुना नदी के किनारे निजामुद्दीन सेतु के पास स्थित है।
- इसका उद्घाटन 6 नवम्बर, 2005 को भारत के पूर्व राष्ट्रपति ए. पी. जे. अब्दुल कलाम द्वारा किया गया तथा इसे आम जनता के लिए खोला गया था।
- इस मन्दिर का निर्माण बोचसन्यासी अक्षरपुरुषोत्तम स्वामी नारायण संस्था द्वारा कराया गया है, जो प्राचीन भारतीय सभ्यता के वैभव, सुन्दरता, चमत्कार व बुद्धिमत्ता का प्रतीक है।
- इस मन्दिर का निर्माण प्रमुख स्वामी महाराज ने अपने गुरु ब्रह्मस्वरूप योगीजी महाराज की श्रद्धा में करवाया है, जो भगवान स्वामी नारायण के चौथे उत्तराधिकारी हुए थे।
- इस मन्दिर का निर्माण पाँच वर्षों में हुआ, जिसमें साधु-सन्तों, शिल्प-कलाकारों, दिल्ली की जनता तथा स्वैच्छिक सेवा संगठनों ने अपना अमूल्य योगदान दिया।
- इस मन्दिर के निर्माण में कहीं भी लोहे व स्टील का प्रयोग नहीं किया गया है।
- इसके निर्माण में गुलाबी तथा सफेद रंग के संगमरमर का प्रयोग किया गया है, क्योंकि गुलाबी रंग भक्ति एवं सफेद रंग शुद्धता तथा शान्ति का प्रतीक है।
- इस मन्दिर में 234 स्तम्भ, 9 गुम्बद तथा 20 शिखर हैं, जो इसे भव्यता प्रदान करते हैं।
- मुख्य मन्दिर का निर्माण 141 फीट ऊँचे चबूतरे पर किया गया है, जिसमें भगवान स्वामी नारायण की मूर्ति स्थापित की गई है।
- इस मन्दिर को **विश्व के सबसे बड़े व्यापक** हिन्दू मन्दिर का गिनीज विश्व रिकॉर्ड प्राप्त है।

छतरपुर मन्दिर

- यह मन्दिर कात्यायनी देवी को समर्पित है। यह पश्चिमी दिल्ली के महरौली में स्थित है।
- इसका निर्माण वर्ष 1974 में सन्त नागपाल ने करवाया था।
- इस मन्दिर परिसर में एक छोटा मन्दिर काली माता का भी है, जो 50 वर्ष पुराना है।
- यहाँ वर्ष में दो बार चैत्र और आषाढ़ के महीने में नवरात्रि के अवसर पर बहुत बड़े मेले लगते हैं। यहाँ एक हनुमान मन्दिर भी है।
- इस मन्दिर की विशेषता यह है कि इसकी दीवारों पर हनुमान चालीसा लिखी हुई है।
- अक्षरधाम मन्दिर के निर्माण से पूर्व यह भारत का सबसे बड़ा मन्दिर माना जाता था।

श्री श्रीराधा पार्थसारथी मन्दिर (इस्कॉन मन्दिर)

- यह मन्दिर हरिकृष्ण पहाड़ी पर स्थित है, जो ईस्ट ऑफ कैलाश के सन्त नगर में है।
- इसकी स्थापना वर्ष 1998 में की गई थी। यह भगवान कृष्ण और राधा का मन्दिर है।

- इस मन्दिर का केन्द्रीय कक्ष वातानुकुलित है, जबकि मन्दिर का शिखर जमीन से 90 फीट ऊँचाई पर अवस्थित है। इसमें 1500 से अधिक लोगों के बैठने की व्यवस्था है।
- यहाँ पर विभिन्न चित्रकारों द्वारा राधाकृष्ण, सीताराम, लक्ष्मण, हनुमान, चैतन्य महाप्रभु आदि के जीवन के पहलुओं को चित्रित किया गया है।

कालकाजी मन्दिर

- यह प्राचीन मन्दिर नेहरू प्लेस के दक्षिण और कालकाजी के पास स्थित है। यह मन्दिर देवी काली को समर्पित है। ऐसा माना जाता है कि यहाँ माँ काली की पूजा रायपिथौरा (पृथ्वीराज चौहान III) के शासनकाल से होती आ रही है।
- इस मन्दिर का सबसे पुराना भाग 1764 ई. में मराठों द्वारा बनवाया गया था।

बिड़ला मन्दिर

- यह मन्दिर गोल मार्केट मन्दिर मार्ग कनॉट प्लेस के पास स्थित है। इस मन्दिर की नींव 26 मार्च, 1933 को धौलपुर के महाराणा उदय मानसिंह द्वारा रखी गई थी।
- यह मन्दिर लक्ष्मीनारायण मन्दिर के नाम से जाना जाता है। इस मन्दिर में भगवान विष्णु (नारायण) और लक्ष्मी (धन की देवी) की विशाल प्रतिमाएँ विद्यमान हैं।
- इस मन्दिर का निर्माण वर्ष 1938 में प्रसिद्ध उद्योगपति बलदेव दास बिड़ला द्वारा करवाया गया था।
- यह मन्दिर हिन्दू-उड़ीसा शैली में निर्मित है तथा इसका उद्घाटन महात्मा गाँधी ने किया था।

हनुमान मन्दिर

- बाबा खड़ग सिंह मार्ग पर अवस्थित यह मन्दिर दिल्ली के कनॉट प्लेस से लगभग 250 मी दक्षिण-पश्चिम में स्थित है।
- इसका निर्माण 1724 ई. में जयपुर नरेश राजा जयसिंह ने करवाया था। इसको जन्तर-मन्तर के समकालीन माना जाता है।
- इस मन्दिर की विशेषता है कि मन्दिर के बाहर के प्रांगण में मंगल हाट लगती है।

भैरव मन्दिर

- पुराने किले के पास स्थित यह एक प्राचीन मन्दिर है, जिसका सम्भावित निर्माण काल पाण्डवों के काल में माना जाता है।
- इस मन्दिर में लाखों श्रद्धालु भैरवजी की पूजा-अर्चना करने आते हैं।
- इस मन्दिर में मुख्य देवी-देवताओं को दूध और अन्य देवताओं को शराब का प्रसाद चढ़ाया जाता है।

शिव प्रतिमा

- दिल्ली में इन्दिरा गाँधी अन्तर्राष्ट्रीय हवाई अड्डे के समीप भगवान शिव की एक विशाल प्रतिमा है। इस प्रतिमा को प्रसिद्ध मूर्तिकार नाथूराम वर्मा ने 49 वर्षों में तैयार किया था।
- इसकी ऊँचाई लगभग 60 फीट है, जो वर्ष 1994 में स्थापित की गई थी।

योगमाया मन्दिर

- यह मन्दिर कुतुबमीनार के समीप स्थित है। मान्यतानुसार श्रीकृष्ण की बहन योगमाया को समर्पित यह मन्दिर युधिष्ठिर के समय बनाया गया था।
- वर्तमान मन्दिर के ढाँचे को अकबर द्वितीय के समय मुसाहिब सैयद मल द्वारा 1827 ई. में बनवाया गया।

झण्डेवाला मन्दिर

- यह दिल्ली के करोल बाग क्षेत्र में अवस्थित एक हिन्दू मन्दिर है। 18वीं सदी में एक पुराना मन्दिर इसी जगह अवस्थित था। इसी जगह पर खुदाई के बाद शक्ति देवी की प्राचीन मूर्ति मिली थी। इसी जगह पर एक नया मन्दिर बनाकर उत्खनित मूर्ति को स्थापित किया गया।

- इस मन्दिर की विशेषता है कि मन्दिर के ऊपर एक बहुत ऊँचे झण्डे को लगाया गया है जो दूर दराज से भी दिखाई देता है। इसी कारण मन्दिर का नाम झण्डेवाला है।

शनिधाम मन्दिर

- दिल्ली में शनिधाम में स्थापित शनिदेव की मूर्ति, दुनिया की सबसे ऊँची शनिदेव को समर्पित मूर्ति है।
- 31 मई, 2003 को जगत गुरु शंकराचार्य जी ने इस मूर्ति का अनावरण किया था।
- यह मन्दिर दिल्ली में पंचशील पार्क के निकट महर्षि दयानन्द मार्ग पर अवस्थित है।

सांई बाबा मन्दिर

- सांई बाबा मन्दिर दिल्ली के पुराने मन्दिरों में से एक है। सांई बाबा मन्दिर लोदी रोड, दिल्ली में स्थित है तथा जवाहरलाल नेहरू स्टेडियम के समीप अवस्थित है।
- इस मन्दिर का रख-रखाव का कार्य श्री सांई भक्त समाज (रजि.) संस्था द्वारा किया जाता है।
- इसकी स्थापना अक्टूबर, 1968 में हुई थी।

उत्तरा स्वामी मलाई मन्दिर

- इस मन्दिर का निर्माण वर्ष 1965 में प्रारम्भ किया गया था। तत्कालीन प्रधानमन्त्री लाल बहादुर शास्त्री ने इस मन्दिर की नींव का पत्थर रखा था।
- यह मन्दिर आर. के. पुरम से 7 किमी दूर अवस्थित है। यह मन्दिर भगवान स्वामीनाथ को समर्पित है। सामान्यतः स्वामीनाथ को भगवान मुरूगन के रूप में जाना जाता है।
- इस मन्दिर में अधिकांश तमिल, तेलुगू, मलयालम, कन्नड़ समुदाय के लोग पूजा व दर्शन के लिए आते हैं।

काली बाड़ी मन्दिर

- इस मन्दिर की समिति को वर्ष 1934 में सुभाष चन्द्र बोस ने औपचारिक रूप दिया था।
- यह एक छोटा-सा मन्दिर है, जो माँ काली को समर्पित है। यहाँ नवरात्रि के समय भव्य समारोह आयोजित किया जाता है।
  यहाँ देवी को शराब चढ़ाई जाती है। यह मन्दिर हिन्दू-बंगाली समुदाय का मन्दिर है।

आर्य समाज मन्दिर

- आर्य समाज मन्दिर दिल्ली के उत्तरी क्षेत्र में अवस्थित है।
- यह मन्दिर मुख्यतया आर्य समाजी रीति-रिवाज से विवाह उत्सव के लिए प्रसिद्ध है। इस मन्दिर में विवाह उपरान्त एक विवाह प्रमाण-पत्र दिया जाता है, जो पूरे भारत में मान्य होता है।
- इस मन्दिर की स्थापना 1875 ई. में दयानन्द सरस्वती के द्वारा की गई थी।

बुद्ध मन्दिर

- भारत सरकार ने कुतुबमीनार के निकट महरौली मार्ग पर 13 एकड़ की जमीन बौद्ध संघ को बौद्ध दर्शन के अध्ययन व प्रसार हेतु एक अन्तर्राष्ट्रीय केन्द्र बनानें के लिए दी है।
- इसी क्षेत्र में बुद्ध मन्दिर स्थित है। इसकी ऊँची वेदी पर विभिन्न देशों से लाई गई भगवान् बुद्ध की प्रतिमाएँ रखी गई हैं।

दिगम्बर जैन मन्दिर

- यह जैन मन्दिरों का सबसे अधिक पुराना और प्रभावशाली मन्दिर है। इस मन्दिर में भगवान पार्श्वनाथ की प्रतिमा स्थापित है।
- इस मन्दिर का निर्माण 1526 ई. में चाँदनी चौक के अन्तिम छोर पर किया गया था। इस मन्दिर के आन्तरिक भाग पर चित्रकारी की गई है।
- इस मन्दिर में कई तीर्थंकरों की मूर्तिया हैं इसमें चन्द्र प्रभु का मन्दिर सबसे श्रेष्ठ है, जो जैन तीर्थंकरों की वंशावली में 8वें तीर्थंकर माने जाते हैं।
- इस मन्दिर में भारत का एकमात्र पक्षी चिकित्सालय स्थित है।

धर्मपुरा जैन मन्दिर

- यह मन्दिर भारतीय वास्तुकला का एक अद्‌भुत नमूना है। इस मन्दिर का शिल्प व सजावट ताजमहल से मिलती-जुलती है।
- इस मन्दिर में कमल पर तीर्थंकर आदिनाथ की प्रतिमा स्थापित है।
- इस मन्दिर का निर्माण कार्य 1810 ई. में पूरा हुआ, जिसमें जयपुर के सफेद संगमरमर का उपयोग हुआ है।
- 1857 ई. के विद्रोह के समय जैन समुदाय के लोगों ने इस मन्दिर की रक्षा की थी।

लोटस टेम्पल (वहाबी मन्दिर)

- यह मन्दिर नेहरू प्लेस में एक पहाड़ी पर स्थित है। यह मन्दिर बहाई धर्मावलम्बियों का पूजा स्थल है तथा यह कमल के फूल के आकार का है।
- इस मन्दिर का निर्माण वर्ष 1980 में शुरू हुआ था और यह वर्ष 1986 में बनकर तैयार हुआ।
- इस मन्दिर के चारों तरफ 9 बड़े कुण्ड बने हुए हैं, जिनमें पानी भरा रहता है।
- इन कुण्डों की वजह से जहाँ एक ओर मन्दिर की शोभा बढ़ती है, वहीं दूसरी तरफ मन्दिर का तापमान भी सन्तुलित रहता है।

दिल्ली की प्रसिद्ध मस्जिदें

दिल्ली की प्रसिद्ध मस्जिदें निम्न हैं

जामा मस्जिद

- जामा मस्जिद का दिल्ली की महत्त्वपूर्ण इमारतों में प्रमुख स्थान है। यह लाल किले के ठीक सामने दूसरी तरफ स्थित है। इसका दूसरा नाम **मस्जिद-ए-जहीनुमा** है।
- इसका निर्माण मुगल बादशाह शाहजहाँ ने 1644-1656 ई. के मध्य कराया था। यह भारत की सबसे बड़ी मस्जिदों में से एक है।

कुव्वत-उल-इस्लाम मस्जिद

- यह मस्जिद कुतुबमीनार के प्रांगण में स्थित है तथा यह **दिल्ली की पहली मस्जिद** है।
- दिल्ली विजय के उपलक्ष्य में कुतुबुद्दीन ने 1193 ई. में इस मस्जिद का निर्माण शुरू करवाया था। इसका निर्माण आम मस्जिदों की रूपरेखा के अनुसार हुआ है, लेकिन इसमें हिन्दू शिल्प की खूबसूरती भी दिखाई देती है।

अष्ठकोणीय मस्जिद

- इसका निर्माण 1505 ई. में सिकन्दर लोदी के शासनकाल में प्रधानमन्त्री मोइया के द्वारा दिल्ली में करवाया गया था।
- यह लोदी काल के सर्वोत्तम निर्माण में से एक है। इस मस्जिद में एक सीध में पाँच कमरे हैं और हर कमरे के सामने मेहराबदार दरवाजे हैं। इस मस्जिद में तीन गुम्बदें स्थित हैं।

खैरुल मंजिल मस्जिद

- पुराने किले (दिल्ली) के पश्चिमी द्वार के सामने खण्ड्हर पर खैरुल मंजिल मस्जिद बनी हुई है। इस मस्जिद के साथ एक मदरसा भी है। वर्तमान में इस मदरसे का सिर्फ खण्ड्हर ही शेष है।
- यह मस्जिद और मदरसा मुगल बादशाह अकबर की धाय दाई माँ माहमअनंगा द्वारा 1561 ई. में बनवाए गए थे।

सोनहरी मस्जिद

- इस मस्जिद का निर्माण रोशन उद्‌दौला ने अपने पीर की स्मृति में करवाया था।
- इसका निर्माण 1721 ई. में हुआ था। यह मस्जिद चाँदनी चौक की कोतवाली के पास स्थित है।
- रोशनउद्‌दौला ने चाँदनी चौक के अलावा दरियागंज में भी एक मस्जिद का निर्माण करवाया था। इसका नाम भी सोनहरी मस्जिद है। इसका निर्माण 1745 ई. में हुआ था।

दिल्ली की प्रसिद्ध दरगाह

दिल्ली में स्थित प्रसिद्ध दरगाहों का वर्णन निम्न है

दरगाह हजरत निजामुद्दीन औलिया

- निजामुद्दीन औलिया की दरगाह का निर्माण मुहम्मद-बिन-तुगलक द्वारा दिल्ली में कराया गया था।
- हजरत निजामुद्दीन औलिया एक महान् लोकप्रिय सन्त थे। 1325 ई. में 89 वर्ष की आयु में उनकी मृत्यु हुई।
- इस दरगाह के क्षेत्र में अमीर खुसरो का मकबरा है। निजामुद्दीन औलिया की दरगाह हुमायूँ के मकबरे से 2 किमी की दूरी पर स्थित है।

चिराग दिल्ली

चिराग दिल्ली में हजरत नसीरुद्दीन, रोशन चिराग की समाधि है, जो निजामुद्दीन औलिया के आध्यात्मिक उत्तराधिकारी थे।

दरगाह शैख साहिब

- यह दरगाह लाल किला (दिल्ली) के पीछे अवस्थित है। यहाँ प्रसिद्ध सन्त हजरत शेख कलीमुल्लाह का मकबरा है।
- वर्तमान में यह मकबरा पुरानी दिल्ली में जामा मस्जिद के ठीक नीचे स्थित है। यहाँ बड़ी संख्या में लोग इनके दर्शन को आते हैं।

दरगाह कुतुब साहिब

- यह मकबरा कुतुबमीनार से करीब 2.5 किमी दक्षिण-पश्चिम में है, जिसे कुतुब साहिब की दरगाह कहा जाता है। इसका निर्माण सुल्तान इल्तुतमिश (अल्तमश) ने कराया था।
- हजरत कुतुबुद्दीन बख्तियार काकी प्रारम्भिक मुस्लिम विजेताओं के साथ पर्सिया से भारत आए थे।
- प्रारम्भ में उनकी कब्र मिट्टी की बनी हुई थी, परन्तु वर्ष 1944 में इसे संगमरमर से ढक दिया गया और इसके चारों तरफ गुम्बद बना दिया गया।

दिल्ली के प्रसिद्ध गुरुद्वारे

दिल्ली के प्रसिद्ध गुरुद्वारे निम्न हैं

बंग्ला साहिब गुरुद्वारा

- यह गुरुद्वारा दिल्ली के केन्द्र कनॉट प्लेस के पास स्थित है।
- यह गुरुद्वारा मूलतः एक बंगला था, जो जयपुर के महाराजा जयसिंह का था। गुरुद्वारे के रूप में इसका निर्माण 1783 ई. में कराया गया था।
- यह सिक्खों के आठवें गुरु 'गुरु हरकिशन' से सम्बन्धित हैं। इन्होंने 1664 ई. में अपने दिल्ली प्रवास के समय महाराज जयसिंह के बंगले में निवास किया था।

गुरुद्वारा मजनू-का-टीला

- यह गुरुद्वारा यमुना नदी के किनारे दरियागंज के पास स्थित है।
- 1783 ई. में इस गुरुद्वारे का जनरल बघेल सिंह ने निर्माण करवाया। सिखों के छठे गुरु 'गुरु गोविन्द सिंह' ने यहाँ निवास किया था।
- इस स्थान पर ईरानी सूफी सन्त मजनू की सिखों के गुरु 'गुरु नानक' से वार्ता हुई थी।

गुरुद्वारा दमदमा साहिब

- यह गुरुद्वारा सिखों के दसवें गुरु 'गुरु गोविन्द सिंह' की 1707 ई. में बहादुरशाह जफर के पुत्र मुअज्जम की वात्ता का स्थल है।
- यह पूर्वी निजामुद्दीन में स्थित है।
- सर्वप्रथम इस गुरुद्वारे का निर्माण 1783 ई. में जनरल बघेल सिंह ने करवाया था।

गुरुद्वारा शीशगंज

- यह गुरुद्वारा चाँदनी चौक में स्थित है। इसका निर्माण 1783 ई. में बघेल सिंह द्वारा करवाया गया।
- इस स्थान पर नौवें सिख गुरु 'गुरु तेग बहादुर' का मुगल शासक औरंगजेब ने सिर कलम करवाया था।

दिल्ली के प्रसिद्ध चर्च

दिल्ली में स्थित प्रसिद्ध चर्चों का वर्णन निम्न है

फ्री चर्च

- यह चर्च जन्तर-मन्तर के पास स्थित है। इसकी आधारशिला 8 मार्च, 1927 को लेडी बर्डवुड ने रखी थी।
- इसी चर्च से सटा हुआ एक देखभाल केन्द्र और नर्सरी स्कूल भी है।

सेक्रेड हार्ट कैथेड्रल

- यह एक प्रसिद्ध चर्च है। यह चर्च गोल डाकखाना की विपरीत दिशा में जयपुर स्तम्भ के उत्तर में स्थित है।
- इसका निर्माण वर्ष 1930 में शुरू हुआ था और यह वर्ष 1934 में बनकर तैयार हुआ। लॉर्ड इर्विन ने यहाँ चाँदी का सिक्का भेंट किया था।

सेण्ट स्टीफेन्स चर्च

- यह चर्च चाँदनी चौक के फतेहपुरी में अवस्थित है।
  इसका निर्माण आजादी की पहली लड़ाई (1857 ई.) में मारे गए ईसाइयों की स्मृति में किया गया था।
- इसका निर्माण थॉमस स्केलटन और रेनाल्ड विण्टर के द्वारा 1867 ई. में किया गया।

दिल्ली के धार्मिक स्थल

स्व-मूल्यांकन

1. दिल्ली का अक्षरधाम मन्दिर किस वर्ष लोगों के लिए खोला गया?
(a) वर्ष 2003 (b) वर्ष 2004
(c) वर्ष 2005 (d) वर्ष 2007

2. निम्नलिखित में से किस मन्दिर के निर्माण में लोहे व स्टील का उपयोग नहीं हुआ है?
(a) छतरपुर मन्दिर
(b) अक्षरधाम मन्दिर
(c) झण्डेवाला मन्दिर
(d) कालकाजी मन्दिर

3. किस मन्दिर की दीवारों पर हनुमान चालीसा लिखी हुई है?
(a) छतरपुर मन्दिर
(b) झण्डेवाला मन्दिर
(c) कालकाजी मन्दिर
(d) हनुमान मन्दिर

4. नवरात्रि के अवसर पर छतरपुर मन्दिर में कब मेला लगता है?
(a) चैत्र
(b) आषाढ़
(c) 'a' और 'b' दोनों
(d) उपरोक्त में से कोई नहीं

5. श्रीराधा पार्थसारथी मन्दिर दिल्ली में किस पहाड़ी पर अवस्थित है?
(a) अरावली की पहाड़ी
(b) रानी की पहाड़ी
(c) छतरपुर की पहाड़ी
(d) हरिकृष्ण पहाड़ी

6. लक्ष्मीनारायण मन्दिर प्रसिद्ध उद्योगपति बलदेव दास बिड़ला ने किस वर्ष बनवाया था?
(a) वर्ष 1940 (b) वर्ष 1936
(c) वर्ष 1937 (d) वर्ष 1938

7. खड्ग सिंह मार्ग पर हनुमान मन्दिर का निर्माण किसने कराया था?
(a) राजा जयसिंह
(b) राजा विजय सिंह
(c) राजा मोहन सिंह
(d) उपरोक्त में से कोई नहीं

8. पुराने किले के पास स्थित भैरव मन्दिर है
(a) रामायणकालीन (b) महाभारतकालीन
(c) पुराणकालीन (d) इनमें से कोई नहीं

9. किस मन्दिर की विशिष्टता उसकी 'स्वर्ण धार कलश' है?
(a) भैरव मन्दिर (b) शिव प्रतिमा
(c) योगमाया मन्दिर (d) बुद्ध मन्दिर

10. शनिधाम मन्दिर दिल्ली में कहाँ स्थित है?
(a) मन्दिर मार्ग पर
(b) कनॉट प्लेस
(c) महर्षि दयानन्द मार्ग
(d) अजमल खाँ सड़क

11. उत्तरा स्वामी मलाई मन्दिर में किस समुदाय के लोग दर्शन को आते हैं?
(a) तमिल, कन्नड़
(b) तेलुगू, तमिल
(c) मलयालम, कन्नड़
(d) उपरोक्त सभी

12. काली बाड़ी मन्दिर समिति की शुरुआत किसने की थी?
(a) सुभाष चन्द्र बोस
(b) रवीन्द्रनाथ टैगोर
(c) श्यामा प्रसाद मुखर्जी
(d) अवनीन्द्र नाथ चटर्जी

13. दिल्ली में बुद्ध मन्दिर कहाँ अवस्थित है?
(a) महरौली
(b) लाजपत नगर
(c) नेहरू प्लेस
(d) रोहिणी

14. जैन प्रवर्तक चन्द्र प्रभु का मन्दिर कहाँ अवस्थित है?
(a) चाँदनी चौक (b) छतरपुर
(c) करोल बाग (d) कालकाजी

15. किस मन्दिर में भारत का एकमात्र पक्षी चिकित्सालय है?
(a) दिगम्बर जैन मन्दिर
(b) धर्मपुरा जैन मन्दिर
(c) झण्डेवालन मन्दिर
(d) भैरव मन्दिर

16. दिल्ली के कालकाजी में स्थित 'लोटस टेम्पल' का सम्बन्ध किस सम्प्रदाय से है?
(a) स्वामी नारायण (b) बहाई
(c) श्री शिवनारायण (d) कबीर

17. दिल्ली का 'लोटस टेम्पल' किस वर्ष लोगों के लिए खोला गया?
(a) वर्ष 1980 (b) वर्ष 1985
(c) वर्ष 1986 (d) वर्ष 1992

18. कुल्वल-उल-इस्लाम मस्जिद का निर्माण किसने कराया था?
(a) कुतुबद्दीन ऐबक
(b) इल्तुतमिश
(c) रजिया सुल्तान
(d) बलबन

19. 'अष्टकोणीय मस्जिद' का निर्माण किसके काल में हुआ था?
(a) सिकन्दर लोदी (b) बाबर
(c) औरंगजेब (d) मोहम्मद शाह

20. किस शासक ने अपने पीर की याद में सोनहरी मस्जिद का निर्माण करवाया?
(a) इल्तुतमिश (b) बलबन
(c) रोशनउद्दौला (d) रजिया बेगम

21. प्रसिद्ध सूफी सन्त निजामुद्दीन औलिया की दरगाह किस शासक द्वारा निर्मित की गई थी?
(a) फिरोजशाह तुगलक
(b) मुहम्मद-बिन-तुगलक
(c) सिकन्दर लोदी
(d) अकबर

22. प्रसिद्ध शायर अमीर खुसरो का मकबरा किसकी दरगाह में स्थित है?
(a) शम्सुद्दीन अल्तमस
(b) अतग खाँ
(c) शेख निजामुद्दीन
(d) उपरोक्त में से कोई नहीं

23. चिराग दिल्ली में किसकी समाधि है?
(a) हजरत नसीरुद्दीन रोशन
(b) हजरत शेख कलीमुल्लाह
(c) हजरत निजामुद्दीन औलिया
(d) हजरत बख्तियार काकी

24. सिखों के आठवें गुरु हरकिशन की याद में कौन-सा गुरुद्वारा बनाया गया?
(a) गुरुद्वारा शीशगंज
(b) गुरुद्वारा रकाबगंज
(c) गुरुद्वारा बंग्ला साहिब
(d) गुरुद्वारा बाल साहिब

25. निम्नलिखित में से कौन-सा चर्च चाँदनी चौक के फतेहपुरी में स्थित है?
(a) सेक्रेड हार्ड कैथेड्रल
(b) फ्री चर्च
(c) सेण्ट स्टीफेन्स चर्च
(d) उपरोक्त में से कोई नहीं

26. शीशगंज गुरुद्वारा के सम्बन्ध में कौन-सा कथन सही है?
(a) यह नई दिल्ली के इलाके में अवस्थित है
(b) यह चाँदनी चौक में अवस्थित है
(c) यह दक्षिणी दिल्ली में अवस्थित है
(d) यह राष्ट्रपति भवन के निकट है

27. चाँदनी चौक, दिल्ली में स्थित गुरुद्वारा शीशगंज किस सिख गुरु की स्मृति में स्थापित किया गया?
(a) गुरु हरकिशन
(b) गुरु तेग बहादुर
(c) गुरु रामदास
(d) गुरु गोविन्द सिंह

28. निम्नलिखित में से असत्य कथन का चुनाव कीजिए
(a) अक्षरधाम मन्दिर में मुख्य मन्दिर का निर्माण 141 फीट ऊँचे चबूतरे पर किया गया है
(b) यह मन्दिर गुलाबी रंग व सफेद रंग से रंगा हुआ है
(c) मन्दिर में 5 हजार मूर्तियाँ विराजमान हैं
(d) इसका निर्माण प्रमुख स्वामी महाराज ने अपने गुरु ब्रह्मस्वरूप योगी जी महाराज की श्रद्धा में करवाया है

29. निम्नलिखित में से असत्य कथन है
(a) अक्षरधाम मन्दिर का निर्माण बोचसवासी अक्षरपुरुषोत्तम स्वामी नारायण संस्था द्वारा कराया गया
(b) इस मन्दिर का निर्माण पाँच साल में पूरा हुआ
(c) इसके निर्माण में कहीं भी लोहे व स्टील का प्रयोग नहीं किया गया है
(d) मन्दिर निर्माण में जामुनी तथा काले रंग के संगमरमर का इस्तेमाल किया गया है।

उत्तरमाला

1. (c) **2.** (b) **3.** (a) **4.** (c) **5.** (d) **6.** (d) **7.** (a) **8.** (b) **9.** (c) **10.** (c)
11. (d) **12.** (a) **13.** (a) **14.** (a) **15.** (a) **16.** (b) **17.** (c) **18.** (a) **19.** (a) **20.** (c)
21. (b) **22.** (c) **23.** (a) **24.** (c) **25.** (c) **26.** (b) **27.** (b) **28.** (c) **29.** (d)

अध्याय 12

दिल्ली के ऐतिहासिक स्थल

दिल्ली के प्रमुख किले

दिल्ली में स्थित प्रमुख किले निम्न हैं

लाल किला

- लाल किला पुरानी दिल्ली में चाँदनी चौक के पास स्थित है। इसका निर्माण 12 मई, 1638 से 6 अप्रैल, 1648 के मध्य शाहजहाँ द्वारा कराया गया था।
- यह किला लाल पत्थर से निर्मित है। इस किले के निर्माण के लिए दो प्रसिद्ध कारीगरों **उस्ताद हमीद** और **उस्ताद अहमद लाहौरी** की सहायता ली गई थी।
- यह किला इण्डो-इस्लामिक मुगल वास्तुकला का उत्कृष्ट नमूना है।
- शाहजहाँ के शासनकाल में लाल किले को उर्द-ए-मुअल्ला कहा जाने लगा।
- पूर्व समय में एक नहर 'नहर-ए-बहिश्त' पूरे किले के भीतर बहती थी। किले के भीतर की सभी इमारतों में कीमती पत्थर (रत्न) तथा कुछ हिस्सों में सोने-चाँदी लगे हुए थे। इस किले में स्थित मयूर सिंहासन दीवाने-खास की सुन्दरता में वृद्धि करता था।
- किले के अन्दर की प्रमुख इमारतें मुमताज महल, रंग महल, दीवन-ए-खास, मोती मस्जिद आदि थी।
- लाल किले को 28 जून, 2007 को **यूनेस्को ने विश्व धरोहर** घोषित किया था।

पुराना किला

- पुराना किला मथुरा रोड चिड़ियाघर के पास स्थित है। इसका निर्माण 16वीं शताब्दी में हुमायूँ और शेरशाह सूरी के शासन में किया गया था।
- यह किला दिल्ली में स्थित किलों में से सबसे पुराना है। इस किले के सभी दरवाजे दो मंजिला है तथा लाल पत्थर से निर्मित है।
- किले के अन्दर एक संग्रहालय भी है, जहाँ मुगलकाल, राजपूत काल, गुप्त काल, कुषाण काल एवं मौर्यकालीन सम्बन्धी वस्तुओं को देखा जा सकता है।
- किले में संग्रहालय की ओर से प्रवेश करने पर एक आठ कोण वाला लाल पत्थर से निर्मित टॉवर स्थित है, जिसे **शेर मंजिल** कहा जाता है।
- भारतीय पुरातत्त्व सर्वेक्षण द्वारा की गई खुदाई से ज्ञात हुआ है कि जिस स्थान पर आज पुराना किला है, सम्भवत उसी स्थान पर पाण्डवों का किला रहा है।
- बादशाह हुमायूँ ने पुराने किले को अपना मुख्यालय बनाया था।

- शेरशाह सूरी ने किले के अन्दर **किला-ए-कुन्हा** मस्जिद का निर्माण कराया था।
- वर्तमान में इस किले के चारों ओर एक झील है, जिसमें पर्यटक नौका विहार करते हैं।

शेरमण्डल

- यह पुराने किले के अन्दर एक दो मंजिली इमारत है, जो संगमरमर और लाल पत्थर से बनी है। इसमें आठ कोने वाली एक अटारी है। इसी अटारी को शेरमण्डल कहा जाता है।
- इतिहासकारों के अनुसार सूरी राजवंश के अफगान शासक शेरशाह सूरी ने इसे 1541-42 ई. में बनवाया था। ऐसा भी माना जाता है कि इसका निर्माण उसी स्थान पर हुआ था, जहाँ पाण्डव यज्ञ किया करते थे। उस समय यह स्थान 'सूर्यमण्डल' कहलाता था।
- वर्तमान में शेरमण्डल का सम्बन्ध मुगल सम्राट हुमायूँ से जोड़ा जाता है।
- शेरमण्डल में हुमायूँ ने अपना पुस्तकालय बनाया तथा यहाँ उसने अपनी कीमती पाण्डुलिपियों को रखा था।

सीरी फोर्ट

- यह किला क्षेत्र दक्षिणी दिल्ली में खेलगाँव के पास स्थित है। अलाउद्दीन खिलजी ने 'सीरी फोर्ट शहर' का निर्माण कराया था।
- किलोखरी और हौज-ए-अलाई के बीच 1297-1307 ई. में सीरी शहर बनकर तैयार हुआ। वर्तमान में इसके दक्षिण-पूर्व फाटक का उपयोग होता है।

सलीमगढ़

- शेरशाह के पुत्र और उत्तराधिकारी सलीम शाह द्वारा 1546 ई. में निर्मित यह यमुना नदी के द्वीप पर बना एक द्वीपीय किला है। यह लाल किले से 1.5 किमी उत्तर-पूर्व में स्थित है।
- औरंगजेब ने इसे राज्य कारागार बना दिया था। अंग्रेज भी इसका उपयोग कारागार के रूप में करते थे।
- आजादी के बाद इसे 'स्वतन्त्रता सेनानी स्मारक' बना दिया गया।

तुगलकाबाद का किला

- गयासुद्दीन तुगलक ने 1320 ई. में कुतुब मीनार से 5 मील की दूरी पर एक चट्टानी पहाड़ी पर इस किले का निर्माण करवाया।
- दिल्ली की गद्दी पर बैठने के बाद सुरक्षा की दृष्टि से गयासुद्दीन तुगलक ने इसका निर्माण करवाया था। इस किले में हजार स्तम्भों का महल है, जिसे **कस्त्र-ए-हजार-सतून** कहा जाता था।
- इस किले की दीवारे 10 से 15 मीटर ऊँची व घुमावदार है।

दिल्ली के प्रमुख मीनार, स्तम्भ एवं ऐतिहासिक दरवाजे

दिल्ली में स्थित प्रमुख मीनार, स्तम्भ एवं ऐतिहासिक दरवाजे निम्न हैं

कुतुब मीनार

- कुतुब मीनार का निर्माण कुतुबुद्दीन ऐबक ने सूफी सन्त **कुतुबुद्दीन बख्तियार काकी** के सम्मान में 1192 ई. में आरम्भ करवाया था।
- कुतुब मीनार के निर्माण कार्य को पूरा करने का श्रेय इल्तुतमिश को जाता है।
- पाँच मंजिली कुतुब मीनार की ऊँचाई 72.5 मी है। इसके आधार की चौड़ाई 14.32 मी तथा सबसे ऊपरी मंजिल की चौड़ाई 2.75 मी है।
- यह नीचे से चौड़ी और ऊपर की ओर पतली है। इसकी प्रत्येक मंजिल की बनावट अलग-अलग तरह की है।
- कुतुब मीनार लाल पत्थर से बनी हुई है। इसमें संगमरमर का प्रयोग भी हुआ है।

- कुतुब मीनार की बालकनी बहुत ही सुन्दर है। इसमें अनेक छोटे-छोटे मेहराब बने हुए हैं, जिनमें आकर्षक नक्काशी की हुई है।
- वर्ष 1993 में इसे **यूनेस्को ने विश्व धरोहर घोषित** किया था।

लोहे की लाट (लौह स्तम्भ)

- यह कुतुब मीनार के प्रांगण में स्थित है। यह दिल्ली के प्राचीन इतिहास का एक अभिन्न अंग है।
- इस पर ब्राह्मी लिपि में संस्कृत के छः श्लोक लिखे हैं। ऐसी लिपि का प्रयोग चौथी शताब्दी (ईसा के बाद) में किया जाता था।
- लिपि की रचना के अनुसार, यह लोहे की लाट चौथी शताब्दी अर्थात् गुप्त काल की है। इस लाट को राजा चन्द्र ने बनवाया था।
- लोहे की लाट की लम्बाई 7.20 मी है, जिसका 93 सेमी भाग जमीन के नीचे गड़ा हुआ है।
- इस स्तम्भ की विशेषता यह है कि इतने वर्षों बाद भी इस पर अभी तक जंग नहीं लगा है।

फिरोजशाह कोटला का स्तम्भ

- फिरोजशाह कोटला को दिल्ली के तुगलक सुल्तान फिरोजशाह तुगलक (1351-88) ने बसाया था।
- प्रारम्भिक समय में यह फिरोजाबाद के नाम से जाना जाता था। इसकी सबसे बड़ी विशेषता यह है कि यह पिरामिड के आकार के ढाँचे पर खड़ा अशोक स्तम्भ जैसा है। ऐसा ही एक स्तम्भ हिन्दूबाड़ा रिज क्षेत्र में भी स्थित है।
- ये दोनों ही स्तम्भ दिल्ली में बाहर से लाए गए थे। दोनों स्तम्भों पर सम्राट अशोक की सुप्रसिद्ध घोषणाएँ उत्कीर्ण हैं।

अलाई दरवाजा

- अलाई दरवाजे का निर्माण अलाउद्दीन खिलजी द्वारा 1311 ई. में कराया गया। इसे तुर्की स्थापत्य की कुंजी कहा जाता है। यह कुतुबमीनार परिसर के आस-पास निर्मित है।
- इसमें लाल बलुआ पत्थर तथा संगमरमर का प्रयोग किया गया है। इसमें पारसी शैली की खिड़कियों का प्रयोग किया गया है।

खूनी दरवाजा

- खूनी दरवाजा या लाल दरवाजा बहादुरशाह जफर मार्ग पर दिल्ली गेट के समीप स्थित है।
- यहाँ पर राजद्रोही लोगों को दण्डित किया जाता था, जिसके कारण इसे खूनी दरवाजा कहा गया।
- जहाँगीर ने अब्दुर रहीम खान खाना के बेटे की हत्या यहीं पर कराई और औरंगजेब ने भी दारा की हत्या खूनी दरवाजे के पास कराई थी।
- 1857 ई. के विद्रोह के समय बहादुरशाह जफर के दोनों बेटों–मिर्जा मुगल तथा मिर्जा सुल्तान की हत्या अंग्रेजों ने यहीं पर कराई थी।

दिल्ली के प्रमुख मकबरे

दिल्ली में स्थित प्रमुख मकबरे निम्न हैं

अमीर खुसरो का मकबरा

- अमीर खुसरो का मकबरा शेख निजामुद्दीन की दरगाह में स्थित है।
- इस मकबरे में अमीर खुसरो की रचनाओं का ' अभिलेख है।
- यह संगमरमर से निर्मित है और इसकी दीवारों पर जाली का काम कार्य गया है।

इल्तुतमिश का मकबरा

- मस्जिद कुव्वत-उल-इस्लाम के बाहर उत्तर-पश्चिमी किनारे पर शम्सुद्दीन इल्तुतमिश का मकबरा है। इसका निर्माण 1235 ई. में हुआ था।

- इस मकबरे की विशेषता यह है कि इसकी छत नहीं है। ऐसा माना जाता है कि इल्तुतमिश ने अपनी बेटी रजिया से बिना छत का मकबरा बनवाने के लिए कहा था।
- इस मकबरे का निर्माण रजिया सुल्तान ने कराया था तथा फिरोजशाह तुगलक ने इसकी मरम्मत कराई थी।

सुल्तानगढ़ी का मकबरा

- कुतुब मीनार से 8 किमी दक्षिण-पश्चिम में महरौली-पालम रोड पर मलिकपुर गाँव में सुल्तानगढ़ी का मकबरा है।
- यह मकबरा इल्तुतमिश के सबसे बड़े बेटे और उत्तराधिकारी नसिरुद्दीन मोहम्मद शाह का है, जिसकी मृत्यु 1228 ई. में लखनौती में हुई थी। इस मकबरे को इल्तुतमिश ने 1231 ई. में बनवाया था।
- सुल्तानगढ़ी का सर्वप्रथम उल्लेख सैयद अहमद खाँ की पुस्तक **असर-उस-सदिद** में मिलता है। सम्भवतः इसे गढ़ी नाम इसलिए दिया, क्योंकि इस मकबरे में एक गड्ढे में सुल्तान की मूल कब्र का स्थान है, जिसे संगमरमर से ढक दिया गया है। करीब 93 सीढ़ियाँ उतरकर तहखाने में सुल्तान की कब्र स्थित है।

सिकन्दर लोदी का मकबरा

- लोदी वंश के शासक सिकन्दर लोदी का मकबरा 1517-18 ई. में इब्राहिम लोदी द्वारा बनवाया गया। यह मकबरा लोदी गार्डन के बीच अवस्थित है।
- इसमें गुम्बद के साथ-साथ ढलवा दीवारें बनाई गई हैं। यह मकबरा लोदी गार्डन के उत्तर-पश्चिमी कोने पर तथा शीश गुम्बद से लगभग 250 मी उत्तर में स्थित है। यह एक अष्टभुजाकार मकबरा है।
- इसके बीच में एक अष्टभुजाकार कक्ष एक बरामदे से घिरा हुआ है और बरामदे की प्रत्येक दिशा में तीन-तीन मेहराबें हैं तथा इसके कोने ढलवाँ पुश्तों से घिरे हुए हैं।
- इसके ऊपर की छतरियाँ नष्ट हो गई हैं। यह मकबरा पश्चिम की ओर एक दीवार वाली मस्जिद और दक्षिण की ओर बाहरी रचनाओं वाले एक प्रवेश द्वार सहित ऊँची दीवारों के भीतर एक चौकोर बाग से घिरा हुआ है, जो इसे एक शानदार स्वरूप प्रदान करते हैं।

सफदरजंग का मकबरा

- यह मकबरा जोरबाग के सामने कुतुब मीनार की ओर जाने वाली सड़क पर है। इसका निर्माण 1754 ई. में सफदरजंग के बेटे शुजाउद्दौला ने कराया था।
- इसे हुमायूँ के मकबरे के समान बनाया गया था। मकबरे के निर्माण में संगमरमर और लाल पत्थर का उपयोग हुआ है।

गयासुद्दीन का मकबरा

- तुगलकाबाद शहर के प्रवेश द्वार में गयासुद्दीन का मकबरा है। यह एक छोटे किले के समान है। मकबरे की दीवारें लाल पत्थर की बनी हुई हैं।
- दीवारें ढलवाँ बनी हुई हैं और इनमें काले और सफेद संगमरमर की धारियाँ बनी हुई हैं।
- इस पर किसी भी प्रकार की नक्काशी नहीं की गई है। मकबरे की पश्चिम दीवार में मेहराबें बनी हुई हैं तथा इसके गुम्बद के ऊपर हिन्दू मन्दिर के समान कलश बना हुआ है।

हुमायूँ का मकबरा

- यह मकबरा यमुना के किनारे दिल्ली में स्थित है। मकबरे का मुख्य शिल्पकार मीरक मिर्जा ग्यास बेग था। इसका निर्माण कार्य 1565 ई. में प्रारम्भ हुआ तथा 1572 ई. में समाप्त हुआ।
- यह मकबरा एक बाग के बीच में अवस्थित है, जिसे **चारबाग** कहते हैं।
- यह मकबरा मुगल वास्तुकला का उत्कृष्ट नमूना है।
- यहाँ मुगल सम्राट हुमायूँ की कब्र के अतिरिक्त अन्य मुगलों की भी कब्रें स्थित हैं।

- हुमायूँ की कब्र के चारों ओर हुमायूँ की पत्नी हाजी बेगम, शाहजहाँ का बेटा दाराशिकोह, औरंगजेब का बेटा मोहम्मद शाह, औरंगजेब का नाती बादशाह जहाँदारशाह, उसका उत्तराधिकारी फर्रूखसियर आदि की कब्रें हैं।
- मकबरे का निर्माण मूल रूप से चूने व पत्थर से हुआ है, जिसे लाल बलुआ पत्थर द्वारा ऊपर से ढ़का गया है। कहीं-कहीं पर श्वेत संगमरमर का भी प्रयोग किया गया है तथा मकबरे का मुख्य विशाल गुम्बद भी श्वेत संगमरमर द्वारा निर्मित है।
- यह मकबरा मुख्यतः फारसी वास्तुकला से प्रभावित है।
- इसके अन्दर मुख्य केन्द्रीय कक्ष सहित 9 वर्गाकार कक्ष बने हैं। मुख्य कक्ष के मध्य में आठ किनारे वाले एक जालीदार घेरे में मुगल सम्राट हुमायूँ की कब्र बनी हुई है।
- हुमायूँ की कब्र संगमरमर की बनी है। इसके भीतर जाने का रास्ता दक्षिण की तरफ से है।
- वर्ष 1993 में इसे **यूनेस्को ने विश्व धरोहर घोषित** किया था।

अतग खाँ का मकबरा

- अतग खाँ का मकबरा निजामुद्दीन क्षेत्र में है। इस मकबरे को पहले **वास्तुकला का नगीना** कहा जाता था।
- इस मकबरे का निर्माण अकबर के शासनकाल के पहले दौर में हुआ था।
- अतग खाँ का असली नाम शम्सुद्दीन था। यह हुमायूँ का एक विश्वासी दरबारी था।

भूलभुलैया

- कुतुब-महरौली मार्ग पर उत्तर की ओर **अधम खाँ का मकबरा** है। यह मकबरा भूलभुलैया के नाम से अधिक प्रसिद्ध है। इसकी चहारदीवारी के अन्दर बने रास्तों में लोग भटक जाते हैं। अधिक प्रयास करने के बाद इससे बाहर निकला जा सकता है।
- अधम खाँ, अकबर की धाय माता माहम अनगा का पुत्र था। बाजबहादुर के साथ असम्मान करने तथा लूट का माल राजकोष में जमा नहीं करने के कारण अकबर ने उसे मृत्युदण्ड दिया था।

दिल्ली के अन्य प्रसिद्ध स्थल

दिल्ली में स्थित प्रमुख स्थलों का विवरण निम्न हैं

हौज खास

- अलाउद्दीन खिलजी ने 1296 ई. से 1316 ई. तक दिल्ली पर शासन किया। इन्होंने दिल्ली में सीरी शहर के पास 70 एकड़ में एक बड़ा-सा पानी का हौज बनवाया, जिसे हौज खास के नाम से जाना जाता है। सीरी शहर के रहने वाले यहीं से अपनी पानी की जरूरतें पूरी करते थे।
- फिरोजशाह तुगलक के शासनकाल में हौज-ए-अलाई सूख चुका था, जिसे मिट्टी से भर दिया गया था।
- फिरोजशाह तुगलक ने 1352 ई. में इस हौज को साफ कराया तथा इसकी मरम्मत कराई। उसने हौज के दक्षिणी और पूर्वी घाट पर कई इमारतें भी बनवाईं।

अग्रसेन की बाओली

- यह एक संरक्षित पुरातात्विक स्थल है, जो कनॉट प्लेस के पास स्थित है। ऐसी मान्यताएँ हैं कि इसका निर्माण महाभारत काल में हुआ था। बाद में अग्रवाल समाज ने इस बाओली (बावड़ी) का जीर्णोद्धार कराया था।
- इस बाओली में सीढ़ीनुमा कुएँ हैं, जो करीब 105 सीढ़ियों के नीचे हैं। 14वीं शताब्दी में इसका निर्माण महाराजा अग्रसेन ने करवाया था।
- इस बाओली का निर्माण लाल बलुए पत्थर से हुआ है। यह दिल्ली की प्रसिद्ध बाओलियों में से एक है।

खारी बाओली

- पुरानी दिल्ली में फतेहपुरी मस्जिद और लाहौरी गेट के बीच की सड़क खारी बाओली कहलाती है। 'बाओली' से आशय कुएँ से है।
- इसकी खुदाई 1539 ई. में हुई थी। कुएँ में नीचे की ओर पानी तक सीढ़ियाँ बनी हुई थीं। लोग सीढ़ियों से उतरकर पानी का प्रयोग किया करते थे।
- कुएँ व खारे पानी को सम्मिलित करते हुए इसका नाम 'खारी बाओली' पड़ा।

दाराशिकोह पुस्तकालय

- यह पुस्तकालय अम्बेडकर विश्वविद्यालय के प्रांगण में स्थित है। इसका निर्माण 1643 ई. में शाहजहाँ के शासनकाल में हुआ था। इस पुस्तकालय का नाम शाहजहाँ के सबसे बड़े पुत्र दाराशिकोह के नाम पर रखा गया है।
- दाराशिकोह भाषा विद्वान् थे। **सिर-ए-अकबर** व **मजमा-उल-बहराइन** दारा शिकोह द्वारा रचित प्रमुख रचनाएँ है।
- इस पुस्तकालय में पूर्व समय में अनेक अरबी, पारसी और संस्कृत पुस्तकें थीं, जो 1857 ई. की क्रान्ति और आजादी के समय नष्ट कर दी गई थी। आज यह एक खण्डर हैं।
- ब्रिटिशकाल में इस इमारत का उपयोग आर्मी बैरकों के रूप में किया जाता था।

दिल्ली युद्ध स्मारक

- यह स्मारक द्वितीय विश्व युद्ध में शहीद और घायल हुए 25 हजार भारतीय सैनिकों तथा वायु सैनिकों की स्मृति में बनवाया गया था।
- यह दिल्ली छावनी में स्थित है। इसका उद्घाटन वर्ष 1957 में भारत के प्रथम राष्ट्रपति डॉ. राजेन्द्र प्रसाद द्वारा किया गया था।

भागीरथ पैलेस

- यह चाँदनी चौक में अवस्थित एक खूबसूरत भवन है। यह कुमार सिनेमा और भारतीय स्टेट बैंक के बीच में बड़े-बड़े खम्भों पर अवस्थित इमारत है।
- शुरुआत में यह बेगम समरू की कोठी थी। दिल्ली के निवासी इसको 'चूड़ी वाली हवेली' भी कहते हैं।

राष्ट्रीय युद्ध स्मारक

- यह भारत सरकार द्वारा नई दिल्ली के इण्डिया गेट के समीप सशस्त्र बलों को सम्मानित करने लिए बनाया गया स्मारक है।
- प्रधानमन्त्री नरेन्द्र मोदी ने 25 फरवरी, 2019 को इण्डिया गेट के समीप बने इस युद्ध स्मारक को राष्ट्र को समर्पित किया।
- इसके मुख्य वास्तुकार वीबी डिजाइन लैब (चेन्नई) के योगेश चन्द्राहसन हैं। यहाँ विभिन्न युद्धों जैसे—1962 (चीन), 1987 (सियाचीन), 1999 (कारगिल) आदि में शहीद हुए सैनिकों के नाम पत्थरों पर लिखें गए है।

दिल्ली के अन्य प्रमुख स्थल

पर्यटन स्थल	*अवस्थिति*
किला रायपिथौरा, हौज-ए-शम्सी, बलबन का मकबरा, बेगमपुरी मस्जिद	महरौली (बेगमपुर)
कबीरुद्दीन का मकबरा, शेख अलाउद्दीन का मकबरा	मालवीय नगर
दादा-पोते का मकबरा, नीली मस्जिद	हौज खास
आदिलाबाद का किला	तुगलकाबाद
मिर्जा गालिब का मकबरा, लाल महल, रहीम खान-ए-खाना का मकबरा	निजामुद्दीन
रजिया का मकबरा	पुरानी दिल्ली
जीनत महल मस्जिद	दरियागंज
बागे आलम गुम्बद	ग्रीन पार्क

दिल्ली के ऐतिहासिक स्थल

स्व-मूल्यांकन

1. दिल्ली के ऐतिहासिक लाल किले का निर्माण कब आरम्भ किया गया?
(a) 1540 ई. (b) 1638 ई.
(c) 1660 ई. (d) 1670 ई.

2. औरंगजेब ने किस किले में मोती मस्जिद का निर्माण करवाया था?
(a) पुराना किला (b) सीरी फोर्ट
(c) लाल किला (d) हौज खास

3. पुराने किले के अन्दर किला-ए-कुन्हा मस्जिद का निर्माण किसने करवाया था?
(a) शेरशाह सूरी (b) हुमायूँ
(c) अकबर (d) शाहजहाँ

4. शेरमण्डल का सम्बन्ध किस किले से है?
(a) पुराना किला (b) लाल किला
(c) दीनपनाह किला (d) सीरी फोर्ट

5. अलाउद्दीन खिलजी द्वारा निर्मित 'सीरी शहर' तैमूरलंग के अधिकार क्षेत्र में शामिल हुआ
(a) 1398 ई. में (b) 1372 ई. में
(c) 1291 ई. में (d) 1495 ई. में

6. तुगलकाबाद का किला किसने बनवाया था?
(a) फिरोजशाह तुगलक
(b) गयासुद्दीन तुगलक
(c) मोहम्मद बिन तुगलक
(d) उपरोक्त में से कोई नहीं

7. गयासुद्दीन तुगलक ने तुगलकाबाद के किले में किस महल का निर्माण कराया?
(a) लाल महल
(b) महल-ए-सौगात
(c) दरवाजा-ए-हिन्द
(d) कस्त्र-ए-हजार-सतून

8. कुतुब मीनार किसकी स्मृति में तैयार की गई?
(a) कुतुबुद्दीन ऐबक
(b) कुतुबुद्दीन बख्तियार काकी
(c) मुइनुद्दीन चिश्ती
(d) निजामुद्दीन औलिया

9. पाँच मंजिल कुतुब मीनार की ऊँचाई है
(a) 72.5 मी (b) 91.2 मी
(c) 82.4 मी (d) 96.4 मी

10. कुतुब मीनार को यूनेस्कों द्वारा विश्व धरोहर घोषित कब किया गया था।
(a) वर्ष 1990 (b) वर्ष 1991
(c) वर्ष 1993 (d) वर्ष 1994

11. दिल्ली के महरौली स्थित लोहे की लाट पर संस्कृत के श्लोक खुदे हैं। इन श्लोकों में किस लिपि का प्रयोग किया गया है?
(a) देवनागरी (b) खरोष्ठी
(c) ब्राह्मी (d) ये सभी

12. एक ही प्रकार के दो अशोक स्तम्भ कहाँ-कहाँ स्थित हैं?
(a) फिरोजशाह कोटला एवं रिज क्षेत्र
(b) सीरी फोर्ट एवं कुतुबमीनार
(c) कुतुबमीनार एवं रिज के क्षेत्र
(d) सीरी फोर्ट एवं रिज के क्षेत्र

13. दिल्ली में लाल पत्थर से निर्मित 'खूनी दरवाजे' को किस नाम से पुकारा जाता है?
(a) लाल दरवाजा
(b) शहीद दरवाजा
(c) ज्योति दरवाजा
(d) उपरोक्त सभी

14. 'सुल्तानगढ़ी का मकबरा' किससे सम्बन्धित है?
(a) रजिया
(b) इल्तुतमिश
(c) नसिरुद्दीन मोहम्मद शाह
(d) खिज्र खाँ

15. दिल्ली सल्तनत के किस शासक का मकबरा अष्टभुजाकार है?
(a) सिकन्दर लोदी
(b) फिरोजशाह तुगलक
(c) इल्तुतमिश
(d) उपरोक्त में से कोई नहीं

16. दिल्ली में सफदरजंग का मकबरा किसने निर्मित करवाया?
(a) मोहम्मद शाह (b) शाह आलम
(c) शुजाउद्दौला (d) निजाम शाह

17. कौन-से मकबरे में गुम्बद के ऊपर हिन्दू मन्दिर के समान 'कलश' बना हुआ है?
(a) गयासुद्दीन का मकबरा
(b) सिकन्दर लोदी का मकबरा
(c) हुमायूँ का मकबरा
(d) सफदरजंग का मकबरा

18. कौन-सा मकबरा चारबाग में स्थित है?
(a) अधम खाँ मकबरा
(b) अतग खाँ मकबरा
(c) गयासुद्दीन मकबरा
(d) हुमायूँ मकबरा

19. एक समय में निम्न में से किस एक को 'वास्तुकला का नगीना' के रूप में जाना जाता था?
(a) भूलभुलैया
(b) अतग खाँ का मकबरा
(c) शेरमण्डल
(d) हुमायूँ का मकबरा

20. दिल्ली में भूलभुलैया के नाम से प्रसिद्ध है
(a) अधम खाँ का मकबरा
(b) सुल्तानगढ़ी का मकबरा
(c) खूनी दरवाजा
(d) अतग खाँ का मकबरा

21. पुरानी दिल्ली में फतेहपुरी मस्जिद और लाहौरी गेट के बीच की सड़क कहलाती है
(a) खारी बाओली
(b) कुदसिया बाग
(c) भंगी कॉलोनी
(d) बुद्ध जयन्ती स्मारक उद्यान

22. निम्नलिखित में से कौन-सा ग्रन्थ दाराशिकोह द्वारा रचित है?
(a) सिर-ए-अकबर
(b) मजमा-उल-बहराइन
(c) 'a' और 'b' दोनों
(d) उपरोक्त में से कोई नहीं

23. किसको चूड़ी वाली हवेली के नाम से भी जाना जाता है?
(a) भागीरथ पैलेस
(b) बेगम समरू की कोठी
(c) 'a' और 'b' दोनों
(d) उपरोक्त में से कोई नहीं

24. बलबन का मकबरा दिल्ली में कहाँ अवस्थित है?
(a) मालवीय नगर (b) हौज खास
(c) महरौली (d) बेगमपुर

25. कबीरुद्दीन का मकबरा दिल्ली में स्थित है
(a) महरौली (b) बेगमपुर
(c) मालवीय नगर (a) फिरोजशाह कोटला

26. 'आदिलाबाद का किला' दिल्ली के किस स्थान पर स्थित है?
(a) तुगलकाबाद (b) महरौली
(c) पुरानी दिल्ली (d) पहाड़गंज

27. लाल महल कहाँ अवस्थित है?
(a) निजामुद्दीन
(b) पुरानी दिल्ली
(c) ग्रीन पार्क
(d) महरौली

28. 'बागे आलम गुम्बद' दिल्ली के किस स्थान पर स्थित है?
(a) दरियागंज (b) ग्रीन पार्क
(c) निजामुद्दीन (d) ग्रेटर कैलाशी

29. सुमेलित कीजिए

सूची I (इमारतें)	सूची II (अवस्थिति)
A. बलबन का मकबरा	1. महरौली
B. शेख अलाउद्दीन का मकबरा	2. मालवीय नगर
C. दादा-पोते का मकबरा	3. हौज खास
D. आदिलाबाद का किला	4. तुगलकाबाद

कूट

	A	B	C	D
(a)	1	2	3	4
(b)	2	1	3	4
(c)	3	4	2	1
(d)	4	3	2	1

30. सुमेलित कीजिए

सूची I (पर्यटन स्थल)	सूची II (अवस्थिति)
A. किला रायपिथौरा	1. महरौली
B. भगीरथ पैलेस	2. चाँदनी चौक
C. बागे आलम गुम्बद	3. ग्रीन पार्क
D. जीनत महल मस्जिद	4. दरियागंज

कूट

	A	B	C	D
(a)	1	2	3	4
(b)	2	1	3	4
(c)	3	4	2	1
(d)	4	3	2	1

उत्तरमाला

1. (b) **2.** (c) **3.** (a) **4.** (a) **5.** (a) **6.** (b) **7.** (d) **8.** (b) **9.** (a) **10.** (c)
11. (c) **12.** (a) **13.** (a) **14.** (c) **15.** (a) **16.** (c) **17.** (a) **18.** (d) **19.** (b) **20.** (a)
21. (a) **22.** (c) **23.** (c) **24.** (c) **25.** (c) **26.** (a) **27.** (a) **28.** (b) **29.** (a) **30.** (a)

अध्याय 13

दिल्ली के पर्यटन स्थल

दिल्ली भारत की राजधानी ही नहीं अपितु पर्यटन का भी प्रमुख केन्द्र है। राजधानी होने के कारण यहाँ भारत सरकार के अनेक कार्यालय जैसे-राष्ट्रपति भवन, संसद भवन आदि स्थित हैं। इसके साथ ही यहाँ अनेक पार्क, बाग, संग्रहालय, समाधि स्थल आदि स्थित हैं।

प्रमुख स्मारक/भवन/स्थल

दिल्ली के प्रमुख स्मारक भवन और स्थलों का वर्णन निम्न है

संसद भवन

- संसद भवन गुम्बदनुमा गोलाकार भवन है, जिसकी नींव वर्ष 1921 में रखी गई थी।
- इसका डिज़ाइन सर एडविन लुटियन एवं हरबर्ट बेकर द्वारा तैयार किया गया था। इसमें एक गोलाकार केन्द्रीय कक्ष एवं तीन अर्द्ध गोलाकार कक्ष हैं। 44 खम्भों का बरामदा इन तीनों को घेरे हुए है।
- पहले यह भवन राजकुमार का चेम्बर, काउन्सिल ऑफ स्टेट्स और विधानसभा में विभाजित था।
- वर्तमान समय में यह लोकसभा, राज्यसभा एवं पुस्तकालय में विभाजित है।
- संसद भवन में स्थित पुस्तकालय एशिया का सबसे महत्त्वपूर्ण पुस्तकालय है।

राष्ट्रपति भवन

- इसका डिजाइन भी सर एडविन लुटियन ने तैयार किया था। यह वर्ष 1929 में बनकर तैयार हुआ था और तभी से यह वायसराय का निवास बन गया था। लॉर्ड इर्विन पहले वायसराय थे, जो इसमें आकर रहे थे।
- वर्तमान में भारत के राष्ट्रपति का निवास स्थान है। यह रायसीना पहाड़ी पर स्थित है।
- राष्ट्रपति भवन के समीप एक बगीचा है, जो 'मुगल गार्डन' कहलाता है।

केन्द्रीय सचिवालय

- इस सचिवालय भवन का निर्माण वर्ष 1912 में प्रारम्भ हुआ तथा वर्ष 1927 में बनकर तैयार हुआ। इसको सर हर्बर्ट बेकर ने डिज़ाइन किया था। यह रायसीना पहाड़ी पर स्थित है। इसके दो ब्लॉक नॉर्थ ब्लॉक और साउथ ब्लॉक हैं।
- नॉर्थ ब्लॉक में गृह मन्त्रालय एवं वित्त मन्त्रालय का दफ्तर है। इस भवन में लगभग एक हजार कमरे हैं और लगभग आठ मील लम्बा बरामदा है। यह भवन पूरी तरह से वातानुकूलित है।

इण्डिया गेट

- इस गेट का डिजाइन लुटियन द्वारा तैयार किया गया था, वर्ष 1931 में बनकर तैयार हुआ था। यह राजपथ के पास स्थित है।
- इसका प्रारम्भिक नाम 'ऑल इण्डिया वार मैमोरियल' था, जो प्रथम विश्वयुद्ध में भारतीय सेना के शहीद हुए जवानों की याद में बना। इसकी दीवारों पर सभी के नाम खुदे हुए हैं।
- वर्ष 1971 से यहाँ अमर जवानों की याद में हमेशा ज्योति जलती रहती है। इण्डिया गेट के समीप एक छतरीनुमा स्मारक है, पहले यहाँ जॉर्ज पंचम की मूर्ति थी, जो वर्तमान में नहीं है।

जन्तर-मन्तर

- यह वेधशाला कनॉट प्लेस (नई दिल्ली) के पास संसद मार्ग पर स्थित है। इसमें ईंट-पत्थर से बने खगोल विद्या सम्बन्धी अनेक प्राचीन यन्त्र हैं। पहले इसे **माधोगंज** कहा जाता था।
- दिल्ली में जन्तर-मन्तर का निर्माण जयपुर के राजा सवाई जयसिंह ने 1724 ई. में कराया था।
- इस वेधशाला में विभिन्न प्रकार के उपकरण ग्रहों की गति नापने के लिए लगाए गए हैं। **सम्राट यन्त्र** यहाँ का सबसे बड़ा यन्त्र है।
- इसी प्रकार के जन्तर-मन्तर राजा सवाई जयसिंह ने वाराणसी, जयपुर, उज्जैन एवं मथुरा में भी बनवाए थे।

गोल डाकखाना

- पहले इसका नाम अलेक्जेण्डर प्लेस था। यहाँ वर्ष 1960 तक केन्द्रीय लोक निर्माण विभाग का कार्यालय था, परन्तु अब यहाँ पोस्ट ऑफिस है।
- यह गोलाकार है, इसलिए इसे गोल डाकखाना कहा जाने लगा।

तीन मूर्ति भवन

- यह अंग्रेज कमाण्डर-इन-चीफ का निवास स्थान था। निवास के बाहर तीन मूर्तियाँ स्थापित होने के कारण इसका नाम तीन मूर्ति भवन पड़ा।
- तीन मूर्तियों का निर्माण ब्रिटेन के प्रसिद्ध मूर्तिकार **लियोनार्ड जेनिंग** ने वर्ष 1922 में किया था।
- आजादी के बाद यह प्रथम प्रधानमन्त्री पण्डित जवाहरलाल नेहरू का निवास स्थान बन गया।
- वर्तमान में यह नेहरू का स्मारक एवं आधुनिक भारतीय इतिहास का प्रसिद्ध पुस्तकालय है। इसी भवन के प्रांगण में **नेहरू प्लेनेटोरियम** (तारामण्डल) भी स्थित है।

खेलगाँव

- भारत में खेलगाँव का निर्माण सिटी फोर्ट के प्रांगण में वर्ष 1981-82 में हुआ था। दिल्ली में वर्ष 1982 में 'एशियाड' खेल का आयोजन यहीं हुआ था।
- वर्ष 2010 के राष्ट्रमण्डल खेल के लिए पुनः अक्षरधाम मन्दिर के पीछे एक खेलगाँव का निर्माण हुआ है।

विजय चौक

- राष्ट्रपति भवन के ढलान के समीप एक वृहत खुला क्षेत्र है, जिसको विजय चौक कहा जाता है।
- यह प्रतिवर्ष 26 जनवरी (गणतन्त्र पर्व) से 29 जनवरी तक रीट्रीट सेरिमनी के रूप में आयोजित होता है।

मैटकॉफ हाउस

- यह अलीपुर रोड पर स्थित है। इसका निर्माण 1830 ई. में सर थॉमस मैटकॉफ ने कराया था।
- इसका उपयोग विश्रामागृह के रूप में किया जाता था, बाद में थॉमस मैटकॉफ के भाई ने कुतुबमीनार के समीप दिलकुशा नामक एक विश्रामागृह बनाया।

मैडम तुसाद संग्रहालय

- यह दिल्ली के कनॉट प्लेस में स्थित है, जो 2017 में लन्दन के मैडम तुसाद संग्रहालय

की तर्ज पर स्थापित किया गया था। यहाँ देश-विदेश की जानी मानी 50 हस्तियों के मोम के पुतले बनाए गए हैं।

- इसमें राष्ट्रपिता महात्मा गाँधी, प्रधानमन्त्री नरेन्द्र मोदी, सचिन तेन्दुलकर, डेविड बेहखम, शाहरुख खान, मर्लिन मुनरो, एंजिलिना जोली, जस्टिन बीबर, करीना कपूर, ऋतिक रोशन आदि के पुतले स्थापित किए गए हैं। इन्हें हेरिटेज पार्टी, म्यूजिक व स्पोर्ट्स चार जोन में रखा गया है।

चाँदनी चौक

- चाँदनी चौक को मुगल बादशाह शाहजहाँ की पुत्री जहाँआरा द्वारा 1648 ई. में स्थापित किया गया था।
- यह बाजार वर्तमान में एशिया का सबसे बड़ा थोक व्यापार का केन्द्र है। इस बाजार में लगभग 1560 दुकानें हैं।
- लाल किला भी चाँदनी चौक के पास स्थित है, जिसका निर्माण 17वीं सदी में मुगल शासक शाहजहाँ द्वारा किया गया था।
- लाल किले के मुख्य द्वार के सामने पूर्व में स्थित इस भीड़-भाड़ भरे बाजार में सोने-चाँदी के आभूषण, कलाकृतियों के लिए जामा मस्जिद, पुस्तकों के लिए नई सड़कें व सूखे-मेवे-मसालों के लिए सीसगंज गुरुद्वारा, टाऊन हॉल, लाल मन्दिर, गौरी शंकर मन्दिर एवं सुनहरी मस्जिद स्थित है। इसके अतिरिक्त कुछ अन्य महत्त्वपूर्ण स्थान भी हैं, *जिसका वर्णन निम्नलिखित है*

बेगम समुर पैलेस

- यह महल चाँदनी चौक के बीचों-बीच स्थित है। यह एक बगीचे में बना हुआ है। इसे अकबर शाह ने मुगल बादशाह शाहजहाँ को उपहारस्वरूप दिया था।
- वर्तमान में यह बिल्डिंग स्टेट बैंक ऑफ इण्डिया के अधीन है।

चुन्नामल हवेली

- इस हवेली का निर्माण व्यापारी चुन्नामल ने 1864 ई. में करवाया था।
- यह चाँदनी चौक के आकर्षणों में से एक है। यह विशाल इमारत एक एकड़ से अधिक के क्षेत्र में तीन मंजिलों में बनाई गई है। इसमें 128 कमरें हैं। इस हवेली की छत से चाँदनी चौक का पूरा नजारा देखा जा सकता है।

घण्टेवाला हलवाई

- घण्टेवाला हलवाई की दुकान की स्थापना तकरीबन 1790 ई. में हुई थी। यह दिल्ली की सबसे पुरानी मिठाई की दुकान थी, लेकिन अब यह दुकान बन्द हो चुकी है।
- घण्टेवाला हलवाई मुगल शासकों और प्रधानमन्त्री के लिए मिठाइयाँ बनाने का काम करता था।

पराँठे वाली गली

- खाने-पीने का लुफ्त चाँदनी चौक में पराँठे वाली गली में उठाया जा सकता है।
- यहाँ के बिभिन्न प्रकार के पराँठे, दही भल्ले, चाट-पकौड़ी, जलेबी, फालूदा, आइसक्रीम प्रसिद्ध हैं।

कनॉट प्लेस (राजीव चौक)

- सर एडविन लुटियन ने दिल्ली में रहने वाले लोगों के लिए एक सुरक्षित स्थान से अपनी आवश्यकताओं के सामान की खरीददारी करने के उद्देश्य से 'डी-सर्किल' मार्केट की योजना बनाई।
- वर्ष 1921 में ड्यूक ऑफ कनॉट की यात्रा के समय उन्हीं के सम्मान में इस मार्केट का नाम कनॉट प्लेस रखा गया। इस योजना के वास्तुकार रॉबर्ट टॉर रसेल थे।
- इसका निर्माण वर्ष 1929 में प्रारम्भ हुआ और वर्ष 1931 में पूर्ण हुआ।
- वर्तमान में यह भारत का सबसे बड़ा आर्थिक, वाणिज्यिक और व्यापारिक केन्द्र है।

कनॉट प्लेस में निम्नलिखित स्थल प्रसिद्ध हैं

सेन्ट्रल पार्क में तिरंगा

- कनॉट प्लेस के बीचों-बीच स्थित सेंन्ट्रल पार्क में लगा तिरंगा **देश का सबसे ऊँचा तिरंगा** (207 फीट) है। इस पार्क में मनोरंजन के अनेक साधन हैं।
- यहाँ हरियाली के साथ-साथ एक ऐम्फिलिथयटर भी है, जहाँ कई कल्चरल प्रोग्राम होते रहते हैं।

इम्पीरियल होटल

- कनॉट प्लेस में स्थित इम्पीरियल होटल **दिल्ली का पहला लग्जरी होटल** है।
- जिसे वर्ष 1931 में क्वीन वे पर खोला गया था, जोकि अब जनपथ के नाम से जाना जाता है।

जनपथ

- यह हेरिटेज शॉपिंग डेस्टिनेशन के रूप में जाना जाता है। यह कनॉट प्लेस के इनर सर्किल के पास एलआईसी (LIC) बिल्डिंग के पीछे स्थित है। यहाँ पर उचित मूल्यों पर खरीददारी की जाती है
- यहाँ मिलने वाली वस्तुओं में भारतीय संस्कृति की झलक देखने को मिलती है।

राजीव चौक मेट्रो स्टेशन

- यह दिल्ली मेट्रो के केन्द्र के रूप में भी जाना जाता है। यहाँ विभिन्न मेट्रो लाइनों जैसे; ब्लू, रेड, येलो आदि के चेन्जिंग टर्मिनल्स हैं, जिस कारण यह दिल्ली का व्यस्तम मेट्रो स्टेशन है।
- यह मेट्रो स्टेशन पूरी तरह से भूमिगत (Underground) है तथा पर्यटकों के लिए आकर्षण केन्द्र है।

पालिका बाजार

- यह दिल्ली में अवस्थित एक भूमिगत बाजार है। यह नई दिल्ली क्षेत्र के कनॉट प्लेस में नई दिल्ली नगर निगम द्वारा बनाया गया है।
- इस बाजार के वास्तुकार कुलदीप सिंह थे। इस बाजार में अनेक प्रकार की जरूरतों के समान मिलते है।

प्रमुख पार्क/बाग

दिल्ली के प्रमुख पार्क एवं बाग निम्नलिखित हैं

बेगम बाग

- इसका सर्वप्रथम निर्माण 1650 ई. में शाहजहाँ की बेटी बेगम जहाँआरा ने करवाया था।
- मुगलकाल में यह बाग बाहरी पुरुषों के लिए प्रतिबन्धित था, लेकिन अंग्रेजों ने इसे सभी के लिए खोल दिया।
- 1857 ई. के बाद इस बाग को **क्वींस गार्डन** भी कहा जाने लगा। आज यह बाग नेशनल क्लब से लेकर लाजपतराय मार्केट तक फैला हुआ है।

रोशनआरा बाग

- यह पुरानी दिल्ली में स्थित हैं। इसका निर्माण 1650 के दशक में बेगम रोशनआरा ने करवाया था। इस बाग में बेगम रोशनआरा की कब्र भी स्थित है।
- यह बाग अंग्रेजों को काफी पसन्द आया इसलिए उन्होंने यहाँ रोशनआरा क्लब बनाया, जो बाद में अधिक प्रसिद्ध हुआ।

कुदसिया बाग

- यह बाग पुरानी दिल्ली में स्थित है। इस बाग का निर्माण कुदसिया बेगम ने अपने बेटे अहमदशाह के शासनकाल में 1748 ई. में करवाया था।
- यह बाग कश्मीरी गेट के बाहर बहुत बड़े क्षेत्र में फैला हुआ है। कुदसिया बेगम एक नृतिका थी, जिसका नाम उत्तमबाई था। मुहम्मदशाह ने इसको रानी की उपाधि दी और ये कुदसिया बेगम कहलाने लगी।

जुलॉजिकल पार्क

- यह पुराना किला और हुमायूँ के मकबरे के बीच स्थित है। इसकी स्थापना वर्ष 1959 में की गई थी।
- इस पार्क का निर्माण (डिज़ाइन) जर्मनी के पशु-पक्षियों के जानकार 'अर्जन बैक' ने करवाया था।

गार्डेन ऑफ फाइव सेंसेज (पंच इन्द्रीय उद्यान)

- यह उद्यान दिल्ली के दक्षिणी क्षेत्र में सैद-उल-अजाब गाँव के पास अवस्थित है।
- यह उद्यान दिल्ली पर्यटन एवं परिवहन विकास निगम द्वारा वर्ष 2003 में स्थापित किया गया।
- यहाँ प्रतिवर्ष दो दिवसीय पुष्प मेले का आयोजन किया जाता है। यह उद्यान शरीर की पाँचों ज्ञानेन्द्रियों आँख, कान, नाक, जीभ एवं त्वचा को समर्पित है।

बुद्ध जयन्ती पार्क

यह पार्क रोहिणी के निकट अवस्थित है। इसका निर्माण वर्ष 2007 में महात्मा बुद्ध की 2500वीं वर्षगाँठ मनाने के उपलक्ष्य में किया गया था।

लोधी गार्डन

- यह बाग खान मार्केट के पास नई दिल्ली में स्थित है। लोधी गार्डन 3 एकड़ में फैला हुआ। यह बाग तितली संरक्षण के लिए प्रसिद्ध है।
- इस गार्डन में काफी संख्या में ऐसे वृक्ष, झाड़ियाँ, बेलें, घास और औषधीय पौधे हैं, जो विभिन्न प्रजातियों की तितलियों के जीवन प्रक्रिया के लिए लाभदायक होते हैं।

मुगल गार्डन

- यह राष्ट्रपति भवन के प्रांगण में अवस्थित है। यह प्रतिवर्ष सामान्य जनता के लिए फरवरी से मार्च के महीने में खोला जाता है।
- यह अपने विभिन्न प्रकार के गुलाबों के लिए अधिक प्रसिद्ध है।

प्रमुख बाग एवं पार्क सम्बन्धी मुख्य तथ्य

नाम	*अवस्थिति*	*विशेष तथ्य*
रोज गार्डन	शान्तिपथ	गुलाबों के लिए प्रसिद्ध
महावीर गार्डन	काझांवला रोड	भगवान महावीर को समर्पित
अजमल खाँ पार्क	अजमल खाँ रोड	संगीतमय फव्वारे के लिए प्रसिद्ध
तालकटोरा गार्डन	तालकटोरा स्टेडियम	अपने अन्दर स्थित तालाब के लिए प्रसिद्ध
नेहरू पार्क	अशोक होटल के समीप	एक प्राकृतिक उत्थान
चिल्ड्रन पार्क	इण्डिया गेट	बच्चों के लिए मनोहारी पार्क
कालकाजी डिस्ट्रिक पार्क	कालकाजी	झीलों एवं सीढ़ीदार बगीचों कि लिए प्रसिद्ध
ओखला डैम	ओखला	यह एक पिकनिक स्थल है।
जहाँपनाह बाग	चिराग दिल्ली	उद्यान एवं पर्यटक स्थल

प्रमुख संस्थान एवं संग्रहालय

दिल्ली में स्थित प्रमुख पर्यटन संस्थानों एवं संगहालय का वर्णन निम्नलिखित है

राष्ट्रीय अभिलेखागार

यह जनपथ मार्ग पर स्थित है। यहाँ वर्ष 1920 में इम्पीरियल रिकॉर्ड डिपार्टमेण्ट बना, जिसको बाद में राष्ट्रीय अभिलेखागार में परिवर्तित किया गया। इसका निर्माण वर्ष 1950 में किया गया था।

पक्षी चिकित्सालय

यह चाँदनी चौक के समीप स्थित जैन मन्दिर में संचालित है। इसकी स्थापना वर्ष 1929 में की गई थी। यह एक अनूठा संस्थान है, जो विभिन्न प्रकार के पक्षियों की देख-रेख के लिए बनाया गया है।

भारत में यह इस प्रकृति का एकमात्र पक्षी चिकित्सालय है, जिसमें पक्षियों को पूर्णतः स्वस्थ होने के बाद उनको पुनः प्राकृतिक वातावरण में छोड़ दिया जाता है।

नेहरू तारामण्डल (नेहरू प्लेनेटोरियम)

- नेहरू तारामण्डल की कल्पना एवं योजना पूर्व प्रधानमन्त्री इन्दिरा गाँधी ने बनाई थी। यह दिल्ली में तीन मूर्ति भवन के प्रांगण में अवस्थित है। इसकी स्थापना वर्ष 1964 में खगोलिय शिक्षा को बढ़ावा देने के लिए की गई थी।
- इस तारामण्डल का उद्घाटन पूर्व प्रधानमन्त्री इन्दिरा गाँधी ने किया था। इस तारामण्डल में विभिन्न प्रोग्रामों के द्वारा ब्रह्माण्ड के बनने के बारे में अब तक के मान्य सिद्धान्त बिग बैंग के द्वारा ग्रहों, उपग्रहों और आकाशगंगा के अस्तित्व में आने की कहानी बताई जाती है।

शंकर अन्तर्राष्ट्रीय गुड़ियाँ संग्रहालय (डॉल म्यूजियम)

- इसकी स्थापना वर्ष 1965 में विश्व प्रसिद्ध कार्टूनिस्ट के. शंकर पिल्लई ने की थी।
- यह विभिन्न परिधानों में सजी गुड़ियों का विश्व में सबसे बड़े संग्रहालयों में से एक है।
- यह संग्रहालय बहादुरशाह जफर मार्ग पर चिल्ड्रन बुक ट्रस्ट के भवन में स्थित है। इसकी स्थापना वर्ष 1965 में की गई थी।
- यह संग्रहालय मुख्यतः दो हिस्सों में बँटा है। इसके एक हिस्से में इंग्लैण्ड, अमेरिका, ऑस्ट्रेलिया, न्यूजीलैण्ड जैसे देशों की गुड़ियाँ रखी हुई हैं, तो वहीं इसके दूसरे भाग में एशियाई, मध्य-पूर्व अफ्रीका व भारत की गुड़ियों की प्रदर्शनी लगी हुई है।

राष्ट्रीय रेल परिवहन संग्रहालय

- यह संग्रहालय भारत के 140 साल के रेलवे इतिहास की एक झलक प्रस्तुत करता है। इसकी स्थापना फरवरी, 1977 को नई दिल्ली के चाणक्यपुरी में की गई थी।
- यह लगभग 10 एकड़ क्षेत्र में फैला हुआ है। यहाँ विभिन्न प्रकार के रेल इंजनों को देखने के लिए देशभर से लाखों पर्यटक आते हैं।
- इसमें भारत की पहली रेल का मॉडल और इंजन भी शामिल है।
- इस संग्रहालय में विश्व की प्राचीनतम चालू अवस्था की रेलगाड़ी उपस्थित है, जिसके इंजन का निर्माण 1855 ई. में हुआ था। यह 'फेयरी क्वीन' गिनिज बुक ऑफ वर्ल्ड रिकॉर्ड्स से प्रमाणित भी है।

जीवन-भारती भवन

- यहाँ भारतीय जीवन बीमा निगम कॉर्पोरेशन का मुख्यालय है, जो कनॉट प्लेस में स्थित है।
- यह भवन वर्ष 1980 में बना था। इसके वास्तुकार चार्ल्स कोटीया थे।

इन्दिरा गाँधी राष्ट्रीय कला केन्द्र

- यह जनपथ स्थित 'विस्टा मेस' में आरम्भ हुआ था। इसकी स्थापना 19 नवम्बर, 1985 को की गई थी।
- यहाँ अत्यधिक उपयोगी पाण्डुलिपियों एवं पुस्तकों का संग्रह है।

रवीन्द्र भवन

- इस भवन में ललित कला अकादमी, संगीत नाटक अकादमी, साहित्य कला अकादमी जैसी संस्थाएँ अवस्थित हैं।
- इसमें साहित्य और संगीत का उत्तम पुस्तकालय भी है। इस भवन का डिजाइन 'हबीब रहमान' द्वारा तैयार किया गया था।

प्रमुख समाधि स्थल

दिल्ली के प्रमुख समाधि स्थालों का वर्णन निम्न है

राजघाट

- यह राष्ट्रपिता महात्मा गाँधी का समाधि स्थल है। यह स्थान दिल्ली गेट के निकट तथा यमुना के किनारे स्थित है।
- 31 जनवरी, 1948 को महात्मा गाँधी का अन्तिम संस्कार यहीं हुआ था, तब से यह स्थान राष्ट्रीय स्मारक घोषित कर दिया गया है।
- यह समाधि एक सुन्दर बगीचे में है। यहाँ प्रत्येक शुक्रवार की शाम को प्रार्थना होती है।
- यहाँ पर 2 अक्टूबर और 31 जनवरी को विशेष सभाएँ आयोजित होती हैं।
  यह समाधि खुले आसमान के नीचे है और काले ग्रेनाइट पत्थर की बनी हुई है।

शान्ति वन

- यह भारत के प्रथम प्रधानमन्त्री पण्डित जवाहरलाल नेहरू का समाधि स्थल है।
- यह स्थान राजघाट से करीब 200 मी की दूरी पर स्थित है।
- जवाहरलाल नेहरू की मृत्यु के अगले दिन 28 मई, 1964 को उनका अन्तिम संस्कार यहीं हुआ था, तब से यह स्थान राष्ट्रीय स्मारक घोषित कर दिया गया है। यहाँ पर विशेष अवसरों पर प्रार्थना सभाएँ आयोजित होती हैं।
- पण्डित नेहरू को शान्तिदूत कहा जाता था, इसलिए उनके समाधि स्थल का नाम शान्ति वन पड़ा है। यह स्थान यमुना नदी के किनारे स्थित है।

विजय घाट

- यह पूर्व प्रधानमन्त्री लालबहादुर शास्त्री का समाधि स्थल है। 11 जनवरी, 1966 को लालबहादुर शास्त्री जी का अन्तिम संस्कार यहीं हुआ था।
- यह लाल किले के पीछे यमुना नदी के किनारे स्थित है।

सदैव अटल

- पूर्व प्रधानमन्त्री अटल बिहारी वाजपेयी की 94वीं जयन्ती पर उनके स्मारक सदैव अटल को राष्ट्र को समर्पित किया गया। यह स्मारक राष्ट्रीय स्मृति स्थल के पास स्थित हैं, जो लगभग 1.5 एकड़ भूमि पर फैला हुआ है। इसका निर्माण केन्द्रीय लोकनिर्माण विभाग ने कराया है एवं इसका वित्त पोषण अटल स्मृति न्यास सोसायटी ने किया।

दिल्ली के अन्य प्रमुख समाधि स्थल

समाधि स्थल	*सम्बन्धित व्यक्ति*
शक्ति स्थल	श्रीमती इन्दिरा गाँधी
वीर भूमि	श्री राजीव गाँधी
किसान घाट	चौधरी चरण सिंह
समता स्थल	बाबू जगजीवनराय
एकता स्थल	ज्ञानी जैल सिंह
स्मृति स्थल	इन्द्र कुमार गुजराल
कर्म भूमि	शंकर दयाल शर्मा
संघर्ष स्थल	देवी लाल
जननायक स्थल	चन्द्र शेखर

पर्यटन के विकास के लिए दिल्ली सरकार के प्रयास

पर्यटन के विकास के लिए दिल्ली सरकार द्वारा किए गए कुछ महत्त्वपूर्ण प्रयास निम्नलिखित हैं

- दिल्ली पर्यटन विभाग द्वारा शहर में पर्यटन क्षेत्र के अन्तर्गत वर्तमान स्थिति में परिवर्तन करने और दिल्ली को विश्वस्तरीय पर्यटक स्थल बनाने तथा उसे कला, संस्कृति, संगीत, थियेटर, फिल्म और मनोरंजन के क्षेत्र में अग्रणी बनाने के लिए व्यापक अभियान तथा कार्यक्रम चलाए जा रहे हैं।
- दिल्ली में कार्यक्रम आयोजित करने के लिए एकल विण्डो ऑनलाइन मंजूरी प्रणाली शुरू की गई है। सरल बनाने का प्रस्ताव भी रखा गया है। इसके अतिरिक्त वेबसाइट, एप्स, मैप्स, सोशल मीडिया और माइक्रोसाइट्स द्वारा दिल्ली को पर्यटन स्थल के रूप में पुनर्विकसित करने का भी प्रस्ताव किया गया है।
- कॉमनवेल्थ गेम, 2010 के समय 'दिल्ली दर्शन' बस सेवा शुरू की गई। इसका उद्देश्य पर्यटन स्थलों तक सुगम पहुँच सुनिश्चित करना था, जो पर्यटन के विकास में अधिक सहायक हो सके।
- कुतुबमीनार मेट्रो स्टेशन से कुतुबमीनार तक एक स्कॉई-वॉक-वे विकसित करने का प्रस्ताव है, जो इस तरह का पहला मार्ग होगा।

दिल्ली के पर्यटन स्थल

स्व-मूल्यांकन

1. संसद भवन की नींव किस वर्ष रखी गई थी?
(a) वर्ष 1922 (b) वर्ष 1921
(c) वर्ष 1924 (d) वर्ष 1926

2. केन्द्रीय सचिवालय को कितने ब्लॉकों को विभक्त किया गया है
(a) दो (b) तीन
(c) चार (d) छः

3. 'इण्डिया गेट' किस वर्ष बनकर तैयार हो गया था?
(a) वर्ष 1921 (b) वर्ष 1931
(c) वर्ष 1941 (d) वर्ष 1951

4. राजा सवाई जयसिंह ने सबसे पहले जन्तर-मन्तर का निर्माण कहाँ करवाया?
(a) बनारस (b) नई दिल्ली
(c) मथुरा (d) उज्जैन

5. दिल्ली में जन्तर-मन्तर का निर्माण राजा सवाई जयसिंह ने कब करवाया?
(a) 1698 ई. (b) 1724 ई.
(c) 1772 ई. (d) 1803 ई.

6. दिल्ली का गोल डाकखाना पहले ब्रिटिशकाल में किस नाम से जाना जाता था?
(a) लुटियन प्लेस
(b) अलेक्जेण्डर
(c) इर्विन हॉल
(d) विल्डिंग प्लेस

7. तीन मूर्ति भवन आजादी के बाद किसका निवास स्थान बन गया?
(a) महात्मा गाँधी
(b) जवाहर लाल नेहरू
(c) राजेन्द्र प्रसाद
(d) लालबहादुर शास्त्री

8. भारत में सिटी फोर्ट में खेलगाँव का निर्माण किसके लिए हुआ था?
(a) एशियाड के लिए
(b) राष्ट्रमण्डल के लिए
(c) राष्ट्रीय खेल के लिए
(d) ओलम्पिक के लिए

9. रीट्रीट सेरिमनी कहाँ मनाया जाता है?
(a) इण्डिया गेट (b) राष्ट्रपति भवन
(c) संसद भवन (d) विजय चौक

10. मैडम तुसाद संग्रहालय किस स्थान पर अवस्थित है
(a) कनॉट प्लेस (b) चाँदनी चौक
(c) छतरपुर (d) लाजपत नगर

11. चाँदनी चौक का निर्माण कब हुआ था?
(a) 1650 ई (b) 1648 ई.
(c) 1640 ई. (d) 1646 ई.

12. चाँदनी चौक का निर्माण किसने करवाया था?
(a) शाहजहाँ (b) मुमताज बेगम
(c) जहाँआरा (d) रोशनआरा

13. निम्नलिखित में से कौन चाँदनी चौक में स्थित नहीं है?
(a) सीसगंज गुरुद्वारा (b) टाऊन हॉल
(c) लाल मन्दिर (d) अक्षरधाम

14. बेगम समुर पैलेस पर किस बैंक का आधिपत्य है?
(a) स्टेट बैंक ऑफ इण्डिया
(b) पंजाब नेशनल बैंक
(c) बैंक ऑफ बड़ौदा
(d) विजया बैंक

15. चुन्नामल हवेली दिल्ली में किस जगह पर स्थित है?
(a) कनॉट प्लेस (b) चाँदनी चौक
(c) छतरपुर (d) करोल बाग

16. पराँठे वाली गली कहाँ स्थित है?
(a) चाँदनी चौक
(b) लाजपत नगर
(c) जनपथ
(d) जी.टी.बी. नगर

17. दिल्ली का हृदय स्थल 'कनॉट प्लेस' किस वर्ष अस्तित्व में आया?
(a) वर्ष 1920 (b) वर्ष 1921
(c) वर्ष 1932 (d) वर्ष 1948

18. सबसे बड़ा तिरंगा कनॉट प्लेस में कहाँ लगाया गया है?
(a) जनपथ
(b) सेन्ट्रल पार्क
(c) ऑक्सफॉर्ड बुक स्टोर
(d) उपरोक्त में से कोई नहीं

19. दिल्ली का इम्पीरियल होटल कहाँ स्थित है?
(a) चाँदनी चौक (b) कनॉट प्लेस
(c) छतरपुर (d) करोल बाग

20. निम्नलिखित में से किस बाग को क्वींस गार्डन कहा जाता है?
(a) बेगम का बाग (b) रोशनआरा बाग
(c) कुदसिया बाग (d) तीसहजारी बाग

21. किस बाग को अंग्रेजों ने क्लब में परिवर्तित किया?
(a) कुदसिया बाग (b) तीसहजारी बाग
(c) रोशनआरा बाग (d) जहाँपनाह बाग

22. कुदसिया बाग का निर्माण किसके शासनकाल में हुआ?
(a) अहमदशाह (b) औरंगजेब
(c) शाहजहाँ (d) मुहम्मदशाह

23. निम्नलिखित में से किस बाग में तितली संरक्षण का कार्य होता है?
(a) मुगल गार्डन (b) लोधी गार्डन
(c) बुद्ध जयन्ती पार्क (d) बेगम की बाग

24. मुगल गार्डन कब खोला जाता है?
(a) जनवरी से फरवरी के बीच
(b) फरवरी से मार्च के बीच
(c) मार्च से अप्रैल के बीच
(d) अप्रैल से मई के बीच

25. राष्ट्रीय अभिलेखागार कहाँ अवस्थित है?
(a) जनपथ पर
(b) कनॉट प्लेस
(c) अकबर रोड पर
(d) सिंधिया हाउस में

26. पक्षी चिकित्सालय कहाँ स्थित है?
(a) चाँदनी चौक (b) कश्मीरी गेट
(c) जामा मस्जिद (d) चिराग दिल्ली

27. नेहरू तारामण्डल दिल्ली में कहाँ अवस्थित है?
(a) बड़ौदा हाउस में (b) प्रगति मैदान में
(c) तीन मूर्ति भवन में (d) मण्डी हाउस में

28. गुड़ियाँ संग्रहालय की स्थापना किसने की थी?
(a) नेहरू जी (b) इन्दिरा गाँधी
(c) के. शंकर पिल्लई (d) आर. के. लक्ष्मण

29. राष्ट्रीय रेल परिवहन संग्रहालय कब स्थापित हुआ?
(a) वर्ष 1975 (b) वर्ष 1976
(c) वर्ष 1977 (d) वर्ष 1978

30. जीवन-भारती भवन का वास्तुकार कौन था?
(a) चार्ल्स कोटीया (b) चार्ल्स मेटकॉफ
(c) लूटियन (d) चार्ल्स मेसन

31. रवीन्द्र भवन का सम्बन्ध किससे है?
(a) ललित कला अकादमी
(b) संगीत कला अकादमी
(c) साहित्य कला अकादमी
(d) उपरोक्त सभी

32. गुलाबों के लिए प्रसिद्ध रोज गार्डन कहाँ अवस्थित है?
(a) रिंग रोड (b) शान्तिपथ
(c) कालकाजी (d) इण्डिया गेट

33. किसको राष्ट्रीय स्मारक की संज्ञा दी गई है?
(a) राजघाट (b) किसानघाट
(c) स्मृति स्थल (d) समता स्थल

34. शक्ति स्थल का सम्बन्ध किस पूर्व प्रधानमन्त्री से है?
(a) श्रीमती इन्दिरा गाँधी
(b) श्री राजीव गाँधी
(c) पं. जवाहरलाल नेहरू
(d) लाल बहादुर शास्त्री

35. एकता स्थल का सम्बन्ध किससे है?
(a) ज्ञानी जैल सिंह
(b) चौधरी चरण सिंह
(c) बाबू जगजीवनराम
(d) अटल बिहारी वाजपेयी

36. निम्नलिखित में से कौन सुमेलित नहीं है?
(a) महात्मा गाँधी – राजघाट
(b) जवाहरलाल नेहरू – शान्तिवन
(c) इन्दिरा गाँधी – वीरभूमि
(d) लाल बहादुर शास्त्री – विजय घाट

37. निम्नलिखित में से कौन सुमेलित नहीं है?

शॉपिंग मॉल	विशेषता
(a) नेहरू प्लेस	– कपड़ों के लिए प्रसिद्ध
(b) दिल्ली हॉट	– खाद्य पदार्थों के लिए
(c) करोल बाग	– साड़ियाँ के लिए
(d) संतुष्टि शॉपिंग आर्केड	– बुटिक्स के लिए

उत्तरमाला

1. (b) **2.** (a) **3.** (b) **4.** (b) **5.** (b) **6.** (b) **7.** (b) **8.** (a) **9.** (d) **10.** (a)
11. (b) **12.** (c) **13.** (d) **14.** (a) **15.** (b) **16.** (a) **17.** (b) **18.** (b) **19.** (b) **20.** (a)
21. (c) **22.** (a) **23.** (b) **24.** (b) **25.** (a) **26.** (a) **27.** (c) **28.** (c) **29.** (c) **30.** (a)
31. (d) **32.** (b) **33.** (a) **34.** (a) **35.** (a) **36.** (c) **37.** (a)

अध्याय 14

दिल्ली का जनसंख्या परिदृश्य

- वर्ष 1901 में दिल्ली एक छोटा-सा शहर था, जिसकी जनसंख्या केवल 4 लाख थी।
- दिल्ली में जनसंख्या की स्थायी रूप से वृद्धि वर्ष 1911 में ब्रिटिश भारत की राजधानी बनने के बाद प्रारम्भ हुई।
- वर्ष 1931 की जनगणना में दशकीय जनसंख्या वृद्धि दर 30% दर्ज की गई।
- वर्ष 1941 की जनगणना में यह दर 44% थी तथा 1941-51 के दशक में दिल्ली की जनसंख्या की वृद्धि दर 90% तक जा पहुँची।
- वर्ष 2011 की जनगणना के अनुसार, दिल्ली की कुल जनसंख्या 1,67,87,941 है, जिसमें पुरुषों एवं महिलाओं की जनसंख्या क्रमशः 89,87,326 तथा 78,00,615 है।
- राष्ट्रीय राजधानी क्षेत्र में सर्वाधिक तथा न्यूनतम जनसंख्या वाले जिले क्रमशः **उत्तर-पश्चिमी दिल्ली** तथा **नई दिल्ली** हैं।
- जनसंख्या की दृष्टि से दिल्ली देश का 18वाँ राज्य है। संघ शासित प्रदेशों में इसका स्थान प्रथम है।
- यहाँ देश की कुल जनसंख्या के 1.38% लोग निवास करते हैं। दिल्ली की जनसंख्या में 0-6 आयु वर्ग की कुल प्रतिशत जनसंख्या 12% है।
- जनगणना 2011 के अनुसार दिल्ली में जनसंख्या घनत्व 11,320 (व्यक्ति प्रति वर्ग किमी) है।
- जनसंख्या घनत्व के आधार पर दिल्ली का देश में प्रथम स्थान है।
- दिल्ली में **सर्वाधिक जनसंख्या घनत्व वाला जिला उत्तर-पूर्वी दिल्ली** (36,155) है।
- दिल्ली में **न्यूनतम जनसंख्या घनत्व वाला जिला नई दिल्ली** (4,057) है।
- दिल्ली की कुल दशकीय वृद्धि दर (2011) 25.2% है।

जिलेवार जनसंख्या एवं दशकीय वृद्धि दर (जनगणना 2011)

राज्य/जिला	*जनसंख्या*	*दशकीय वृद्धि दर (% में)*
उत्तर-पश्चिमी दिल्ली	36,56,539	27.8
उत्तरी-दिल्ली	8,87,978	13.6
उत्तर-पूर्वी दिल्ली	22,41,624	26.78
पूर्वी दिल्ली	17,09,346	16.79
नई दिल्ली	1,42,004	-20.72
मध्य दिल्ली	5,82,320	-9.91

राज्य/जिला	*जनसंख्या*	*दशकीय वृद्धि दर (% में)*
पश्चिमी दिल्ली	25,43,243	19.5
दक्षिण-पश्चिमी दिल्ली	22,92,958	30.6
दक्षिणी दिल्ली	27,31,929	20.5

लिंगानुपात (जनगणना 2011)

दिल्ली में लिंगानुपात	868 (महिलाएँ प्रति 1000 पुरुष)
लिंगानुपात के अनुसार, सभी राज्यों में स्थान	32वाँ
शहरी क्षेत्र में लिंगानुपात	868
0-6 वर्ष आयु वर्ग में लिंगानुपात	871

साक्षरता दर (जनगणना 2011)

दिल्ली की साक्षरता दर	86.2%
साक्षरता दर के अनुसार, राज्यों में स्थान	छठा
पुरुष साक्षरता दर	90.9%
महिला साक्षरता दर	80.8%
सर्वाधिक साक्षरता दर वाला जिला	पूर्वी दिल्ली
न्यूनतम साक्षरता दर वाला जिला	उत्तर-पूर्वी
कुल ग्रामीण साक्षरता दर	81.9%
कुल नगरीय साक्षरता दर	86.3%
ग्रामीण पुरुष साक्षरता दर	89.4%
ग्रामीण महिला साक्षरता दर	73.1%
नगरीय पुरुष साक्षरता दर	91.0%
नगरीय महिला साक्षरता दर	80.9%

शिशु जनसंख्या (0-6 वर्ष) (जनगणना 2011)

0-6 वर्ष आयु वर्ग की कुल प्रतिशत जनसंख्या	12%
0-6 वर्ष आयु वर्ग की कुल जनसंख्या	20,12,454
0-6 वर्ष आयु वर्ग में लिंगानुपात	871
सर्वाधिक शिशुओं (0-6) की जनसंख्या वाला जिला	उत्तर-पश्चिमी दिल्ली, (4,49,894)
न्यूनतम शिशुओं (0-6) की जनसंख्या वाला जिला	नई दिल्ली (12,760)

अनुसूचित जाति जनसंख्या (जनगणना 2011)

कुल अनुसूचित जाति जनसंख्या	28,12,309
कुल पुरुष जनसंख्या	14,88,800
कुल महिला जनसंख्या	13,23,509
कुल जनसंख्या में अनुसूचित जाति का अनुपात	16.8%
सर्वाधिक अनुसूचित जाति वाला जिला	उत्तर-पश्चिमी दिल्ली
न्यूनतम अनुसूचित जाति वाला जिला	नई दिल्ली

ग्रामीण नगरीय जनसंख्या

वर्ष 2011 की जनगणना के अनुसार दिल्ली की कुल जनसंख्या 1,67,87,941 है, जिसमें से 1,63,33,916 लोग शहरों में तथा 4,19,319 लोग ग्रामों में निवास करते हैं। *इसका जिलेवार विवरण निम्नलिखित है*

जिला	*जनसंख्या*		
	कुल	*ग्रामीण*	*शहरी*
उत्तर-पश्चिमी दिल्ली	36,51,261	2,13,746	34,37,515
उत्तर-पूर्वी दिल्ली	22,40,749	21,542	22,19,207
उत्तरी दिल्ली	8,83,418	17,748	8,65,670
पूर्वी दिल्ली	17,07,725	3,530	17,04,195
नई दिल्ली	1,33,713	–	1,33,713
दक्षिणी-पश्चिमी दिल्ली	22,92,363	1,44,220	21,48,143
पश्चिमी दिल्ली	25,31,583	6,423	25,25,160
दक्षिणी दिल्ली	27,31,929	12,110	27,21,642
केन्द्रीय (मध्य) दिल्ली	5,78,671	–	5,78,671

प्रवास

- वर्ष 2001 में दिल्ली में प्रवास से जनसंख्या वृद्धि दर 50.42% रही, जबकि इसी समयावधि में स्वाभाविक वृद्धि दर 49.58 % थी। वर्ष 2011 में जनसंख्या की प्राकृतिक वृद्धि 12.15 लाख थी, जबकि प्रवास द्वारा वृद्धि 2.75 लाख रही। वर्ष 1981 से 1991 की जनगणना अवधि में विभिन्न राज्यों से दिल्ली में प्रवास देखने को मिलता है। *कुछ प्रमुख राज्यों से दिल्ली में प्रवास का विवरण निम्नलिखित है*

राज्य	*प्रतिशत*	*राज्य*	*प्रतिशत*
उत्तर प्रदेश	49.61%	पंजाब	5.43%
हरियाणा	11.82%	पश्चिम बंगाल	2.79%
बिहार	10.99%	मध्य प्रदेश	2.71%
राजस्थान	6.17%	अन्य राज्यों से	10.48%

दिल्ली में धर्म आधारित जनगणना (2011)

राज्य	हिन्दू	मुसलमान	सिख	ईसाई	जैन	बौद्ध	अन्य
कुल जनसंख्या	1,37,12,100	21,58,684	5,70,581	1,46,093	1,66,231	18,449	9,795
प्रतिशत	81.68	12.86	3.48	0.87	0.99	0.11	0.01

दिल्ली का जनसंख्या परिदृश्य

स्व–मूल्यांकन

1. वर्ष 2011 की जनगणना के अनुसार, दिल्ली की कुल जनसंख्या है

(a) 1,19,23,416 (b) 1,67,87,941
(c) 98,23,714 (d) 1,53,23,217

2. वर्ष 2011 की जनगणना के अनुसार, दिल्ली की कुल जनसंख्या देश की कुल जनसंख्या का कितना प्रतिशत है?

(a) 0.05% (b) 1.38%
(c) 1.4% (d) 2.5%

3. जनगणना 2011 के अनुसार, दिल्ली में जनसंख्या घनत्व कितने व्यक्ति प्रति वर्ग किमी है?

(a) 11,294 वर्ग किमी
(b) 11,295 वर्ग किमी
(c) 11,296 वर्ग किमी
(d) 11,320 वर्ग किमी

4. जनसंख्या घनत्व के आधार पर दिल्ली का देश में स्थान है

(a) प्रथम (b) द्वितीय
(c) तृतीय (d) चतुर्थ

5. वर्ष 2011 के अनुसार, दिल्ली में सबसे कम जनसंख्या वाला जिला है

(a) उत्तर-पश्चिमी दिल्ली
(b) नई दिल्ली
(c) उत्तर-पूर्वी दिल्ली
(d) उत्तर-दक्षिणी दिल्ली

6. जनगणना 2011 के अनुसार, दिल्ली का लिंगानुपात है

(a) 868 (b) 866 (c) 867 (d) 864

7. जनगणना 2011 के अनुसार, दिल्ली की साक्षरता दर क्या है?

(a) 91.20% (b) 93.50%
(c) 86.2% (d) 84.34%

8. साक्षरता दर के आधार पर दिल्ली का स्थान देश के राज्यों तथा केन्द्रशासित प्रदेशों में है

(a) पहला (b) दूसरा (c) तीसरा (d) छठा

9. वर्ष 2011 की जनगणना के अनुसार, दिल्ली में महिलाओं की साक्षरता दर क्या है?

(a) 73.05% (b) 80.8%
(c) 79.13% (d) 82.15%

10. वर्ष 2011 की जनगणनानुसार दिल्ली की कुल नगरीय साक्षरता दर है

(a) 81.9% (b) 90.9%
(c) 89.4% (d) 86.3%

11. दिल्ली के ग्रामीण क्षेत्रों में महिला साक्षरता दर (जनगणना 2011 के अनुसार) क्या है?

(a) 73.1% (b) 81.10%
(c) 91.05% (d) 80.93%

12. दिल्ली के नगरीय क्षेत्रों में महिला साक्षरता दर (जनगणना 2011 के अनुसार) क्या है?

(a) 80.9% (b) 74.03%
(c) 91.5% (d) 80.93%

13. जनगणना 2011 के अनुसार, दिल्ली में 0-6 आयु वर्ग की कुल प्रतिशत जनसंख्या है

(a) 11.30% (b) 12%
(c) 10.80% (d) 15.30%

14. वर्ष 2011 की जनगणना के अनुसार, दिल्ली में 0-6 वर्ष आयु वर्ग के शिशुओं की जनसंख्या क्या है?

(a) 16,53,325 (b) 20,12,454
(c) 18,17,217 (d) 14,12,130

15. वर्ष 2011 की जनगणना के अनुसार, 0-6 वर्ष आयु वर्ग के शिशुओं में लिंगानुपात क्या है?
(a) 809 (b) 871
(c) 812 (d) 867

16. दिल्ली की कुल जनसंख्या में अनुसूचित जातियों की जनसंख्या का हिस्सा कितने प्रतिशत है?
(a) 16.8% (b) 14.5%
(c) 13.38% (d) 18.83%

17. दिल्ली में सर्वाधिक अनुसूचित जाति वाला जिला है
(a) नई दिल्ली
(b) उत्तर-पश्चिमी दिल्ली
(c) उत्तर-पूर्वी दिल्ली
(d) उपरोक्त में से कोई नहीं

18. वर्ष 2011 की जनगणना के आधार पर दिल्ली की न्यूनतम अनुसूचित जाति वाला जिला कौन-सा है?
(a) नई दिल्ली
(b) उत्तर-पश्चिमी दिल्ली
(c) उत्तर-पूर्वी दिल्ली
(d) दक्षिण-पश्चिमी दिल्ली

19. सर्वाधिक ग्रामीण जनसंख्या दिल्ली के किस जिले में निवास करती है?
(a) उत्तर-पश्चिमी दिल्ली
(b) उत्तर-पूर्वी दिल्ली
(c) नई दिल्ली
(d) उत्तरी दिल्ली

20. दिल्ली के किस जिले में सबसे कम ग्रामीण जनसंख्या निवास करती है?
(a) पूर्वी दिल्ली
(b) दक्षिणी दिल्ली
(c) पश्चिमी दिल्ली
(d) उत्तर-पूर्वी दिल्ली

21. दिल्ली के किस जिले में शत-प्रतिशत जनसंख्या शहरी है?
(a) नई दिल्ली (b) मध्य दिल्ली
(c) पूर्वी दिल्ली (d) 'b' और 'c' दोनों

22. दिल्ली में जनसंख्या वृद्धि दर के लिए सबसे प्रमुख कारक है
(a) प्रवास
(b) प्राकृतिक वृद्धि
(c) 'a' और 'b' दोनों
(d) उपरोक्त से कोई नहीं

23. वर्ष 1981 से 1991 की जनगणना अवधि में दिल्ली में सर्वाधिक प्रवास कहाँ से हुआ था?
(a) उत्तर प्रदेश (b) हरियाणा
(c) बिहार (d) राजस्थान

24. दिल्ली में सबसे कम संख्या में निवास करने वाले किस धर्म के लोग हैं?
(a) सिक्ख (b) ईसाई (c) जैन (d) बौद्ध

25. निम्नलिखित में से असत्य कथन का चयन कीजिए
(a) वर्ष 1931 की जनगणना में दशकीय जनसंख्या वृद्धि दर 30% दर्ज की गई है
(b) वर्ष 1944 की जनगणना में यह दर 44% थी
(c) वर्ष 2011 के अनुसार दिल्ली की कुल जनसंख्या 1,67,87,941 है।
(d) वर्ष 2011 में कुल जनसंख्या 94,20,644 थी

26. वर्ष 2011 की जनगणना के अनुसार, दिल्ली के सम्बन्ध में निम्न युग्मों में से कौन-सा युग्म सही सुमेलित नहीं है?
(a) कुल ग्रामीण साक्षरता दर – 81.9%
(b) ग्रामीण पुरुष साक्षरता दर – 89.4%
(c) नगरीय पुरुष साक्षरता दर – 91.0%
(d) नगरीय महिला साक्षरता दर – 74.7%

उत्तरमाला

1. (b) **2.** (b) **3.** (d) **4.** (a) **5.** (b) **6.** (a) **7.** (c) **8.** (d) **9.** (b) **10.** (d)
11. (a) **12.** (a) **13.** (b) **14.** (b) **15.** (b) **16.** (a) **17.** (b) **18.** (a) **19.** (a) **20.** (a)
21. (d) **22.** (c) **23.** (a) **24.** (d) **25.** (d) **26.** (d)

अध्याय 15

दिल्ली में शिक्षा व्यवस्था

दिल्ली, भारत में शिक्षा का एक महत्त्वपूर्ण केन्द्र है। दिल्ली के विकास के साथ-साथ यहाँ शिक्षा का भी तेजी से विकास हुआ है। दिल्ली में उच्चतर शिक्षा एवं अनुसन्धान के अनेक केन्द्र हैं। अनेक विश्वविद्यालय, महाविद्यालय, अनगिनत प्राथमिक अनुसन्धान केन्द्र पूरी दिल्ली में फैले हैं।

दिल्ली में प्राथमिक एवं माध्यमिक शिक्षा

- दिल्ली में तीन शिक्षा बोर्डों द्वारा नियन्त्रित प्राथमिक तथा माध्यमिक विद्यालय हैं। ये शिक्षा बोर्ड राष्ट्रीय मुक्त शिक्षा संस्थान (National Institute of Open Schooling, NIOS), केन्द्रीय माध्यमिक शिक्षा बोर्ड (Central Board of Secondary Education, CBSE) एवं भारतीय माध्यमिक शिक्षा प्रमाणपत्र (Indian Certificate of Secondary Education, ICSE) है।
- दिल्ली में स्कूली शिक्षा के विभिन्न स्तरों का निरीक्षण तथा नियन्त्रण करने वाला विभाग शिक्षा निदेशालय तथा उच्च शिक्षा निदेशालय है।
- पूर्व प्राथमिक एवं प्राथमिक विद्यालयों का संचालन दिल्ली नगर निगम, नई दिल्ली नगरपालिका परिषद् तथा दिल्ली कैण्टोनमेण्ट बोर्ड द्वारा किया जाता है।
- सभी प्राथमिक व माध्यमिक विद्यालयों में पेयजल सुविधा, लड़कों व लड़कियों के लिए शौचालयों की सुविधा पूर्ण रूप से की गई है। आर्थिक सर्वेक्षण 2018-19 के अनुसार राज्य के सभी विद्यालयों में विद्युत कनेक्शन व 88% विद्यालयों में कम्प्यूटर सुविधा व खेल के मैदान की व्यवस्था की गई है।

दिल्ली में मान्यता प्राप्त स्कूल

मद	*2016-17*	*2017-18*
पूर्व प्राथमिक एवं प्राथमिक	2735	2745
मिडिल	933	905
माध्यमिक	400	374
वरिष्ठ माध्यमिक	1704	1736
कुल	5772	5760

***स्रोत:** *दिल्ली आर्थिक सर्वेक्षण 2018-19*

प्राथमिक एवं माध्यमिक शिक्षा से सम्बन्धित प्रमुख योजनाएँ

प्राथमिक एवं माध्यमिक शिक्षा से सम्बन्धित प्रमुख योजनाएँ निम्न प्रकार हैं

दिल्ली शुल्क सहायता योजना

- इस योजना के तहत दिल्ली सरकार, दिल्ली स्टेट पब्लिक विश्वविद्यालयों से सम्बद्ध विश्वविद्यालय या कॉलेजों में स्नातक पाठ्यक्रमों में नामांकित सभी छात्रों के शिक्षण शुल्क पूरी प्रतिपूर्ति करेगी।

- दिल्ली उच्च शिक्षा सहायता ट्रस्ट को इस योजना को लागू करने की जिम्मेदारी दी गई है। इस योजना का प्राथमिक उद्देश्य दिल्ली के NCT में उच्च शिक्षा के लिए मेधावी और जरूरतमन्द छात्रों को वित्तीय सहायता प्रदान करना है।

जय भीम मुख्यमन्त्री प्रतिभा विकास योजना

- इस योजना के तहत दिल्ली सरकार ने अनुसूचित जाति/जनजाति और अल्पसंख्यक समुदाय के प्रतिभाशाली छात्रों के लिए फ्री कोचिंग स्कीम शुरू की है।
- आईएएस और पीसीएस जैसी प्रतियोगी परीक्षा की तैयारी के लिए शुरू की गई स्कीम जय भीम मुख्यमन्त्री प्रतिभा विकास योजना का उद्देश्य समाज के वंचित वर्गों के छात्रों की पढ़ाई में सहायता कर उन्हें आगें बढ़ने के लिए प्रोत्साहित करना है।

नि:शुल्क कोचिंग योजना और ऐप्प

- दिल्ली सरकार ने छात्रों के लिए नि:शुल्क कोचिंग योजना तथा ऋण के लिए आवेदन करने के उद्देश्य से एक ऐप्प शुरू किया है।
- इस योजना के अन्तर्गत दिल्ली सरकार एससी, एसटी, ओबीसी, और अल्पसंख्यक समुदाय के छात्रों के लिए प्रतियोगी परीक्षाओं के लिए ऋण सुविधा और मुफ्त कोचिंग प्रदान करेगी। इस योजना के तहत, छात्र प्रतिष्ठित कोचिंग सेण्टरों में सामान्य श्रेणी के छात्रों के साथ अध्ययन करेंगे।

दिल्ली सरकार की ऋण गारण्टी तथा छात्रवृत्ति योजना

- दिल्ली सरकार ने ऋण गारण्टी योजना और मेधावी छात्रों को छात्रवृत्ति प्रदान करने के लिए एक वेबपोर्टल की शुरुआत जून, 2016 में की है।
- वे छात्र जो दिल्ली के विश्वविद्यालयों तथा कॉलेजों में किसी भी स्नातक पाठ्यक्रम में अध्ययनरत् हो, वह इस योजना का लाभ उठाने के पात्र होंगे।

एजुकेशन लोन गारण्टी स्कीम

- दिल्ली सरकार ने छात्रों की उच्च शिक्षा के लिए हायर एजुकेशन लोन गारण्टी स्कीम शुरू की है। सरकार के इस प्रावधान से अब दिल्ली के छात्र बिना किसी गारण्टी के आसानी से लोन के लिए आवेदन कर सकते हैं।
- एजुकेशन लोन में छात्रों को लोन की रकम के बदले अन्तर्गत सामान्यतः गारण्टी देनी होती है। इस स्कीम के अन्तर्गत दिल्ली के छात्रों के लिए सरकार बैंक गारण्टी देती है। अब छात्रों के माता-पिता को इसके लिए गारण्टी देने की जरूरत नहीं है। इसके अन्तर्गत छात्रों को ₹ 10 लाख का लोन दिया जाता है।

मैरिट क्रम मीन्स स्कॉलरशिप योजना

- दिल्ली सरकार ने गरीब परिवारों के छात्रों को छात्रवृत्ति प्रदान करने के उद्देश्य से राज्य में मैरिट क्रम मीन्स स्कॉलरशिप योजना शुरू की है। यह एक Fees Waiver योजना है, जो उच्च शिक्षा के इच्छुक छात्रों को छात्रवृत्ति प्रदान करती है।
- इस योजना के तहत, गरीब छात्रों को वित्तीय सहायता और उन्हें अपने जीवन के लक्ष्यों को प्राप्त करने का अवसर मिलता है।

चुनौती 2018 कार्यक्रम

- दिल्ली सरकार के शिक्षा निदेशालय ने 'चुनौती 2018' नाम से एक नया कार्यक्रम प्रारम्भ किया है।
- इसका उद्देश्य प्राथमिक कक्षाओं विशेषकर कक्षा 6 से 8 में सीखने की संचित कमियों को दूर करना है। इस कार्यक्रम के द्वारा परीक्षाओं के परिणाम में सकारात्मक बदलाव देखने को मिले हैं।

आवासीय विद्यालय

- दिल्ली सरकार ने अनुसूचित जाति/अन्य पिछड़ा वर्ग/अनाथ जैसे कमजोर वर्गों के विद्यार्थियों के लिए वर्ष 2013 में एक आवासीय विद्यालय खोलने की योजना बनाई है।

- इसके लिए दिल्ली की सरकार और कलिंग इन्स्टीट्यूट ऑफ सोशल साइंसिज (किस) के बीच एक समझौते के तहत् इस्सापुर में एक आवासीय विद्यालय खोला गया।
- दिल्ली सरकार आवासीय विद्यालय चलाने के लिए 'किस' दिल्ली को प्रति विद्यार्थी ₹ 5,000 प्रतिमाह का अनुदान देती है।

निःशुल्क पुस्तक वितरण योजना

- यह योजना 1 अप्रैल, 2009 में प्रारम्भ की गई थी।
- दिल्ली सरकार द्वारा चलाई गई इस योजना के अन्तर्गत उन विद्यार्थियों को निःशुल्क पुस्तक वितरित करने का प्रावधान है, जो पुस्तक खरीदने में असमर्थ हैं।

सर्वशिक्षा अभियान

- यह योजना वर्ष 2002 में प्रारम्भ की गई थी। यह एक प्रमुख अभियान है, जो भारत सरकार द्वारा दिल्ली के साथ-साथ सभी राज्यों में संचालित है।
- इस योजना का उद्देश्य प्राथमिक और उच्च प्राथमिक शिक्षा प्रणाली को मजबूत बनाना है।

मिड-डे-मील योजना

- मिड-डे-मील योजना का आरम्भ वर्ष 1995 में हुआ। केन्द्रीय सरकार द्वारा प्रायोजित इस योजना के अन्तर्गत विद्यार्थियों को निःशुल्क दोपहर का भोजन प्रदान किया जाता है। इस योजना का उद्देश्य विद्यालय छोड़ने की प्रवृत्ति को रोकना तथा बच्चों में पोषक तत्त्वों की वृद्धि करना है।

ई-क्लास रूम योजना

- इस योजना का उद्देश्य आधुनिक तकनीकी शिक्षा छात्रों को उपलब्ध कराना है।
- इस योजना के द्वारा शिक्षकों को नई तकनीकी प्रौद्योगिकी एवं ज्ञान से अवगत कराकर उनकी क्षमता में वृद्धि करना है।

स्टेशनरी खरीदने के लिए वित्तीय सहायता

- दिल्ली सरकार अनुसूचित जाति/अन्य पिछड़ा वर्ग/अल्पसंख्यक समुदाय के विद्यार्थियों को प्रोत्साहित करने के लिए एक कार्यक्रम के द्वारा स्टेशनरी एवं अन्य सामग्री खरीदने के लिए वित्तीय सहायता प्रदान करती है।
- इसके लिए केन्द्र सरकार/दिल्ली सरकार/सरकारी सहायता प्राप्त/स्थानीय निकायों द्वारा संचालित स्कूलों में अध्ययनरत् विद्यार्थियों को विभिन्न सहायता केन्द्रों से राशि उपलब्ध कराई जाती है।
- इस कार्यक्रम के अन्तर्गत कक्षा 1 से 8 तक के विद्यार्थियों को ₹ 1,000 वार्षिक जबकि कक्षा 9 से 12 तक के विद्यार्थियों को ₹ 2,000 वार्षिक वित्तीय सहायता प्रदान की जाती है।

कक्षा 1 से 12 तक के विद्यार्थियों के लिए स्कॉलरशिप/योग्यता स्कॉलरशिप

- दिल्ली सरकार कक्षा 1 से 8वीं तक पढ़ रहे अनुसूचित जाति/अल्पसंख्यक समुदाय से सम्बद्ध विद्यार्थियों को ₹ 1,000 वार्षिक छात्रवृत्ति प्रदान करती है।
- इसके अतिरिक्त सरकार इस समुदाय के प्रतिभाशाली छात्रों को कक्षा 6 से 12वीं तक ₹ 600-4,500 वार्षिक तथा कक्षा 9 से 12 तक के छात्रों को ₹ 1,620-4,500 वार्षिक स्कॉलरशिप प्रदान करती है।

पब्लिक स्कूलों में अध्ययन के लिए ट्यूशन फीस कार्यक्रम

- दिल्ली सरकार पब्लिक स्कूलों में पढ़ने वाले अनुसूचित जाति/अनुसूचित जनजाति/अन्य पिछड़ा वर्ग/अल्पसंख्यक समुदायों के विद्यार्थियों को ट्यूशन फीस और अन्य अनिवार्य फीस अदा करती है। *इसके लिए दो शर्तें हैं*

  (i) ₹ 60 हजार तक पारिवारिक आय वाले बच्चों की स्थिति में फीस 100% तक सरकार द्वारा देय होती है।

(ii) ₹ 60,000 से 2,00,000 तक पारिवारिक आय वाले बच्चों की स्थिति में 75% फीस सरकार द्वारा देय होती है। ₹ 2 लाख से अधिक आय होने पर इस कार्यक्रम का लाभ नहीं मिलता है।

छात्रावास सुविधाएँ

- कक्षा 11वीं और उससे ऊपर अध्ययनरत् अनुसूचित जाति/अन्य पिछड़ा वर्ग/अल्पसंख्यक समुदायों से सम्बद्ध छात्र एवं छात्राओं को पढ़ने का उपयुक्त वातावरण प्रदान करने के लिए दिलशाद गार्डन, दिल्ली में छात्रावास की सुविधाएँ दी जा रही हैं।
- सरकार द्वारा छात्रावास की सुविधाएँ निःशुल्क प्रदान की जाती हैं। लड़कों के छात्रावास में 100 छात्रों और लड़कियों के छात्रावास में 60 छात्राओं के लिए छात्रावास की सुविधा क्षमता है।

उच्च शिक्षा

- दिल्ली भारत का महत्त्वपूर्ण उच्च शिक्षा केन्द्र है। दिल्ली में कई सरकारी एवं निजी शिक्षा संस्थान हैं, जो कला, वाणिज्य, विज्ञान, प्रौद्योगिकी, आयुर्विज्ञान, विधि और प्रबन्धन में उच्च स्तर की शिक्षा देने के लिए प्रसिद्ध हैं।
- उच्च शिक्षा के संस्थानों में सबसे महत्त्वपूर्ण दिल्ली विश्वविद्यालय है, जिसके अन्तर्गत अनेक कॉलेज एवं शोध संस्थान आते हैं।

दिल्ली के प्रमुख विश्वविद्यालय

दिल्ली के प्रमुख विश्वविद्यालय निम्न हैं

जामिया मिलिया इस्लामिया विश्वविद्यालय

- जामिया मिलिया इस्लामिया विश्वविद्यालय की स्थापना वर्ष 1920 में अलीगढ़ में की गई थी, जिसे वर्ष 1935 में दिल्ली स्थानान्तरित किया गया। यह एक केन्द्रीय विश्वविद्यालय है।
- यह विश्वविद्यालय नई दिल्ली के दक्षिणी क्षेत्र के ओखला में यमुना के किनारे स्थित है। डॉ. जाकिर हुसैन यहाँ के प्रथम कुलपति एवं हकीम अजमल खान प्रथम कुलाधिपति थे।

दिल्ली विश्वविद्यालय

- दिल्ली विश्वविद्यालय की स्थापना वर्ष 1922 में हुई थी। यह भारत सरकार द्वारा वित्त पोषित एक केन्द्रीय विश्वविद्यालय है।
- हरिसिंह गौड़ इस विश्वविद्यालय के पहले उपकुलपति बने थे। यह विश्वविद्यालय विश्व में 371वें स्तर की शैक्षणिक संस्था है। यहाँ अन्तःस्नातक, स्नातक तथा परास्नातक स्तर की शिक्षा दी जाती है।

जवाहरलाल नेहरू विश्वविद्यालय

- जवाहरलाल नेहरू विश्वविद्यालय (Jawaharlal Nehru University) की स्थापना वर्ष 1969 में की गई। यह विश्व की 200 उच्चस्थ संस्थाओं में शामिल है। इसकी स्थापना का उद्देश्य गुणवत्तापूर्ण शिक्षा तथा शोध को प्रभावी बनाना था।
- राजनीतिक विचारधारा की स्थापना के लिए इस विश्वविद्यालय का अपना महत्त्व रहा है। इसे राष्ट्रीय मूल्यांकन एवं प्रत्यायन परिषद् ने जुलाई, 2012 में किए गए सर्वे में देश का सर्वश्रेष्ठ विश्वविद्यालय घोषित किया है।

इन्दिरा गाँधी मुक्त विश्वविद्यालय

- इन्दिरा गाँधी मुक्त विश्वविद्यालय (Indira Gandhi National Open University, IGNOU) की स्थापना वर्ष 1985 में की गई थी। पत्राचार शिक्षा के उद्देश्य से स्थापित यह विश्वविद्यालय पूरे देश में क्षेत्रीय केन्द्रों के माध्यम से विस्तृत है।
- 'इग्नू' का दिल्ली में मुख्य केन्द्र मैदानगढ़ी में स्थित है। इग्नू विश्व का सबसे बड़ा मुक्त विश्वविद्यालय है, जहाँ भारत सहित लगभग 33 अन्य देशों के विद्यार्थी अध्ययन करते हैं।

गुरु गोविन्द सिंह इन्द्रप्रस्थ विश्वविद्यालय

- गुरु गोविन्द सिंह इन्द्रप्रस्थ विश्वविद्यालय की स्थापना वर्ष 1998 में द्वारका में की गई। इसकी स्थापना का उद्देश्य दिल्ली के छात्रों को उच्च स्तरीय तकनीकी तथा व्यावसायिक शिक्षा उपलब्ध कराना है।
- इस विश्वविद्यालय से अनेक महाविद्यालय सम्बद्ध हैं। यहाँ 15 सेण्टर हैं, जिसमें विभिन्न विषयों का अध्यापन होता है। यह पहला और एकमात्र भारतीय तथा एशियाई विश्वविद्यालय है, जिसे 'पेरिस अदरवेज-मैनेजमेण्ट एण्ड कंसलटिंग' द्वारा 'प्लेटिनम टेक्नोलॉजी अवॉर्ड फॉर क्वालिटी एण्ड एक्सीलेंस' दिया गया है।

अम्बेडकर विश्वविद्यालय

- अम्बेडकर विश्वविद्यालय की स्थापना वर्ष 2008 में की गई। इसका कैम्पस द्वारका में स्थित है।
- इस विश्वविद्यालय में स्नातक, परास्नातक तथा शोध स्तर की पढ़ाई कराई जा रही है।

दक्षिणी एशियाई विश्वविद्यालय

- दक्षिणी एशियाई विश्वविद्यालय सार्क (दक्षिण एशियाई क्षेत्रीय सहयोग संगठन) सदस्य देशों के सहयोग से स्थापित किया गया है।
- वर्ष 2010 में स्थापित इस विश्वविद्यालय का अस्थायी परिसर अकबर भवन चाणक्यपुरी में स्थित है। इस विश्वविद्यालय के स्थायी परिसर की स्थापना मैदानगढ़ी में प्रस्तावित है। दक्षिण एशियाई विश्वविद्यालय के संस्थापक अध्यक्ष जी. के. चड्ढा थे।

दिल्ली के अन्य प्रमुख विश्वविद्यालय

विश्वविद्यालय	***स्थापना वर्ष***
श्री लाल बहादुर शास्त्री राष्ट्रीय संस्कृत विद्यापीठ	1962
राष्ट्रीय संस्कृत संस्थान	1970
ऊर्जा और संसाधन संस्थान (टेरी) विश्वविद्यालय	1998
गुरु गोविन्द सिंह इंस्टीट्यूट ऑफ इनफॉर्मेशन टेक्नोलॉजी विश्वविद्यालय	2008
राष्ट्रीय विधि विश्वविद्यालय	2008

दिल्ली में प्रमुख महिला कॉलेज

कॉलेज का नाम	***स्थापना वर्ष***
इन्द्रप्रस्थ कॉलेज फॉर वॉमेन	1924
मिराण्डा हाउस	1948
लेडी श्रीराम कॉलेज फॉर वॉमेन	1956
जानकी देवी महाविद्यालय	1959
दौलत राम कॉलेज	1960
मॉडर्न कॉलेज फॉर वॉमेन	1964
लक्ष्मीबाई कॉलेज	1965
गार्गी कॉलेज	1967
कालिन्दी कॉलेज	1967
माता सुन्दरी कॉलेज	1967
मैत्री कॉलेज	1967
जीसस एण्ड मैरी कॉलेज	1968
श्यामा प्रसाद मुखर्जी महिला कॉलेज	1969
भारतीय कॉलेज	1971

दिल्ली में तकनीकी शिक्षा

- दिल्ली में लगभग स्नातक/स्नातकोत्तर स्तर के लगभग 42 तकनीकी शिक्षा संस्थान अखिल भारतीय तकनीकि शिक्षा परिषद् (All India Council for Technical Education, AICTE) से मान्यता प्राप्त हैं।
- ये विद्यालय दिल्ली विश्वविद्यालय अथवा गुरु गोविन्द सिंह इन्द्रप्रस्थ विश्वविद्यालय से सम्बद्ध हैं। सरकारी एवं निजी क्षेत्र में कुछ संस्थान डिप्लोमा स्तरीय पाठ्यक्रम उपलब्ध कराते हैं।

दिल्ली के प्रमुख तकनीकी शिक्षा संस्थानों का वर्णन निम्न है

दिल्ली प्रौद्योगिकी विश्वविद्यालय

- दिल्ली प्रौद्योगिकी विश्वविद्यालय (Delhi Technical University, DTU) पहले दिल्ली कॉलेज ऑफ इंजीनियरिंग (Delhi College of Engineering, DCE) के

नाम से जाना जाता था। वर्ष 2009 में इसे 'दिल्ली प्रौद्योगिकी विश्वविद्यालय' के रूप में मान्यता दी गई। पहले यह कश्मीरी गेट के निकट था, किन्तु अब इसका कैम्पस बवाना (दिल्ली) में बनाया गया है।

- इसकी स्थापना वर्ष 1940 में भारतीय उद्योगों की तकनीकी माँगों को पूरा करने के लिए की गई थी।
- इस संस्थान की कुल 570 सीटों में से 85% सीटें राष्ट्रीय राजधानी राज्य क्षेत्र दिल्ली के छात्रों के लिए आरक्षित हैं, जबकि शेष 15% सीटें दिल्ली क्षेत्र से बाहर के उम्मीदवारों के लिए हैं।

भारतीय प्रौद्योगिकी संस्थान (IIT)

- दिल्ली IIT की स्थापना वर्ष 1961 में हुई थी। यह केन्द्रीय संस्थान है।
- यह संस्थान भारत के शीर्ष 10 संस्थानों में अपना स्थान रखता है। यह हौजखास के पास 132 हेक्टेयर में विस्तृत है।

दिल्ली में अन्य प्रमुख सरकारी इंजीनियरिंग कॉलेज

कॉलेज	*अवस्थिति*
अम्बेडकर इंस्टीट्यूट ऑफ एडवांस कम्युनिकेशन टेक्नोलॉजी एण्ड रिसर्च	दिल्ली
चौ. बी. पी. इंजीनियरिंग कॉलेज	नई दिल्ली
गोविन्द वल्लभ पन्त इंस्टीट्यूट ऑफ टेक्नोलॉजी	ओखला (नई दिल्ली)
इन्दिरा गाँधी प्रौद्योगिक विश्वविद्यालय (महिलाओं के लिए)	कश्मीरी गेट (दिल्ली)
जामिया इंस्टीट्यूट ऑफ टेक्नोलॉजी	ओखला
नेशनल इंस्टीट्यूट ऑफ टेक्नोलॉजी	नरेला (दिल्ली)

दिल्ली में निजी इंजीनियरिंग कॉलेज

कॉलेज	*अवस्थिति*
महाराजा अग्रसेन कॉलेज ऑफ टेक्नोलॉजी	रोहिणी (दिल्ली)
महाराजा सूरजमल इंस्टीट्यूट ऑफ टेक्नोलॉजी	जनकपुरी (दिल्ली)
भारती विद्यापीठ कॉलेज ऑफ इंजीनियरिंग	पश्चिम विहार (दिल्ली)
अमीटी स्कूल ऑफ इंजीनियरिंग और टेक्नोलॉजी	दिल्ली
गुरु तेग बहादुर इंस्टीट्यूट ऑफ टेक्नोलॉजी	दिल्ली
भगवान परशुराम इंस्टीट्यूट ऑफ टेक्नोलॉजी	रोहिणी (दिल्ली)
नॉर्थन इण्डिया इंजीनियरिंग कॉलेज	दिल्ली

दिल्ली के पॉलिटेक्निक संस्थान

संस्थान	*अवस्थिति*
चौधरी चरण सिंह पॉलिटेक्निक	नरेला
अम्बेडकर पॉलिटेक्निक	पटपड़गंज
आर्यभट्ट पॉलिटेक्निक	जी. टी. के. रोड
भाई परमानन्द इंस्टीट्यूट ऑफ बिजनेस स्टडीज	शकरपुर
गोविन्द वल्लभ पन्त इंस्टीट्यूट ऑफ टेक्नोलॉजी	ओखला
गुरुनानक देव पॉलिटेक्निक	रोहिणी
कस्तूरबा महिला पॉलिटेक्निक	पीतमपुरा
मीराबाई महिला पॉलिटेक्निक	महारानी बाग

संस्थान	*अवस्थिति*
पूसा पॉलिटेक्निक	पूसा
तुलाराव पॉलिटेक्निक	आर. के. पुरम
आदित्य इंस्टीट्यूट ऑफ टेक्नोलॉजी	किशनगढ़
छोटूराम रूरल इंस्टीट्यूट ऑफ टेक्नोलॉजी	कंझावला
गुरु तेग बहादुर पॉलिटेक्निक	वसन्त विहार
फादर एंजेल पॉलिटेक्निक	गौतम नगर
महाराजा सूरजमल पॉलिटेक्निक	जनकपुरी
मराठवाड़ा पॉलिटेक्निक	मुण्डका

दिल्ली में मेडिकल शिक्षा

दिल्ली मे मेडिकल शिक्षा के प्रमुख कॉलेजों का विवरण निम्न प्रकार है

जामिया हमदर्द विश्वविद्यालय

- जामिया हमदर्द विश्वविद्यालय की स्थापना वर्ष 1906 में एक इस्लामी शिक्षा केन्द्र के रूप में की गई।
- यूनानी चिकित्सा को बढ़ावा देने के लिए वर्ष 1972 में 'हमदर्द कॉलेज ऑफ फार्मेसी' की स्थापना हुई। वर्ष 1989 में जामिया हमदर्द को डीम्ड विश्वविद्यालय के रूप में मान्यता दी गई।

अखिल भारतीय आयुर्विज्ञान संस्थान

- अखिल भारतीय आयुर्विज्ञान संस्थान (AIIMS) भारत में एक प्रसिद्ध अस्पताल, मेडिकल कॉलेज तथा रिसर्च सेण्टर हैं। यहाँ बेहतर सुविधा के साथ आधुनिक चिकित्सा प्रदान की जाती हैं।
- इसकी स्थापना वर्ष 1956 में न्यूजीलैण्ड सरकार की सहायता से की गई। इसके अन्तर्गत आठ अन्य अखिल भारतीय आयुर्विज्ञान संस्थान भारत के प्रमुख शहरों में संचालित है।

मौलाना आजाद मेडिकल कॉलेज

- इसकी स्थापना वर्ष 1959 में की गई थी। यह दिल्ली गेट के पास बहादुर शाह जफर मार्ग पर स्थित है। यह दिल्ली सरकार द्वारा संचालित है और दिल्ली विश्वविद्यालय द्वारा सम्बद्ध है।
- इसके कैम्पस में लोक नायक जय प्रकाश हॉस्पिटल, जी बी पन्त इंस्टीट्यूट पोस्ट ग्रेजुएट मेडिकल एजुकेशन एण्ड रिसर्च, मौलाना आजाद इंस्टीट्यूट ऑफ डेण्टल साइंस और गुरु नानक आई सेण्टर स्थित है।

यूनिवर्सिटी कॉलेज ऑफ मेडिकल साइंसेज

- इसकी स्थापना वर्ष 1971 में दिलशाद गार्डन में की गई थी। इसका अध्यापन अस्पताल गुरु तेग बहादुर अस्पताल है। यह दिल्ली विश्वविद्यालय से सम्बद्ध है।

वर्धमान महावीर मेडिकल कॉलेज

इसकी स्थापना वर्ष 2002 में की गई थी। यह सफदरजंग अस्पताल के पास स्थित है। यह कॉलेज गुरु गोविन्द सिंह इन्द्रप्रस्थ विश्वविद्यालय से सम्बद्ध है।

दिल्ली के प्रमुख शैक्षणिक संस्थान

संस्थान	*अवस्थिति*
राष्ट्रीय बाल भवन	मण्डी हाउस, नई दिल्ली
नेशनल ओपन स्कूल	नई दिल्ली
ऑल इण्डिया काउंसिल फॉर टेक्निकल एजुकेशन	वसन्त कुंज, दिल्ली
इण्डियन काउंसिल ऑफ फिलॉसिफिकल रिसर्च	तुगलकाबाद, दिल्ली
नेशनल इंस्टीट्यूट ऑफ एडल्ट एजुकेशन	इन्द्रप्रस्थ एस्टेट, दिल्ली
नेशनल काउंसिल फॉर टीचर एजुकेशन	बहादुरशाह जफर मार्ग, दिल्ली
काउंसिल ऑफ एग्रीकल्चर रिसर्च	रायसीना रोड, दिल्ली
इण्डियन इंस्टीट्यूट ऑफ पब्लिक एडमिनिस्ट्रेशन	जे.एन.यू. कैम्पस, दिल्ली
स्कूल ऑफ प्लानिंग एण्ड आर्किटेक्चर	आई. पी. एस्टेट, दिल्ली
स्कूल ऑफ फॉरेन लैंग्वेजेज	लोधी एस्टेट, नई दिल्ली
इण्डियन इंस्टीट्यूट ऑफ रशियन स्टडीज	जे. एन. यू. कैम्पस, दिल्ली
नेशनल डिफेंस कॉलेज	30 जनवरी मार्ग, नई दिल्ली
नेशनल स्कूल ऑफ ड्रामा एण्ड एशियन थियेटर	मण्डी हाउस, नई दिल्ली
इण्डियन नेशनल साइंस एकेडमी	आई. टी. ओ., दिल्ली
इण्डियन इंस्टीट्यूट ऑफ मास कम्युनिकेशन	जे. एन. यू. कैम्पस, दिल्ली
अमेरिकन इंस्टीट्यूट ऑफ इण्डियन स्टडीज	डिफेंस कॉलोनी, दिल्ली
संगीत नाटक एकेडमी	फिरोजशाह मार्ग, नई दिल्ली
वाटर मैनेजमेण्ट इंजीनियरिंग लेबोरेटरी	कस्तूरबा गाँधी मार्ग, दिल्ली
राष्ट्रीय पादप जैव प्रौद्योगिकी अनुसन्धान केन्द्र	पूसा, दिल्ली
राष्ट्रीय कृषि अर्थशास्त्र और नीति अनुसन्धान	पूसा, दिल्ली
इण्डियन एग्रीकल्चर रिसर्च इंस्टीट्यूट	पूसा, दिल्ली
सामाजिक अनुसन्धान परिषद्	आसफ अली मार्ग, नई दिल्ली
भारतीय इतिहास अनुसन्धान परिषद्	फिरोजशाह रोड, नई दिल्ली
केन्द्रीय सड़क अनुसन्धान संस्थान	मथुरा रोड, नई दिल्ली
काउंसिल ऑफ साइन्टिफिक एण्ड इण्डस्ट्रियल रिसर्च	रफी मार्ग, नई दिल्ली
राष्ट्रीय प्रतिरोधक विकास संस्थान	नई दिल्ली
प्रकाशन और सूचना निदेशालय	पुराना सचिवालय, नई दिल्ली
राष्ट्रीय विज्ञान प्रौद्योगिकी और विकास अध्ययन संस्थान	नई दिल्ली
भारतीय मौसम विज्ञान विभाग	नई दिल्ली
राष्ट्रीय भौतिक प्रयोगशाला	रफी मार्ग, नई दिल्ली
भारतीय राष्ट्रीय वैज्ञानिक प्रलेखन केन्द्र	नई दिल्ली
अवक्रमित परिप्रणाली पर्यावरणीय प्रबन्धन केन्द्र	साउथ कैम्पस, दिल्ली
राष्ट्रीय प्राकृतिक विज्ञान संग्रहालय	मण्डी हाउस, दिल्ली

संस्थान	अवस्थिति
विश्वसैया इण्डस्ट्रियल इंजीनियरिंग लेबोरेटरी	हौजखास, दिल्ली
इण्डियन इंस्टीट्यूट ऑफ फॉरेन हेड संस्थान	कुतुब इंस्टीट्यूशनल एरिया, नई दिल्ली
ऑल इण्डिया मलेरिया रिसर्च इंस्टीट्यूट	द्वारका, नई दिल्ली

दिल्ली के औद्योगिक प्रशिक्षण संस्थान

औद्योगिक प्रशिक्षण संस्थान	अवस्थिति
राजकीय औद्योगिक प्रशिक्षण संस्थान	निजामुद्दीन
राजकीय औद्योगिक प्रशिक्षण संस्थान	हरिनगर
राजकीय औद्योगिक प्रशिक्षण संस्थान	मोरीगेट
चौधरी ब्रह्म प्रकाश औद्योगिक प्रशिक्षण संस्थान	जफरपुर
राजकीय औद्योगिक प्रशिक्षण संस्थान	जहाँगीरपुरी
राजकीय औद्योगिक प्रशिक्षण संस्थान	खिचड़ीपुर
राजकीय औद्योगिक प्रशिक्षण संस्थान	मालवीय नगर
राजकीय औद्योगिक प्रशिक्षण संस्थान	नन्दनगरी
लाला हंसराज गुप्ता औद्योगिक प्रशिक्षण संस्थान	नरेला
राजकीय औद्योगिक प्रशिक्षण संस्थान	पूसा
राजकीय औद्योगिक प्रशिक्षण संस्थान	विवेक विहार
राजकीय महिला औद्योगिक प्रशिक्षण संस्थान	विवेक विहार

दिल्ली की प्रमुख शैक्षिणिक संस्थाएँ

दिल्ली की प्रमुख शैक्षिणिक संस्थाओं का विवरण निम्न है

केन्द्रीय माध्यमिक शिक्षा बोर्ड

- केन्द्रीय माध्यमिक शिक्षा बोर्ड (Central Board of Secondary Education, CBSE) भारत की स्कूली शिक्षा का एक प्रमुख बोर्ड है।
- इसके प्रमख उद्देश्य हैं—शिक्षा संस्थानों को अधिक प्रभावशाली ढंग से लाभ पहुँचाना, उन विद्यार्थियों की शैक्षिक आवश्यकताओं के प्रति उत्तरदायी होना जिनके माता-पिता केन्द्रीय सरकार के कर्मचारी है और निरन्तर स्थानान्तरणीय पदों पर कार्यरत् हों।
- इसमें शिक्षा का माध्यम हिन्दी या अंग्रेजी हो सकता है। इसका ध्येय वाक्य 'असतो मा सद्गमय' है।

विश्वविद्यालय अनुदान आयोग

- विश्वविद्यालय अनुदान आयोग (University Grants Commission, UGC) केन्द्रीय सरकार का एक उपक्रम है, जो सरकार द्वारा मान्यता प्राप्त विश्वविद्यालयों एवं महाविद्यालयों को अनुदान प्रदान करता है। यह आयोग विश्वविद्यालयों को मान्यता भी देता है।
- इसका मुख्यालय नई दिल्ली में है और इसके छः क्षेत्रीय कार्यालय पुणे, भोपाल, कोलकता, हैदराबाद, गुवाहाटी एवं बंगलुरु में हैं।

स्कूल ऑफ प्लानिंग एण्ड आर्किटेक्चर

दिल्ली स्थित स्कूल ऑफ प्लानिंग आर्किटेक्चर की स्थापना वर्ष 1959 में की गई थी और वर्ष 1979 में इसे डीम्ड विश्वविद्यालय का दर्जा प्रदान कर दिया गया।

राष्ट्रीय नाट्य विद्यालय

- राष्ट्रीय नाट्य विद्यालय, रंगमंच का प्रशिक्षण देने वाली सबसे महत्त्वपूर्ण संस्था है, जो दिल्ली में है।
- इसकी स्थापना संगीत नाटक अकादमी ने वर्ष 1959 में की थी। यह भारत सरकार के अन्तर्गत एक स्वशासी संस्थान है।

शिक्षा निदेशालय

- शिक्षा निदेशालय, दिल्ली राष्ट्रीय शिक्षा नीति के आधार पर कार्य करता है।
- इसका प्रमुख उद्देश्य एक स्तर तक सभी छात्रों को उनकी जाति, धर्म व लिंग को ध्यान किए बिना सभी को समान रूप से शिक्षा प्रदान करना है।
- शिक्षा निदेशालय, दिल्ली सरकार ने मेधावी विद्यार्थियों के लिए प्रतिभा विद्यालय स्थापित किया है, जिसमें नामांकन प्रतियोगिता परीक्षा के आधार पर किया जाता है। इन विद्यालयों में बेहतर शिक्षा प्रदान की जाती है।
- *शिक्षा निदेशालय, दिल्ली सरकार ने निम्नलिखित उद्देश्य अपने लिए निर्धारित किए हैं*
  - साक्षरता में वृद्धि
  - सांस्कृतिक विरासत तथा नैतिक मूल्यों में वृद्धि
  - जिम्मेदार नागरिकों का निर्माण
  - विद्यार्थियों का व्यक्तित्व विकास
  - प्रारम्भिक शिक्षा की व्यवस्था।

दिल्ली में शिक्षा व्यवस्था

स्व-मूल्यांकन

1. आर्थिक सर्वेक्षण 2018-19 के अनुसार दिल्ली के कितने प्रतिशत विद्यालयों में विद्युत कनेक्शन व कम्प्यूटर सुविधा उपलब्ध है?

(a) 100% व 88%
(b) 90% व 80%
(c) 85% व 70%
(d) 80% व 90%

2. दिल्ली सरकार ने शिक्षा ऋण के लिए वेब पोर्टल की शुरुआत कब की?

(a) जून, 2016 (b) जून, 2017
(c) जून, 2018 (d) जून, 2015

3. 'एजुकेशन लोन गारण्टी स्कीम' के अन्तर्गत छात्रों को कितनी धनराशि दी जाती है?

(a) ₹ 10 लाख (b) ₹ 2 लाख
(c) ₹ 20 लाख (d) इनमें से कोई नहीं

4. नि:शुल्क पुस्तक वितरण योजना का आरम्भ कब हुआ?

(a) 2 मार्च, 2010
(b) 1 अप्रैल, 2018
(c) 1 अप्रैल, 2009
(d) उपरोक्त में से कोई नहीं

5. जामिया मिलिया इस्लामिया की स्थापना वर्ष 1920 में अलीगढ़ में हुई। इसे दिल्ली किस वर्ष लाया गया?
(a) वर्ष 1926 (b) वर्ष 1935
(c) वर्ष 1942 (d) वर्ष 1948

6. जामिया मिलिया इस्लामिया के प्रथम कुलाधिपति कौन थे?
(a) मौलाना अबुल कलाम आजाद
(b) हकीम अजमल खान
(c) सर सैयद अहमद खान
(d) चितरंजन दास

7. दिल्ली विश्वविद्यालय की स्थापना किस वर्ष की गई?
(a) वर्ष 1917 (b) वर्ष 1920
(c) वर्ष 1922 (d) वर्ष 1925

8. शोध शिक्षा के क्षेत्र में ख्याति प्राप्त जवाहरलाल नेहरू विश्वविद्यालय की स्थापना किस वर्ष की गई थी?
(a) वर्ष 1956
(b) वर्ष 1964
(c) वर्ष 1969
(d) वर्ष 1972

9. इन्दिरा गाँधी मुक्त विश्वविद्यालय की स्थापना किस वर्ष की गई थी?
(a) वर्ष 1985 (b) वर्ष 1986
(c) वर्ष 1987 (d) वर्ष 1988

10. गुरु गोविन्द सिंह इन्द्रप्रस्थ विश्वविद्यालय का स्थापना वर्ष है
(a) वर्ष 1990 (b) वर्ष 2008
(c) वर्ष 2006 (d) वर्ष 1998

11. दक्षिण एशियाई विश्वविद्यालय का स्थायी परिसर कहाँ प्रस्तावित है?
(a) नजफगढ़ (b) द्वारका
(c) मैदानगढ़ी (d) पीतमपुरा

12. निम्नलिखित में से कौन दिल्ली में स्थित केन्द्रीय विश्वविद्यालय नहीं है?
(a) जवाहरलाल नेहरू विश्वविद्यालय
(b) दिल्ली विश्वविद्यालय
(c) बी. आर. अम्बेडकर विश्वविद्यालय
(d) जामिया मिलिया इस्लामिया

13. कालिन्दी कॉलेज की स्थापना किस वर्ष हुई?
(a) वर्ष 1967 (b) वर्ष 1960
(c) वर्ष 1971 (d) वर्ष 1964

14. किस वर्ष 'दिल्ली कॉलेज ऑफ इंजीनियरिंग' (DCE) को दिल्ली प्रौद्योगिकी विश्वविद्यालय (DTU) के रूप में परिवर्तित किया गया?
(a) वर्ष 2005 (b) वर्ष 2006
(c) वर्ष 2008 (d) वर्ष 2009

15. दिल्ली प्रौद्योगिकी विश्वविद्यालय (DTU) का नया कैम्पस दिल्ली में किस स्थान पर स्थित है?
(a) कश्मीरी गेट (b) द्वारका
(c) बवाना (d) तिमारपुर

16. छोटूराम रूरल इंस्टीट्यूट ऑफ टेक्नोलॉजी निम्न में से कहाँ स्थित है?
(a) कंझावला (b) बवाना
(c) नरेला (d) झज्जर

17. 'हमदर्द कॉलेज ऑफ फार्मेसी' की स्थापना किस वर्ष की गई थी?
(a) वर्ष 1968 (b) वर्ष 1972
(c) वर्ष 1978 (d) वर्ष 1990

18. किस वर्ष में जामिया हमदर्द को डीम्ड विश्वविद्यालय के रूप में मान्यता दी गई?
(a) वर्ष 1985 (b) वर्ष 1989
(c) वर्ष 1992 (d) वर्ष 1998

19. दिल्ली में भारतीय आयुर्विज्ञान संस्थान (AIIMS) की स्थापना वर्ष 1956 में किस देश की सरकार के ग्राण्ट से की गई थी?
(a) ब्रिटेन (b) न्यूजीलैण्ड
(c) ऑस्ट्रेलिया (d) सिंगापुर

20. वर्धमान महावीर मेडिकल कॉलेज की स्थापना किस वर्ष हुई?
(a) वर्ष 1995
(b) वर्ष 2002
(c) वर्ष 2000
(d) वर्ष 1998

21. ऑल इण्डिया मलेरिया रिसर्च इंस्टीट्यूट कहाँ है?
(a) मण्डी हाउस (b) हौजखास
(c) पूसा (d) द्वारका

22. निम्नलिखित में से दिल्ली के किस स्थान पर औद्योगिक प्रशिक्षण संस्थान स्थित नहीं है?
(a) मालवीय नगर (b) जहाँगीरपुरी
(c) नरेला (d) शालीमार बाग

23. स्कूल ऑफ प्लानिंग एण्ड आर्किटेक्चर को डीम्ड विश्वविद्यालय का दर्जा किस वर्ष प्राप्त हुआ?
(a) वर्ष 1979 (b) वर्ष 1959
(c) वर्ष 2002 (d) वर्ष 1960

24. राष्ट्रीय नाट्य विद्यालय की स्थापना किस वर्ष हुई?
(a) वर्ष 1959 (b) वर्ष 1979
(c) वर्ष 1969 (d) वर्ष 2002

25. दिल्ली में निम्न में कौन अवस्थित नहीं है?
(a) नेशनल ओपन स्कूल
(b) बाल भवन
(c) यू. जी. सी.
(d) उपरोक्त सभी

26. निम्नलिखित में से कौन सही सुमेलित नहीं है?
(a) चौधरी चरण सिंह पॉलिटेक्निक–नरेला
(b) अम्बेडकर पॉलिटेक्निक–पूसा
(c) आर्यभट्ट पॉलिटेक्निक –जी. टी. के रोड
(d) मराठवाड़ा पॉलिटेक्निक–मुण्डका

27. निम्नलिखित में से कौन सही सुमेलित नहीं है?
(a) स्कूल ऑफ प्लानिंग एण्ड आर्किटेक्चर–आई. पी. एस्टेट, दिल्ली
(b) नेशनल डिफेंस कॉलेज–अगस्त क्रान्ति मार्ग, दिल्ली
(c) स्कूल ऑफ फॉरेन लैंग्वेजेज–लोधी एस्टेट, नई दिल्ली
(d) संगीत नाटक एकेडमी–फिरोजशाह मार्ग, नई दिल्ली

28. निम्नलिखित युग्मों में से कौन-सा युग्म सही सुमेलित नहीं है?
(a) जामिया इंस्टीट्यूट ऑफ टेक्नोलॉजी–ओखला
(b) नेताजी सुभाष इंस्टीट्यूट ऑफ टेक्नोलॉजी–द्वारका
(c) महिला इंस्टीट्यूट ऑफ टेक्नोलॉजी–नई दिल्ली
(d) भारतीय विद्यापीठ कॉलेज ऑफ टेक्नोलॉजी–नई दिल्ली

29. सुमेलित कीजिए

सूची I (संस्थान)	*सूची II (अवस्थिति)*
A. भगवान परशुराम इंस्टीट्यूट ऑफ टेक्नोलॉजी	1. ओखला
B. इन्दिरा गाँधी इंस्टीट्यूट ऑफ टेक्नोलॉजी	2. रोहिणी
C. एमिटी स्कूल ऑफ इंजीनियरिंग टेक्नोलॉजी	3. नई दिल्ली
D. भारतीय विद्यापीठ कॉलेज ऑफ टेक्नोलॉजी	4. नजफगढ़

कूट

	A	B	C	D
(a)	1	2	3	4
(b)	2	1	4	3
(c)	3	2	4	1
(d)	4	3	1	2

उत्तरमाला

1. (a) **2.** (a) **3.** (a) **4.** (c) **5.** (b) **6.** (b) **7.** (c) **8.** (c) **9.** (a) **10.** (d)
11. (c) **12.** (c) **13.** (a) **14.** (d) **15.** (c) **16.** (a) **17.** (b) **18.** (b) **19.** (b) **20.** (b)
21. (d) **22.** (d) **23.** (a) **24.** (a) **25.** (d) **26.** (b) **27.** (b) **28.** (c) **29.** (c)

अध्याय 16

दिल्ली में स्वास्थ्य व्यवस्था

- स्वास्थ्य, दिल्ली सरकार के लिए प्राथमिकता वाली जन सेवाओं में शामिल है। दिल्ली सरकार ने स्वास्थ्य देखभाल के लिए रोग निवारक और प्रोत्साहक पहलुओं पर अधिक ध्यान केन्द्रित किया है।
- इसके लिए सरकार द्वारा समग्र, मानवीय और रोगी हितैषी दृष्टिकोण अपनाते हुए समाज के हर वर्ग तक इन सेवाओं की पहुँच सुनिश्चित करने के लिए कार्यक्रमों की योजना बनाई है।
- राष्ट्रीय राजधानी क्षेत्र दिल्ली के स्वास्थ्य और परिवार कल्याण विभाग के तहत् स्वास्थ्य सेवा महानिदेशालय बेहतर स्वास्थ्य सेवाएँ उपलब्ध कराने को समर्पित एक एजेन्सी है। *इसके लिए निम्न पहल की गई हैं*
  - एम. आर. आई, सीटी. स्कैन, बी.ई.टी.सीटी., टी.एम.टी, इको आदि रेडियोलॉजिकल नैदानिक सेवाएँ दिल्ली के सभी निवासियों को डी.जी.ई.एच.एस. (DGEHS) के सूचीबद्ध केन्द्रों में निःशुल्क प्रदान की जा रही हैं। परन्तु इसके लिए दिल्ली सरकार के स्वास्थ्य केन्द्रों से टैकर कराना अनिवार्य है।
  - सरकार ने एक निःशुल्क शल्य चिकित्सा योजना भी शुरू की है, जिसके अन्तर्गत 52 शल्य चिकित्साएँ सूचीबद्ध प्राइवेट अस्पतालों में निःशुल्क चिकित्सा कराने की व्यवस्था है, परन्तु इसके लिए दिल्ली सरकार के 24 अस्पतालों से टैकर कराना अनिवार्य है।
  - दिल्ली के चुने हुए सरकारी अस्पतालों में सरकारी-निजी भागीदारी (Public Private Partnership) के अन्तर्गत डायलिसिस सेवाएँ भी प्रदान की जा रही हैं।

दिल्ली : चिकित्सा सुविधाएँ

आर्थिक सर्वेक्षण 2018-19 के अनुसार दिल्ली में 1298 औषधालय, 1160 नर्सिंग होम, 230 प्रसूतिगृह, 178 पोलीक्लिनिक्स, 88 अस्पताल और 17 मेडिकल कॉलेज है।

- विश्व स्वास्थ्य संगठन की अनुशंसा के अनुसार, जनसंख्या और बिस्तर का अनुपात प्रति 1000 की आबादी पर 5 बिस्तर होना चाहिए।
- आर्थिक सर्वेक्षण 2018-19 के अनुसार बिस्तरों की कुल संख्या 57,194 है, जो निर्धारित स्तर से लगभग आधा है।
- दिल्ली में आर्थिक सर्वेक्षण 2018-19 में अनुसार बिस्तर और आबादी का अनुपात 1000:2.99 है।

दिल्ली में चिकित्सा संस्थाओं की संख्या और उनमें बिस्तरों की क्षमता का सूचीबद्ध विवरण निम्नलिखित है

संस्था	***2017-18***	
	संस्थान	***स्वीकृत बिस्तर***
दिल्ली सरकार	38	11,353
दिल्ली नगर निगम	51	3,508
नई दिल्ली नगर परिषद्	2	221
भारत सरकार के प्रमुख संस्थान	21	9,716
अन्य स्वायत्त निकाय (पटेल चेस्ट इन्स्टीट्यूट)	4	3,095
प्राइवेट नर्सिंग होम्स/अस्पताल/स्वयं सेवी संगठन	1,163	29,301
कुल	**1,279**	**57,194**

स्रोत *आर्थिक सर्वेक्षण 2018-19*

दिल्ली के प्रमुख अस्पताल

अस्पताल	***अवस्थिति***
लोकनायक हॉस्पिटल	जवाहरलाल नेहरू, मार्ग, नई दिल्ली
गुरु तेग बहादुर हॉस्पिटल	शाहदरा, दिल्ली
गोविन्द वल्लभ पन्त हॉस्पिटल	दिल्ली गेट, दिल्ली
बाबा साहब अम्बेडकर हॉस्पिटल	रोहिणी सेक्टर 6, दिल्ली
दीन दयाल उपाध्याय हॉस्पिटल एवं ट्रॅामा सेण्टर	हरिनगर, नई दिल्ली
ईहबास (IHBAS) हॉस्पिटल	शाहदरा, दिल्ली
सेण्ट्रल जेल हॉस्पिटल	ताहिरपुर, दिल्ली
गुरुनानक आई सेण्टर	जवाहरलाल नेहरू मार्ग, नई दिल्ली
चाचा नेहरू, बाल चिकित्सालय	गीता कॉलोनी, दिल्ली
हेडगेवार आरोग्य संस्थान	पूर्वी अर्जुन नगर, दिल्ली
महर्षि वाल्मीकि हॉस्पिटल	पूठ खुर्द, दिल्ली
ए. एण्ड यू टिब्बा हॉस्पिटल	करोलबाग, दिल्ली
संजय गाँधी मैमोरियल हॉस्पिटल	मंगोलपुरी, दिल्ली
राव तुला राम मैमोरियल हॉस्पिटल	जफरपुर गाँव, दिल्ली
अरुणा आसफ अली हॉस्पिटल	राजपुर रोड, दिल्ली
बाबू जगजीवन राम मैमोरियल हॉस्पिटल	जहाँगीरपुरी, दिल्ली
गुरु गोविन्द सिंह हॉस्पिटल	रघुवीर नगर, दिल्ली
लाल बहादुर शास्त्री हॉस्पिटल	खिचड़ीपुर, दिल्ली
नेहरू होम्योपैथिक कॉलेज एण्ड हॉस्पिटल	डिफेन्स कॉलोनी, दिल्ली
सुश्रुत ट्रॅामा सेण्टर	रिंग रोड, दिल्ली

स्वास्थ्य संकेतक

भारत के महापंजीयक का कार्यालय नागररिक पंजीकरण प्रणाली (सी. एस. आर.) और नमूना पंजीकरण सर्वेक्षण (एस. आर. एस.) के निष्कर्षों के आधार पर विभिन्न प्रकार के महत्त्वपूर्ण संकेतक जारी करता है, वर्ष *जिनका वर्णन निम्नलिखित है*

(i) ***जन्म दर*** जन्म दर एक कैलेण्डर वर्ष में प्रति सहस्र जनसंख्या में घटित होने वाली लेखबद्ध जीवित नवजात (शिशु)

संख्या है। आर्थिक सर्वेक्षण 2018-19 के अनुसार दिल्ली में वर्ष 2016 में जन्म दर 20.38% थी।

(ii) ***मृत्यु दर*** एक वर्ष में प्रति हजार जनसंख्या के अनुपात में मरने वाले व्यक्तियों की संख्या को मृत्यु दर कहते हैं। अर्थिक सर्वेक्षण 2018-19 के अनुसार दिल्ली में वर्ष 2016 में मृत्यु दर 7.61% थी।

(iii) ***शिशु मृत्यु दर*** किसी निश्चित वर्ष में एक वर्ष से कम आयु वाले बच्चों की मृत्यु संख्या और उसी वर्ष में सजीव जन्में बच्चों की संख्या का अनुपात शिशु मृत्यु दर कहलाता है। आर्थिक सर्वेक्षण 2018-19 के अनुसार दिल्ली में वर्ष 2016 में शिशु मृत्यु दर 21.35% थी।

(iv) ***प्रजनन दर*** यह बच्चों की वह संख्या है जो किसी भी स्त्री के सम्पूर्ण प्रजननकाल में उत्पन्न होते हैं। आर्थिक सर्वेक्षण 2018-19 के अनुसार दिल्ली में वर्ष 2016 में प्रजनन दर 1.6% थी।

प्रमुख स्वास्थ्य कार्यक्रम

दिल्ली सरकार बेहतर स्वास्थ्य के लिए कई कार्यक्रम चलाती है, जिनका संक्षिप्त विवरण निम्नलिखित है

आम आदमी हेल्थ कार्ड योजना

- दिल्ली सरकार ने फरवरी, 2018 में राजधानीवासियों के लिए आम आदमी हेल्थ कार्ड योजना की शुरूआत की।
- इस भोजन के तहत लगभग 1.8 करोड़ लोगों को हेल्थ कार्ड जारी करने का निर्णय लिया गया।
- सरकार ने हेल्थ कार्ड देने के लिए एक्सप्रेशन ऑफ इंटरेस्ट जारी किया।

सबके लिए गुणवत्तापरक स्वास्थ्य सेवा

- सभी आय वर्ग को मुक्त स्वास्थ्य सेवा उपलब्ध करने के लिए दिल्ली सरकार द्वारा वर्ष 2018 में इस सेवा की शुरुआत की गई।
- इसके तहत दिल्ली सरकार के अस्पताल में इलाज के लिए आने वाले किसी भी आय वर्ग के मरीज को मुफ्त में इलाज की सेवा प्रदान की जाती है।

एक्सीडेण्ट स्कीम

- दिल्ली सरकार ने राजधानी में होने वाले सड़क हादसों, आग की घटनाओं और एसिड अटैक पीड़ितों का निजी अस्पताल में इलाज कराने के उद्देश्य से वर्ष 2018 में एक्सीडेण्ट स्कीम की शुरुआत की।
- इस स्कीम के तहत सड़क दुर्घटना में घायल को अस्पताल पहुँचाने वालों को ₹2000 की प्रोत्साहन राशि दी जाती है।

इन्टेनसीफाइड डायरिया कंट्रोल फोर्टनाइट अभियान

- इस अभियान की शुरुआत वर्ष 2017 में की गई थी।
- इस अभियान के तहत दिल्ली में डायरिया से बचाव के लिए जागरूकता अभियान का आयोजन किया जाता है।

जननी शिशु सुरक्षा कार्यक्रम

- इस कार्यक्रम की शुरुआत वर्ष 2016 में हुई थी। इसके अन्तर्गत गर्भवती महिलाओं, दूध पिलाती माता और बीमार शिशुओं को क्रमशः प्रसव के दौरान या जन्म के बाद सभी सरकारी स्वास्थ्य संगठनों द्वारा नैदानिक सेवाएँ, दवाएँ, अन्य विशिष्ट सामग्री, पौष्टिक आहार, आने-जाने का भाड़ा एवं अन्य सभी उपयोगी सेवाएँ मुफ्त उपलब्ध कराई जाती हैं।
- नवजात शिशु की देखभाल सेवाओं के लिए राज्य में प्रसव कक्षों और ऑपरेशन थियेटरों में 61 नवजात देखभाल केन्द्र और 61 प्रसव स्थान सुनिश्चित किए गए हैं।
- दिल्ली में नियमित टीकाकरण के लिए लगभग 650 स्वास्थ्य केन्द्रों में सप्ताह में दो बार नियमित रूप से उपलब्ध है।

- बच्चों को टीके लगाने के लिए विशेष कैच अभियान चलाया जाता है। इसके तहत् उन बच्चों का टीकाकरण शामिल होता है, जो टीकाकरण में पहले से शामिल नहीं हैं।

माँ का पूरा दुलार कार्यक्रम

- इस कार्यक्रम की शुरुआत वर्ष 2016 में दिल्ली में की गई थी।
- इसके तहत स्तनपान करने वाली महिलाओं को शिशुओं को स्तनपान कराने और उन्हें अपने घर पर बने खाद्य पदार्थ देने की सलाह ही जाती है।

कंगारू मदर केयर

- इस कार्यक्रम की शुरुआत वर्ष 2016 में हुई थी।
- इसके तहत प्रसव अवधि पूर्ण होने से पहले जन्म लेने वाले शिशुओं की देखभाल के लिए सम्पूर्ण व्यवस्था की जाती है।

मोहल्ला क्लीनिक

- यह आम आदमी मोहल्ला क्लीनिक अपने माध्यम से नागरिकों को प्राथमिक, माध्यगिक और तृतीयक स्तरों पर स्वास्थ्य सेवाएँ मुहैया कराती है।
- इसकी शुरुआत दिल्ली सरकार द्वारा वर्ष 2015 में की गई थी।
- *इस क्लीनिक के द्वारा चार स्तरीय स्वास्थ्य सेवाएँ प्रदान की जाती हैं जिनका विवरण अग्रलिखित है*

1. ***प्राथमिक स्तर*** इसमें आम आदमी मोहल्ला क्लीनिक प्राथमिक स्वास्थ्य का देखभाल करती है।
2. ***द्वितीयक स्तर*** मल्टी स्पेशलिटी पॉली क्लीनिक डायग्नोस्टिक सहित विशेषज्ञ डॉक्टर इस स्तर पर स्वास्थ्य की देखभाल करते हैं।
3. ***तृतीयक स्तर*** इसमें मल्टी स्पेशलिटी अस्पतालों और विशेषज्ञ डॉक्टरों की टीम स्वास्थ्य सम्बन्धी ख्याल रखती है।
4. ***चतुर्थ स्तर*** इसमें सुपर स्पेशलिटी हॉस्पिटलों में मरीजों को असाध्य बीमारियों से बचाने का कार्य किया जाता है।

- दिल्ली में पी. डब्ल्यू. डी. के माध्यम से 1000 मोहल्ला क्लीनिक खोलने का प्रावधान है, लेकिन वर्तमान में दिल्ली में 105 मोहल्ला क्लीनिक हैं। यह सम्पूर्ण दिल्ली में सोमवार से लेकर शनिवार तक रोज सुबह 8 बजे दोपहर से 2 बजे दोपहर तक खुले रहते हैं।
- इस मोहल्ला क्लीनिक की प्रमुख विशेषता यह है कि यहाँ प्राथमिक उपचार से लेकर जाँचशालाओं में जाँच व उसके उपरान्त औषधि और इसके अतिरिक्त प्रसव पूर्व और उसके बाद के सभी टीके आदि मुफ्त में सरकारी खर्च पर आम नागरिकों को मुहैया कराए जाते हैं।

साप्ताहिक आयरन-फोलेट पूरक कार्यक्रम और व्यापक कृमि मुक्ति कार्यक्रम

- रक्ताल्पता अथवा एनीमिया न केवल गर्भवती महिलाओं में होता है, बल्कि यह शिशुओं, बच्चों और किशारों की भी एक गम्भीर समया है, जो इनके स्वास्थ्य को प्रतिकूल रूप से प्रभावित करती है।
- इससे रोकथाम के लिए जुलाई, 2013 में फोलेट सप्लिमेंटेशन अर्थात् आयरन की खुराक देने का कार्यक्रम प्रारम्भ किया गया।

परिवार कल्याण कार्यक्रम

- भारत में जनसंख्या विस्फोट एवं उसकी चुनौतियों से लड़ने के लिए परिवार कल्याण कार्यक्रम चलाया जाता है।
- दिल्ली में पिछले 6 वर्षों (2010-2017) में इस कार्यक्रम के तहत अनेक स्वास्थ्य सम्बन्धी कल्याणकारी कार्य हुए हैं।
- रोगवाहकों से होने वाली बीमारियों; जैसे– मलेरिया, डेंगू व चिकनगुनिया आदि से रोकथाम के लिए समय-समय पर पहल की जाती है व आवश्यक कदम उठाए जाते हैं।

- बच्चों में मादक पदार्थों के प्रति उन्माद और व्यसन आदि के रोकथाम के लिए दिल्ली सरकार ने 7 अस्पतालों और स्वास्थ्य संस्थानों में मादक पदार्थों के शिकार किशोरों के इलाज के लिए 60 बिस्तर आरक्षित किए गए हैं।

इनमें शामिल अस्पताल हैं

(i) दीपचन्द बन्धु अस्पताल
(ii) बाबा भीमराव अम्बेडकर अस्पताल
(iii) दीन दयाल उपाध्याय अस्पताल
(iv) पं. मदनमोहन मालवीय अस्पताल
(v) जी. बी. पन्त अस्पताल
(vi) लाल बहादुर शास्त्री अस्पताल
(vii) मानव आचरण और सम्बद्ध विज्ञान संस्थान

राष्ट्रीय कुष्ठ रोग उन्मूलन कार्यक्रम

- दिल्ली के सभी सरकारी हॉस्पिटल एवं मेडिसीन सेण्टर पर कुष्ठ रोग का निःशुल्क उपचार किया जाता है।
- वर्ष 2009 से पुनर्वासित व्यक्तियों के लिए समाज कल्याण विभाग द्वारा ₹ 1,800 प्रतिमाह गुजारा भत्ता प्रदान किया जाता है।
- मार्च, 2017 तक दिल्ली में कुष्ठ रोगियों की संख्या कुल 2,149 थी।

दिल्ली राज्य स्वास्थ्य मिशन एवं सम्बन्धित कार्यक्रम

- दिल्ली में दिल्ली राज्य स्वास्थ्य मिशन की शुरुआत अक्टूबर, 2006 में हुई थी। इस मिशन का कार्यान्वयन भारत सरकार के राष्ट्रीय स्वास्थ्य मिशन के तहत् हुआ।
- इसमें स्वास्थ्य सम्बन्धी कई गतिविधियाँ शामिल हैं जैसे-जननी सुरक्षा योजना, जननी शिशु सुरक्षा कार्यक्रम आदि। (इसकी चर्चा पूर्व में की गई है)

दिल्ली राज्य स्वास्थ्य मिशन में सामाजिक स्वास्थ्य कार्यकर्ता और स्थानीय समुदाय की स्वयंसेवी महिलाओं की सहायता से निम्नलिखित कार्य किए जाते हैं

- सबके लिए टीकाकरण
- सुरक्षित प्रसव
- नवजात शिशु की देखभाल
- पानी से होने वाली बीमारियाँ और फैलने वाले रोगों की रोकथाम
- भोजन की पौष्टिकता में सुधार
- घरों में शौचालयों/सामुदायिक शौचालयों को बढ़ावा देना

दिल्ली राज्य स्वास्थ्य मिशन के अन्तर्गत भारत सरकार के राष्ट्रीय स्वास्थ्य मिशन के निम्नांकित कार्यक्रमों को चलाया जाता है

- प्रजनन, मातृ, नवजात शिशु, बाल एवं किशोर स्वास्थ्य
- मिशन फ्लेक्सीपूल
- पल्स पोलियो टीकाकरण कार्यक्रम
- नियमित टीकाकरण और आयोडीन की कमी से होने वाली बीमारियों के रोकथाम के कार्यक्रम
- एकीकृत रोग निगरानी परियोजना
- कैंसर, मधुमेह, हृदय रोग की रोकथाम और नियन्त्रण के लिए कार्यक्रम आदि।

दिल्ली राज्य स्वास्थ्य मिशन के कुछ प्रमुख कार्यक्रमों का विवरण निम्नलिखित है

प्रसूति गृहों को मजबूत करना

- प्रसूति सम्बन्धी बुनियादी देखभाल, सप्ताह में सातों दिन और चौबीसों घण्टे उपलब्ध हो, इसके लिए दिल्ली नगर निगम के प्रसूति गृहों को सुदृढ़ करने के उपाय किए गए हैं।

झुग्गी झोपड़ी बस्तियों में मधुमेह और उच्च रक्तचाप की जाँच कार्यक्रम

- जन स्वास्थ्य निदेशालय दिल्ली सरकार इस योजना में वैसे कार्यक्रमों को शामिल करता है, जो गैर-संचारी रोगों से सम्बन्धित हैं। इस कार्यक्रम में विभिन्न स्वास्थ्य केन्द्रों के द्वारा गैर-संचारी रोगों के रोकथाम के लिए नियमित जाँच की सुविधा प्रदान की जाती है।

स्वास्थ्य प्रबन्धन सूचना प्रणाली

- इसके द्वारा दिल्ली सरकार के लगभग 500 जन स्वास्थ्य केन्द्रों को कम्प्यूटर, इण्टरनेट, प्रिण्टर से सुसज्जित किया गया है ताकि विभिन्न स्वास्थ्य सम्बन्धी आँकड़ों का नियमित अवलोकन एवं मूल्यांकन हो सके।
- यह इसलिए भी किया गया है, क्योंकि इससे आसानी से मॉनिटरिंग सम्भव है।

रोगी कल्याण समितियाँ

- दिल्ली सरकार, दिल्ली में एमसीडी के एक हॉस्पिटल, पूर्वी दिल्ली नगर निगम के 7 प्रसूति गृहों और 26 सरकारी अस्पतालों में रोगी कल्याण पंजीयन की सुविधा मुहैया करा रही है।

मोबाइल डेण्टल क्लीनिक

- दिल्ली सरकार द्वारा उत्तर-पूर्वी जिले में 2 मोबाइल डेण्टल क्लीनिक और 4 मोबाइल डेण्टल आई. ई. सी. वैन चलाई जा रही हैं।

मोबाइल मानसिक स्वास्थ्य इकाइयाँ

- मानव व्यवहार और सहयोगी विज्ञान संस्थान (IHBAS) द्वारा बेघर और बेसहारा मनोरोगियों की देखभाल के लिए 2 मोबाइल मेण्टल यूनिट चलाई जा रही हैं।

राष्ट्रीय क्षय रोग नियन्त्रण कार्यक्रम

- दिल्ली सरकार की स्वास्थ्य सेवा निदेशालय द्वारा दिल्ली में संशोधित राष्ट्रीय क्षय रोग नियन्त्रण कार्यक्रम चलाया जाता है।
- भारत में सर्वप्रथम दिल्ली में वर्ष 1997 से सम्पूर्ण दिल्ली में डॉट्स इलाज की गई और वर्ष 2008 से डॉट्स प्लस की व्यवस्था शुरू की गई। इसमें प्रतिरोधकता बढ़ाने पर बल दिया गया है।

एड्स नियन्त्रण कार्यक्रम

- यह कार्यक्रम दिल्ली एड्स नियन्त्रण समिति (दिल्ली सरकार की एक स्वायत्त संगठन/संस्था) है के द्वारा संचालित किया जा रहा है।
- यह मुख्यतया एच. आई. वी. संक्रमण को रोकने और इसके नियन्त्रण के लिए राष्ट्रीय एड्स नियन्त्रण कार्यक्रम के तहत कार्य करती है।
- दिल्ली में वर्ष 2016 में एच. आई. वी. से संक्रमित व्यस्कों की अनुमानित संख्या 0.25% थी।

केन्द्रीय दुर्घटना और ट्रॉमा सेवाएँ (CATS)

- इसके द्वारा दिल्ली सरकार दुर्घटना और अभिघात से पीड़ितों को निःशुल्क एम्बुलेंस सेवाएँ 1991 से 24 × 7 आधार पर उपलब्ध कराती है। इसी के तहत् सरकार ने होम 'टू हॉस्पिटल केयर' नाम से एक एम्बुलेंस सेवा प्रारम्भ की है।
- वर्तमान में कैट्स (CATS) में 100 नई बुनियादी जीवन समर्थक एम्बुलेंस गाड़ियाँ (BLS) और 10 अत्याधुनिक लाइफ समर्थक गाड़ियाँ (ALS) जोड़ी गई हैं। इसके साथ ही सरकार एम्बुलेंस सेवा के वर्तमान प्रतीक्षा समय को 25 मिनट से घटाकर 10-15 मिनट पर लाना चाह रही है।

स्कूल स्वास्थ्य कार्यक्रम

- दिल्ली में इसकी शुरुआत वर्ष 1979 में की गई। यह कार्यक्रम बच्चों के स्वास्थ्य और पोषण-स्तर में सुधार के साथ-साथ उनको स्वच्छता के बारे में जानकारी उपलब्ध कराता है।

समेकित बाल विकास कार्यक्रम

- समेकित बाल विकास कार्यक्रम की शुरुआत वर्ष 1975 में की गई थी। इसके तहत 6 वर्ष तक के बच्चों, गर्भवती महिलाओं तथा स्तनपान कराने वाली महिलाओं को स्वास्थ्य, पोषण एवं शैक्षणिक सेवाओं का एकीकृत पैकेज प्रदान किया जाता है।
- साथ ही इसके तहत स्वास्थ्य सेवाएँ उपलब्ध कराने वाली संस्थाओं; जैसे–आँगनबाड़ी केन्द्रों में सामंजस्य स्थापित किया जाता है ताकि बच्चों को समुचित टीके लगाए जा सकें।

दिल्ली में स्वास्थ्य व्यवस्था

स्व–मूल्यांकन

1. दिल्ली में स्वास्थ्य सेवा महानिदेशालय किस मन्त्रालय के अन्तर्गत कार्य करता है?
(a) स्वास्थ्य मन्त्रालय
(b) स्वास्थ्य और परिवार कल्याण विभाग
(c) परिवार कल्याण विभाग
(d) उपरोक्त में से कोई नहीं

2. दिल्ली सरकार निःशुल्क शल्य चिकित्सा योजना के तहत् कितने निजी अस्पतालों में निःशुल्क सेवाएँ प्रदान कर रही है?
(a) 50 (b) 51 (c) 52 (d) 53

3. आर्थिक सर्वेक्षण 2018-19 के अनुसार दिल्ली में अस्पतालों की कुल संख्या कितनी है?
(a) 95 (b) 96 (c) 94 (d) 88

4. आर्थिक सर्वेक्षण 2018-19 के अनुसार दिल्ली में प्रसूति गृहों की संख्या कितनी है?
(a) 267 (b) 265 (c) 260 (d) 230

5. आर्थिक सर्वेक्षण 2018-19 के अनुसार दिल्ली के हॉस्पिटल में जनसंख्या और बिस्तर का अनुपात क्या है?
(a) प्रति हजार आबादी पर 5.5 बिस्तर
(b) प्रति हजार आबादी पर 4.4 बिस्तर
(c) प्रति हजार आबादी पर 3.6 बिस्तर
(d) प्रति हजार आबादी पर 2.99 बिस्तर

6. स्वास्थ्य सेवा निदेशालय के अनुसार, दिल्ली के निजी और सरकारी अस्पतालों में कुल उपलब्ध बिस्तर संख्या कितनी है?
(a) 57 हजार (लगभग)
(b) 40 हजार (लगभग)
(c) 60 हजार (लगभग)
(d) 45 हजार (लगभग)

7. बिस्तर की उपलब्धता के अनुसार दिल्ली का सबसे बड़ा सरकारी अस्पताल कौन-सा है?
(a) लोकनायक हॉस्पिटल
(b) जी. टी. बी. हॉस्पिटल
(c) जी. बी. पन्त हॉस्पिटल
(d) बाबा साहब अम्बेडकर हॉस्पिटल

8. सेण्ट्रल जेल हॉस्पिटल दिल्ली के किस स्थान पर है?
(a) शाहदरा (b) ताहिरपुर
(c) गीता कॉलोनी (d) हरिनगर

9. नेहरू होम्योपैथिक कॉलेज एवं हॉस्पिटल दिल्ली के किस भाग में अवस्थित है?
(a) रघुवीर नगर
(b) रिंग रोड
(c) जहाँगीरपुरी
(d) डिफेन्स कॉलोनी

10. आर्थिक सर्वेक्षण 2018-19 के अनुसार दिल्ली में वर्ष 2016 में जन्म दर कितनी थी?
(a) 20.38% (b) 21.39%
(c) 30.28% (d) 40.37%

11. आर्थिक सर्वेक्षण 2018-19 के अनुसार दिल्ली में वर्ष 2016 में शिशु मृत्यु दर कितनी थी?
(a) 20% (b) 21.35%
(c) 22% (d) 23%

12. आम आदमी हेल्थ कार्ड योजना की शुरुआत कब हुई थी?
(a) वर्ष 2016
(b) वर्ष 2017
(c) वर्ष 2018
(d) वर्ष 2019

13. सबके लिए गुणवत्तापरक स्वास्थ्य सेवा का लाभ लेने के लिए कितनी आय की आवश्यकता होती है?
(a) 2 लाख प्रतिवर्ष
(b) 4 लाख प्रतिवर्ष
(c) 8 लाख प्रतिवर्ष
(d) आय की कोई सीमा नहीं है

14. एक्सीडेण्ट स्कीम के तहत घायलों को अस्पताल पहुँचाने वाले व्यक्ति को कितनी प्रोत्साहन राशि मिलती है?
(a) ₹ 1 हजार (b) ₹ 2 हजार
(c) ₹ 3 हजार (d) ₹ 4 हजार

15. जननी शिशु सुरक्षा कार्यक्रम के लाभान्वित वर्ग हैं
(a) गर्भवती महिला (b) दूध पिलाती माता
(c) शिशु (d) ये सभी

16. कैच अभियान का सम्बन्ध दिल्ली में किससे है?
(a) टीकाकरण (b) पोषण
(c) बीमारी (d) कुपोषण

17. माँ का पूरा दुलार कार्यक्रम की शुरुआत कब हुई थी?
(a) वर्ष 2016 (b) वर्ष 2015
(c) वर्ष 2016 (d) वर्ष 2017

18. 'कंगारू मदर केयर' की शुरुआत निम्न में से कहाँ शुरू की गई है?
(a) बिहार (b) तमिलनाडू
(c) केरल (d) दिल्ली

19. स्कूल स्वास्थ्य कार्यक्रम की शुरुआत दिल्ली में कब की गई?
(a) वर्ष 1998 (b) वर्ष 1988
(c) वर्ष 1979 (d) वर्ष 1969

20. मादक पदार्थों से ग्रसित बच्चों के पुनर्वास के लिए दिल्ली सरकार ने सरकारी अस्पतालों में बेड निर्धारित किए हैं। निम्न में से किसका सम्बन्ध इस कार्यक्रम से नहीं है?
(a) जी. बी. पन्त अस्पताल
(b) लाल बहादुर शास्त्री अस्पताल
(c) दीपचन्द बन्धु अस्पताल
(d) सुश्रुत ट्रॉमा सेण्टर

21. दिल्ली में फोलेट सप्लिमेंटेशन कार्यक्रम कब प्रारम्भ किया गया?
(a) जुलाई, 2013
(b) जुलाई, 2014
(c) जुलाई, 2015
(d) जुलाई, 2016

22. दिल्ली में वर्ष 2016 में एच. आई. वी से संक्रमित वयस्कों का अनुमानित प्रतिशत कितना है?
(a) 2.25% (b) 0.25%
(c) 3.25% (d) 2.5%

23. क्षय रोग निवारण के लिए दिल्ली में डॉट्स प्लस कार्यक्रम कब शुरू किया गया?
(a) वर्ष 2008
(b) वर्ष 2009
(c) वर्ष 2010
(d) वर्ष 2011

24. दिल्ली में 'दिल्ली राज्य स्वास्थ्य मिशन' की शुरुआत कब हुई थी?
(a) वर्ष 2006 (b) वर्ष 2007
(c) वर्ष 2008 (d) वर्ष 2009

25. रोगी कल्याण पंजीयन की सुविधा दिल्ली सरकार के कितने अस्पतालों में दी जाती है?
(a) 1 (b) 7
(c) 26 (d) 49

26. कुष्ठ रोगियों के पुनर्वासित जीवन के लिए कितना गुजारा भत्ता दिल्ली सरकार द्वारा निर्धारित है?
(a) ₹ 1,800 प्रतिमाह
(b) ₹ 2,000 प्रतिमाह
(c) ₹ 2,200 प्रतिमाह
(d) ₹ 2,400 प्रतिमाह

27. दिल्ली सरकार के कैट्स (CATS) सेवा में एम्बुलेंस के लिए आपातकालीन नम्बर क्या है?
(a) 1991
(b) 1992
(c) 1993
(d) 1994

28. 'होम टू हॉस्पिटल केयर' का सम्बन्ध किससे है?
(a) बीमारी सुविधा से (b) पोषण से
(c) एम्बुलेंस से (d) आपात प्रबन्धन से

29. वर्तमान में दिल्ली सरकार की एम्बुलेंस सेवा का प्रतीक्षा समय क्या है?
(a) 25 मिनट (b) 20 मिनट
(c) 15 मिनट (d) 10 मिनट

30. दिल्ली में मोहल्ला क्लीनिक की शुरुआत कब हुई थी?
(a) वर्ष 2014 (b) वर्ष 2014
(c) वर्ष 2016 (d) वर्ष 2015

31. आम आदमी मोहल्ला क्लीनिक कितने स्तरों पर सेवा मुहैया कराता है?
(a) एक (b) दो
(c) तीन (d) चार

उत्तरमाला

1. (b) **2.** (c) **3.** (d) **4.** (d) **5.** (d) **6.** (a) **7.** (a) **8.** (b) **9.** (d) **10.** (a)
11. (b) **12.** (c) **13.** (d) **14.** (b) **15.** (d) **16.** (a) **17.** (a) **18.** (d) **19.** (c) **20.** (d)
21. (a) **22.** (b) **23.** (a) **24.** (a) **25.** (c) **26.** (a) **27.** (a) **28.** (c) **29.** (a) **30.** (d)
31. (d)

अध्याय 17

दिल्ली के त्योहार एवं मेले

दिल्ली की संस्कृति भारतीय संस्कृति का केन्द्र है। यहाँ सभी धर्मों की संस्कृति का अनोखा रूप देखने को मिलता है, जिसे यहाँ के रहन-सहन, भाषा, त्योहार, मेले इत्यादि में देखा जा सकता है।

दिल्ली के प्रमुख त्योहार

राष्ट्रीय त्योहार

दिल्ली में मनाए जाने वाले प्रमुख राष्ट्रीय त्योहारों का विवरण निम्न है

गणतन्त्र दिवस

- यह भारत का राष्ट्रीय पर्व है जिसे 26 जनवरी को प्रतिवर्ष पूर्ण उत्साह के साथ मनाया जाता है।
- दिल्ली में गणतन्त्र दिवस के दिन विजय चौक पर राष्ट्रपति ध्वजारोहण करते हैं। जिसके बाद सामूहिक रूप से राष्ट्रगान गाया जाता है।
- इसके बाद विभिन्न सेना के विभिन्न रेजीमेन्ट, वायु सेना, नौसेना तथा अन्य राज्यों की झाँकियाँ राजपथ से गुजरती हैं।
- इन झाँकियों में देश के सैन्य गौरव तथा संस्कृतियों को सांकेतिक रूप में दर्शाया जाता है।

स्वतन्त्रता दिवस

- प्रत्येक वर्ष 15 अगस्त को स्वतन्त्रता दिवस मनाया जाता है, इसी दिन वर्ष 1947 में भारत के लोगों को ब्रिटिश शासन से स्वतन्त्रता प्राप्त हुई थी।
- स्वतन्त्रता दिवस के दिन देश के प्रधानमन्त्री लाल किले पर देश का राष्ट्रीय ध्वज फहराते हैं। प्रधानमन्त्री लाल किले की प्राचीर से जनता को सम्बोधित करते हैं।
- झण्डा फहराने के साथ-साथ परेड व अन्य सांस्कृतिक कार्यक्रमों का भव्य आयोजन होता है।

धार्मिक एवं सांस्कृतिक त्योहार

दिल्ली में मनाए जाने वाले प्रमुख धार्मिक एवं सांस्कृतिक त्योहारों का वर्णन निम्नलिखित है

हिन्दुओं के प्रमुख त्योहार

- राज्य में हिन्दुओं के सभी त्योहार उल्लास के साथ मनाए जाते हैं। इनमें **होली**, **रक्षाबन्धन**, **दशहरा**, **दीपावली**, **भैयादूज**, **छठ पूजा**, **जन्माष्टमी**, **बसन्त पंचमी**, **शिवरात्रि** आदि प्रमुख हैं।
- **छठ पूजा** मुख्य रूप से बिहार तथा पूर्वी उत्तर प्रदेश में मनाई जाती है, किन्तु दिल्ली में रहने वाले बिहारवासियों द्वारा भी छठ पूजा उत्साह के साथ मनाई जाती है। इस दिन यमुना के घाट पर लोग सूर्य की उपासना करते हैं।

- दिल्ली में **दशहरा** एक नए रूप में मनाया जाता है। दिल्ली दशहरा के दौरान होने वाली अपनी रामलीला के लिए प्रसिद्ध है।
- दिल्ली में सबसे बड़ी रामलीला का आयोजन रामलीला मैदान में होता है। दिल्ली में रामलीलाओं की शुरुआत
मुगल शासक बहादुरशाह जफर के समय में हुई।

मुस्लिमों के प्रमुख त्योहार

- मुस्लिमों द्वारा मनाये जाने वाले प्रमुख पर्व **ईद**, **ईद-उल-जुहा**, **रमजान**, **मुहरम**, **शब-ए-बारात** आदि हैं।
- राज्य में सभी पर्व मुस्लिम समुदाय द्वारा उत्सुकता के साथ मनाए जाते हैं।
- ईद मुस्लिमों का प्रिय त्योहार है, इस दिन जामा मस्जिद में हजारों की संख्या में लोग नमाज के लिए आते हैं।
- ईद-उल-जुहा (बकरीद) के अवसर पर बकरों की कुर्बानी दी जाती है।
- यह समुदाय मुहरम में इमाम हुसैन की शहारत की याद में गम के रूप में मनाते हैं।
- शब-ए-बारात खुशियों का पर्व है। इस दिन पटाखें जलाए जाते हैं।

सिक्खों के प्रमुख त्योहार

- दिल्ली में **गुरुपर्व**, **शहीदी दिवस** व **लौहड़ी** सिक्खों के द्वारा सर्वाधिक मनाए जाते हैं।
- गुरुपर्व, गुरुनानक देव व गुरु गोविन्द सिंह का जन्मदिन है, जिसे यहाँ बड़े उत्साह के साथ मनाया जाता है।
- शहीदी दिवस गुरु अर्जुनदेव व गुरु तेगबहादुर का बलिदान दिवस है। इन दोनों ही पर्वों पर सामूहिक प्रार्थनाएँ की जाती हैं तथा गुरु ग्रन्थ साहिब का पाठ किया जाता है।
- इन पर्वों के अतिरिक्त लौहड़ी व बैसाखी भी बड़े उल्लास के साथ राज्य में मनायी जाती है।

दिल्ली के प्रमुख मेले

मेलों में जहाँ एक ओर मनोरंजन होता है, वहीं ये वाणिज्यिक गतिविधियों का भी एक विविधस्वरूप होते हैं।

दिल्ली में संगठित तौर पर प्रत्येक वर्ष कई प्रकार के मेले आयोजित होते हैं, जो निम्न प्रकार हैं

फूल वालों की सैर

- फूल वालों की सैर प्रतिवर्ष दिल्ली के महरौली में आयोजित की जाती है। यह हिन्दू-मुस्लिम एकता का प्रतीक है।
- इस मेले का सम्बन्ध मुगल बादशाह बहादुरशाह जफर के भाई मिर्जा जहाँगीर से है।
- सर्वप्रथम इसे 1812 ई. में आयोजित किया गया था। इस मेले में फूलों की चादर बनाकर शहनाई बजाते हुए लोग इसे योगमाया मन्दिर में चढ़ाते हैं। मन्दिर में फूलों की चादर को चढ़ाने से पहले इसे महरौली में घुमाया जाता है।
- इस महोत्सव में फूल सुसज्जित पंखे और चादर संत कुतुबुद्दीन बख्तियार काकी का दरगाह पर भी चढाए जाते हैं।

विश्व पुस्तक मेला

- विश्व पुस्तक मेले का आयोजन प्रगति मैदान में नेश्नल बुक ट्रस्ट के द्वारा इण्डिया ट्रेड प्रोमोशन ऑर्गेनाइजेशन के सहयोग से प्रति वर्ष किया जाता है।
- **पहला विश्व पुस्तक मेला** 18 मार्च से 4 अप्रैल, 1972 के मध्य आयोजित किया गया था।
- इस दौरान पुस्तकों, पत्रिकाओं तथा कम्प्यूटर सॉफ्टवेयर की प्रदर्शनी लगाई जाती है तथा उनकी बिक्री भी की जाती है। इस पुस्तक मेले में प्रकाशक अपने स्टॉल लगाते हैं, जहाँ प्रकाशित तथा आगामी पुस्तकों की सूचना दी जाती है।

इण्डिया इण्टरनेशनल ट्रेड फेयर

- यह प्रत्येक वर्ष प्रगति मैदान में आयोजित किया जाता है। 14 नवम्बर को यह मेला शुरू होता है, जो 15 दिनों तक चलता है।
- **दिल्ली में पहली बार इण्डिया इण्टरनेशनल ट्रेड फेयर** वर्ष 1980 में लगाया गया था। इस मेले में हस्तशिल्पों, मशीनों के कलपुर्जों तथा ऐसे निर्माणों-उत्पादों की प्रदर्शनी एवं ब्रिकी की जाती है, जो आमतौर पर बाजारों में आसानी से उपलब्ध नहीं होते।

इण्टरनेशनल मैंगो फेस्टिवल

- तालकटोरा स्टेडियम में प्रत्येक वर्ष जुलाई महीने में इण्टरनेशनल मैंगो फेस्टिवल का आयोजन किया जाता है।
- सर्वप्रथम इसका आयोजन वर्ष 1987 में किया गया था। इस मेले में 500 से अधिक आमों की प्रजातियाँ प्रदर्शित की जाती हैं।

दिल्ली ऑटो एक्सपो

- सर्वप्रथम दिल्ली ऑटो एक्सपो वर्ष 1985 में आयोजित किया गया था।
- वर्ष 2012 तक दिल्ली ऑटो एक्सपो का आयोजन प्रतिवर्ष प्रगति मैदान में किया जाता है।
- वर्ष 2014 से इसका आयोजन इण्डिया एक्सपो मार्ट, ग्रेटर नोएडा में किया जाता है।
- इस मेले में ऑटोमोबाइल तथा उनसे जुड़े उत्पादों की प्रदर्शनी एवं बिक्री की जाती है।
- इस मेले में कम्पनियाँ अपने आने वाले उत्पादों के बारे में जानकारी देती हैं। यहाँ व्यावसायिक गतिविधियों का भी संचालन होता है।

गार्डन टूरिज्म फेस्टिवल

- फरवरी के महीने में दिल्ली के तालकटोरा स्टेडियम में गार्डन टूरिज्म फेस्टिवल का आयोजन किया जाता है।
- इसको दिल्ली पर्यटन विभाग आयोजित करता है। तीन दिवसीय इस मेले में फूलों की प्रदर्शनी लगाई जाती है।
- इस दौरान बच्चों में चित्रकला प्रतिस्पर्द्धा तथा सांस्कृतिक कार्यक्रमों का आयोजन किया जाता है।

कुतुब फेस्टिवल

- कुतुब फेस्टिवल का आयोजन कुतुब मीनार के सामने किया जाता है। यह प्रत्येक वर्ष शरद् पूर्णिमा की रात को आयोजित होता है।
- दिल्ली पर्यटन विभाग द्वारा शास्त्रीय संगीत के तीन दिवसीय कार्यक्रम का आयोजन किया जाता है।
- संगीत तथा नृत्य के इस कार्यक्रम का उद्देश्य देश-विदेश के पर्यटकों को कुतुबमीनार की ओर आकर्षित करना है।

दिल्ली के त्योहार एवं मेले

स्व-मूल्यांकन

1. गणतन्त्र दिवस परेड का आयोजन दिल्ली में कहाँ होता है?
(a) विजय चौक (b) लाल किला
(c) अक्षरधाम (d) जामा मस्जिद

2. निम्नलिखित में से कौन-सा हिन्दुओं का त्योहार नहीं है?
(a) दीपावली (b) भैया-दूज
(c) बैशाखी (d) छठ पूजा

3. दिल्ली में रामलीला का मंचन किस अवसर पर होता है?
(a) दीपावली (b) छठ
(c) दशहरा (d) होली

4. दिल्ली में सबसे बड़ी रामलीला का आयोजन कहाँ किया जाता है?
(a) प्रगति मैदान में
(b) रामलीला मैदान में
(c) मैदान गढ़ी में
(d) उपरोक्त में से कोई नहीं

5. दिल्ली में रामलीलाओं की शुरुआत कब हुई?
(a) जहाँगीर के समय
(b) औरंगजेब के समय
(c) अकबर के समय
(d) बहादुरशाह जफर के समय

6. निम्नलिखित में से कौन-सा मुसलमानों का त्योहार नहीं है?
(a) ईद-उल-जुहा
(b) नवरोज रमजान
(c) रमजान
(d) शब-ए-बारात

7. शहीदी दिवस किसका एक प्रमुख त्योहार है?
(a) सिक्ख (b) ईसाई
(c) हिन्दू (d) बौद्ध

8. 'फूल वालों की सैर' दिल्ली के किस स्थान पर आयोजित किया जाता है?
(a) महरौली
(b) दिलशाद गार्डन
(c) नजफगढ़
(d) शालीमार बाग

9. 'फूल वालों की सैर' में किस मन्दिर में फूलों की चादर समर्पित की जाती है?
(a) बिड़ला मन्दिर
(b) योगमाया मन्दिर
(c) अक्षरधाम मन्दिर
(d) छत्तरपुर मन्दिर

10. दिल्ली का वह कौन-सा परम्परागत उत्सव है, जिसमें बड़ी संख्या में सभी धर्मों के लोग शामिल होते हैं?
(a) इण्टरनेशनल मैंगो फेस्टिवल
(b) फूल वालों की सैर
(c) कुतुब फेस्टिवल
(d) गार्डन टूरिज्म फेस्टिवल

11. दिल्ली पुस्तक मेले का आयोजन किसके सहयोग से किया जाता है?
(a) दिल्ली पर्यटन विभाग
(b) इण्डिया ट्रेड प्रमोशन ऑर्गेनाइजेशन
(c) 'a' और 'b' दोनों
(d) उपरोक्त में से कोई नहीं

12. इण्टरनेशनल ट्रेड फेयर दिल्ली में पहली बार कब आयोजित किया गया था?
(a) वर्ष 1980 (b) वर्ष 1982
(c) वर्ष 1985 (d) वर्ष 1990

13. इण्टरनेशनल मैंगो फेस्टिवल कहाँ आयोजित किया जाता है?
(a) प्रगति मैदान
(b) तालकटोरा स्टेडियम
(c) नेहरू पार्क
(d) नेताजी सुभाष प्लेस

14. दिल्ली ऑटो एक्सपो का आयोजन कहाँ किया जाता है?
(a) प्रगति मैदान
(b) रामलीला मैदान
(c) बोट क्लब
(d) जवाहर भवन

15. किस महीने में दिल्ली के तालकटोरा स्टेडियम में गार्डन टूरिज्म फेस्टिवल का आयोजन किया जाता है?
(a) जनवरी (b) फरवरी
(c) मार्च (d) अप्रैल

16. फूलों की प्रदर्शनी गार्डन टूरिज्म फेस्टिवल का आयोजन कहाँ किया जाता है?
(a) प्रगति मैदान
(b) तालकटोरा स्टेडियम
(c) सीरी फोर्ट
(d) महरौली

17. गार्डन टूरिज्म फेस्टिवल है
(a) एक दिवसीय (b) दो दिवसीय
(c) तीन दिवसीय (d) पाँच दिवसीय

18. कुतुब फेस्टिवल एक संगीत तथा नृत्य उत्सव है। इसका आयोजन किस दिन किया जाता है?
(a) मकर संक्रान्ति
(b) दिवाली
(c) शरद् पूर्णिमा
(d) विजयादशमी

19. संगीत तथा नृत्य के कार्यक्रम कुतुब फेस्टिवल का उद्‌देश्य है
(a) संगीत शिक्षा प्रदान करना
(b) नृत्य का प्रशिक्षण देना
(c) देश-विदेश के पर्यटकों को कुतुबमीनार की ओर आकर्षित करना
(d) उपरोक्त में से कोई नहीं

उत्तरमाला

1. (a) **2.** (c) **3.** (c) **4.** (b) **5.** (d) **6.** (b) **7.** (a) **8.** (a) **9.** (b) **10.** (b)
11. (b) **12.** (a) **13.** (b) **14.** (a) **15.** (b) **16.** (b) **17.** (c) **18.** (c) **19.** (c)

अध्याय 18

दिल्ली में खेलकूद एवं पुरस्कार

दिल्ली के प्रमुख खेल

दिल्ली के प्रमुख खेल निम्नलिखित हैं

क्रिकेट

- दिल्ली में क्रिकेट को नियन्त्रित करने वाली संस्था **दिल्ली जिला क्रिकेट एसोसिएशन** (Delhi District Cricket Association, DDCA) है, जिसकी स्थापना वर्ष 1935 में हुई थी। इस एसोसिएशन का कार्य क्लबों को मान्यता देना तथा क्रिकेट को बढ़ावा देना है।
- दिल्ली में अनेक क्रिकेट क्लब तथा प्रशिक्षण अकादमी स्थित हैं। दिल्ली की क्रिकेट टीम राष्ट्रीय स्तर पर आयोजित रणजी ट्राफी में भी भाग लेती है।
- इण्डियन प्रीमियर लीग (Indian Premier League, IPL) में दिल्ली की ओर से **दिल्ली डेयरडेविल्स** (वर्तमान में दिल्ली कैपिटल) की टीम भाग लेती है।

फुटबॉल

- दिल्ली में फुटबॉल के विकास के लिए अनेक संस्थान कार्यरत् हैं। इनका मुख्य कार्य फुटबॉल को लोकप्रिय बनाकर इसे राष्ट्रीय एवं अन्तर्राष्ट्रीय स्तर तक पहचान दिलाना है।
- दिल्ली में तीन प्रमुख फुटबॉल क्लब डी. एस. एसोसिएशन, हिन्दुस्तान फुटबॉल क्लब व नई दिल्ली हीरोज एफ. सी. हैं।

लॉन टेनिस

- ब्रिटिशकाल से ही दिल्ली में लॉन टेनिस का खेल लोकप्रिय रहा है। दिल्ली में लॉन टेनिस की प्रशासकीय संस्था दिल्ली लॉन टेनिस एसोसिएशन है।
- इसका कार्यालय अफ्रीका एवेन्यू मार्ग पर स्थित है। इसके साथ ही दिल्ली में कई लॉन टेनिस क्लब तथा प्रशिक्षण केन्द्र हैं।

रग्बी

- रग्बी दिल्ली में युवा वर्ग में अत्यधिक प्रसिद्ध है। यहाँ रग्बी की दो प्रसिद्ध टीमें दिल्ली लॉयन्स तथा दिल्ली हरिकेन्स हैं।
- रग्बी के लिए दिल्ली में एकमात्र स्टेडियम दिल्ली विश्वविद्यालय के उत्तरी परिसर में स्थित है।

कुश्ती

- दिल्ली में कुश्ती का प्रसिद्ध 'चन्दगीराम का अखाड़ा' स्थित है, जहाँ खिलाड़ियों को प्रशिक्षण दिया जाता है।
- गुरु हनुमान तथा चन्दगीराम कुश्ती के प्रसिद्ध प्रशिक्षक रहे हैं, जिन्होंने दिल्ली में कुश्ती को लोकप्रिय बनाया। गुरु हनुमान के शिष्य सुशील कुमार ने बीजिंग ओलम्पिक, 2008 में कांस्य पदक तथा लन्दन ओलम्पिक, 2012 में रजत पदक जीता था।

दिल्ली में अन्य प्रसिद्ध खेल

दिल्ली पर्यटन विभाग दिल्ली में साहसिक खेलों को बढ़ावा देने का लगातार प्रयास कर रहा है। *दिल्ली के साहसिक खेलों का वर्णन निम्न है*

रॉक क्लाइम्बिंग

- दिल्ली में रॉक क्लाइम्बिंग अक्टूबर से मार्च तक होती है। दिल्ली में रॉक क्लाइम्बिंग आयोजित करने वाले अनेक क्लब स्थित हैं।
- कुतुबमीनार के पास लाडो सराय में रॉक क्लाइम्बिंग आयोजित की जाती है।

वाटर स्पोर्ट्स

- दिल्ली में वाटर स्पोर्ट्स दिल्ली पर्यटन कॉम्प्लेक्स, भालेश्वर झील, नैनी झील तथा प्रसादनगर झील में आयोजित किया जाता है। यमुना नदी के तट पर भी कई जगह वाटर स्पोर्ट्स को बढ़ावा मिला है।
- हरिनगर, इण्डिया गेट तथा पुराना किला वाटर स्पोर्ट्स के लिए जाने जाते हैं।

पैरा सेलिंग

- दिल्ली में पैरा सेलिंग एक प्रसिद्ध साहसिक खेल है। दिल्ली के निकट कँवर शिखा में पैरा सेलिंग के लिए लोग दूर-दूर से आते हैं।
- पैरा सेलिंग के लिए घौई प्रसिद्ध स्थान है, जो दिल्ली-हरियाणा सीमा पर स्थित है।

बैलूनिंग

- दिल्ली में बैलूनिंग के लिए 'बैलूनिंग क्लब ऑफ इण्डिया' गठित किया गया है। इसका कार्यालय बहादुरशाह जफर मार्ग पर स्थित है।
- बैलूनिंग दिल्ली में अत्यधिक प्रसिद्ध है और साफ मौसम में इसका आनन्द उठाने साहसिक खेलों के प्रेमी दूर-दूर से आते हैं। होटल हयात के सामने **वाण्डरलस्ट** बैलूनिंग की एक महत्त्वपूर्ण संस्था है।

दिल्ली के प्रमुख खिलाड़ी

दिल्ली के प्रमुख खिलाड़ियों का वर्णन निम्नलिखत है

क्रिकेट

- ***वीरेन्द्र सहवाग*** इनका जन्म 20 अक्टूबर 1978 को नज़फगढ़ में हुआ था। ये भूतपूर्व भारतीय क्रिकेटर हैं। इन्होंने भारत की ओर से पहला एकदिवसीय मैच 1999 में व पहला टेस्ट मैच वर्ष 2001 में खेला था। सहवाग विश्व के तीसरे ऐसे बल्लेबाज हैं, जिन्होंने टेस्ट क्रिकेट में दो बार तिहरा शतक बनाया है। इन्हें वर्ष 2007 में अर्जुन पुरस्कार तथा वर्ष 2010 में पद्म श्री से सम्मानित किया गया। वर्ष 2010 में इन्हें ICC टेस्ट प्लेयर ऑफ दी इयर सम्मान प्राप्त हुआ।
- ***आशीष नेहरा*** इनका जन्म 21 अप्रैल, 1979 को दिल्ली में हुआ था। यह एक भारतीय क्रिकेट खिलाड़ी हैं, इन्हें वर्ष 1999 तक भारत की ओर से अन्तर्राष्ट्रीय क्रिकेट खेला, बाएँ हाथ के तेज गेंदबाज के रूप में ये अपनी विविधता के रूप में जाने जाते हैं।
- आई.पी.एल. में भी ये विशेष रूप से प्रभावी रहे हैं, जिसमें इन्होंने पाँच अलग-अलग टीमों का प्रतिनिधित्व किया है। नेहरा ने अपने प्रथम श्रेणी क्रिकेट खेलने की शुरुआत 1997-1998 के बीच में दिल्ली से की थी।
- ***गौतम गम्भीर*** इनका जन्म 14 अक्टूबर, 1981 को नई दिल्ली में हुआ था। ये एकमात्र भारतीय बल्लेबाज हैं, जिन्होंने पाँच लगातार टेस्ट मैचों में शतक बनाए हैं। ये इण्डियन प्रीमियर लीग में कोलकाता नाइट राइडरर्स के कप्तान रहे हैं।
- इनकी काप्तानी में कोलकाता नाइट राइडरर्स ने वर्ष 2012 और 2014 में इण्डियन प्रीमियर लीग का खिताब जीता था। वर्ष 2008 में इन्हें अर्जुन पुरस्कार से सम्मानित किया गया।

- मार्च, 2019 में लोकसभा चुनाव से पूर्व ये भारतीय जनता पार्टी में शामिल हो गए हैं।
- ***शिखर धवन*** इनका जन्म 5 दिसम्बर, 1985 को दिल्ली में हुआ था। ये अन्तर्राष्ट्रीय स्तर के बल्लेबाज हैं, जो दिल्ली डेयरडेविल्स (वर्तमान में दिल्ली कैपिटल) के लिए इण्डियन प्रीमियर लीग में खेलते हैं।
- वर्ष 2010 में इन्होंने अपने एकदिवसीय करियर की व वर्ष 2013 से टेस्ट करियर कि शुरुआत की। ICC चैम्पियन्स ट्रॉफी 2017 में ये सर्वाधिक रन बनाने वाले भारतीय बल्लेबाज बने।
- ***विराट कोहली*** इनका जन्म 5 नवम्बर, 1988 को दिल्ली में हुआ था। वर्तमान में ये भारतीय क्रिकेट टीम के कप्तान हैं।
- इण्डियन प्रीमियर लीग में कोहली रॉयल चैलेन्जर्स बैंगलोर के कप्तान हैं।

  इन्होंने अपने एकदिवसीय करियर की शुरुआत वर्ष 2008 से व टेस्ट करियर की शुरुआत वर्ष 2011 से की थी।

  कोहली विश्व के 12वें ऐसे बल्लेबाज हैं, जिन्होंने एकदिवसीय मैचों में 10,000 रन का आँकड़ा पार कर लिया है, इन्होंने यह आँकड़ा केवल 205 पारियों में पूरा किया है, जो विश्व में सबसे तेज है।

  वर्ष 2012 और 2017 में इन्हें विस्डन लीडिंग क्रिकेटर ऑफ दी वर्ल्ड और वर्ष 2017 में गारफील्ड सोबर्स ट्रॉफी पुरस्कार प्राप्त हुआ। वर्ष 2013 में इन्हें अर्जुन पुरस्कार, 2017 में पद्म श्री तथा वर्ष 2018 में राजीव गाँधी खेल रत्न से सम्मानित किया गया।
- ***ईशांत शर्मा*** इनका जन्म 2 सितम्बर, 1988 को दिल्ली में हुआ था। ये भारतीय क्रिकेट टीम के गेंदबाज हैं।
- वर्ष 2011 में ये 100 विकेट लेने वाले पाँचवे सबसे कम उम्र के खिलाड़ी बने।
- वर्ष 2008 में कोलकाता नाइट राइडर्स के लिए इण्डियन प्रीमियर लीग में खेलने वाले ये सबसे महँगे गेंदबाज बने।
- ***उन्मुक्त चन्द*** इनका जन्म 23 मार्च 1993 को दिल्ली में हुआ था। यह एक भारतीय घरेलू क्रिकेट खिलाड़ी हैं, जो दिल्ली के लिए खेलते हैं जबकि ये इण्डियन प्रीमियर लीग में मुम्बई इण्डियन्स के लिए खेलते हैं।
- उन्मुक्त चन्द मुख्य रूप से एक दाहिने हाथ के बल्लेबाज हैं।

कबड्डी

- ***राकेश कुमार*** इनका जन्म 15 अप्रैल, 1982 को दिल्ली के निजामपुर में हुआ था।
- वर्ष 2003 में इनका चयन राष्ट्रीय कबड्डी टीम में हुआ।
- इनकी टीम ने 2004 व 2007 के विश्व कप में स्वर्ण, वर्ष 2006 व 2010 के एशियाई खेलों में स्वर्ण पदक प्राप्त किया।
- वर्ष 2011 में इन्हें अर्जुन पुरस्कार से सम्मानित किया था।

कुश्ती

- ***सतपाल सिंह*** इनका जन्म 11 मई, 1955 को दिल्ली में हुआ था। वर्तमान में ये प्रसिद्ध कुश्ती कोच हैं।
- वर्ष 1982 के एशियाई खेलों में इन्होंने स्वर्ण पदक प्राप्त किया तथा 1974 के एशियाई खेलों में कांस्य पदक प्राप्त किया।
- इन्हें वर्ष 1974 में अर्जुन पुरस्कार, वर्ष 1983 में पदम् श्री, वर्ष 2009 में द्रोणाचार्य पुरस्कार तथा वर्ष 2015 में पदम् भूषण से सम्मानित किया गया।
- ***सुशील कुमार*** इनका जन्म 26 मई, 1983 को दिल्ली के नजफगढ़ के एक गाँव बापरोला में हुआ था। यह भारत के एक कुश्ती पहलवान हैं। जो 2012 के लन्दन ओलम्पिक में कांस्य पदक जीतकर लगातार दो ओलम्पिक मुकाबलों में व्यक्तिगत स्तर पर कांस्य पदक जीतने वाले

पहले भारतीय खिलाड़ी बने। 2010 तथा 2014 राष्ट्रमण्डल खेलों में इन्होंने स्वर्ण पदक जीता था।

- ***पवन कुमार सरोहा*** इनका जन्म 16 अक्टूबर, 1993 को दिल्ली में हुआ था। इन्होंने वर्ष 2014 के राष्ट्रमण्डल खेलों में कांस्य पदक प्राप्त किया था। इन्होंने 2014 एशियाई खेलों में भारत का प्रतिनिधित्व किया था।

एथलेटिक्स

- ***तेजस्विन शंकर*** इनका जन्म 21 दिसम्बर, 1998 को दिल्ली में हुआ था। ये एथलीट हाई जम्प स्पर्धा के लिए विख्यात हैं।
- वर्ष 2018 में इन्होंने हाई जम्प में 2.29 मी का राष्ट्रीय रिकार्ड बनाया। वर्ष 2015 के कॉमनवेल्थ खेलों में स्वर्ण पदक तथा 2016 के साऊथ एशियन खेलों में रजत पदक प्राप्त किया।

निशानेबाजी

- ***दीपक कुमार*** इनका जन्म 5 नवम्बर, 1987 को दिल्ली में हुआ था। ये अन्तर्राष्ट्रीय स्तर के निशानेबाज हैं।
- वर्ष 2018 के एशियाई खेलों में इन्होंने 10 मी एयर राइफल स्पर्धा में रजत प्राप्त पदक किया तथा वर्ष 2017 में राष्ट्रमण्डल खेलों में कांस्य पदक प्राप्त किया।

मुक्केबाजी

- ***गौरव बिधुरी*** इनका जन्म 16 मई, 1993 को दिल्ली के मानदनपुर खादर गाँव में हुआ था। ये 56 किग्रा वर्ग में खेलने वाले बॉक्सर हैं। वर्ष 2017 में इन्होंने विश्व बॉक्सिंग चैम्पियनशिप में कांस्य पदक प्राप्त किया।

टेनिस

- ***युकी भांबरी*** इनका जन्म 4 जुलाई, 1992 को दिल्ली में हुआ था। ये भारत के शीर्ष टेनिस खिलाड़ियों में से एक हैं। वर्ष 2009 में इन्होंने ऑस्ट्रिलियन ओपन जूनियर चैम्पियनशिप जीती।
- वर्ष 2010 के यूथ ओलम्पिक में इन्होंने रजत पदक तथा वर्ष 2008 के कॉमनवैल्थ खेलों में कांस्य पदक जीता।

दिल्ली के अन्य प्रमुख खिलाड़ी

खेल	***प्रमुख खिलाड़ी***
क्रिकेट	मनोज प्रभाकर, चेतन चौहान, , कीर्ति आजाद, सुरेन्द्र खन्ना, अतुल वासन, आकाश चोपड़ा
मुक्केबाजी	ओमप्रकाश भारद्वाज
निशानेबाजी	विक्रम भटनागर, मुराद अली खान
एथलीट	अरुण भारद्वाज, अमोज जैकब, ललित माथुर, सौरभ विज
टेबल टेनिस	नेहा अग्रवाल, इन्दु पुरी
शतरंज	तानिया सचदेव, आश्यन चोपड़ा सहाज ग्रोवर,
हॉकी	जोगिन्दर सिंह
तैराकी	खजान सिंह, संदीप सेजवाल
जूडो	अकरम शाह, नरेन्द्र सिंह कोदान

दिल्ली के प्रमुख स्टेडियम

दिल्ली के प्रमुख स्टेडियम निम्नलिखित हैं

- ***जवाहरलाल नेहरू स्टेडियम*** 60 हजार दर्शकों की क्षमता वाला यह स्टेडियम मूलतः एक एथलेटिक्स स्टेडियम है। इसका निर्माण वर्ष 1982 में हुआ था। यह 100 एकड़ में फैला है। वर्ष 1982 का एशियाड तथा वर्ष 2010 में राष्ट्रमण्डल खेलों का आयोजन इस स्टेडियम में किया गया था।
- ***इन्दिरा गाँधी इण्डोर स्टेडियम*** इस स्टेडियम में वॉलीबॉल, बैडमिण्टन तथा जिमनास्टिक का आयोजन होता है। इसका निर्माण वर्ष 1982 में पूरा हुआ था। राष्ट्रमण्डल खेल, 2010 में जिमनास्टिक की स्पर्धा इसमें आयोजित किए गए थे। इस स्टेडियम में 25 हजार लोगों के बैठने की क्षमता है।
- ***फिरोजशाह कोटला स्टेडियम*** यह एक प्रसिद्ध क्रिकेट स्टेडियम है। इस स्टेडियम का निर्माण 1883 ई. में हुआ था। जहाँ अन्तर्राष्ट्रीय क्रिकेट मैचों के साथ राष्ट्रीय स्तर के क्रिकेट मैच भी आयोजित किए

जाते हैं। यहाँ एकदिवसीय मैचों के अतिरिक्त टेस्ट मैचों का आयोजन भी होता है। इस स्टेडियम में कई ऐतिहासिक रिकॉर्ड बने हैं।

- ***ध्यानचन्द नेशनल स्टेडियम*** इण्डिया गेट के सामने स्थित ध्यानचन्द नेशनल स्टेडियम में हॉकी के मैचों का आयोजन होता है।
- वर्ष 2010 में यहाँ पुरुष हॉकी विश्वकप आयोजित किया गया था।
- ***शिवाजी स्टेडियम*** दिल्ली के गोल मार्केट के निकट शिवाजी स्टेडियम स्थित है। यहाँ हॉकी के मैचों का आयोजन होता है।
- वर्ष 2010 में राष्ट्रमण्डल खेलों के दौरान महिला हॉकी मैचों का आयोजन शिवाजी स्टेडियम में किया गया था।
- ***अम्बेडकर स्टेडियम*** यह फुटबॉल का प्रसिद्ध स्टेडियम है। यहाँ राष्ट्रीय तथा अन्तर्राष्ट्रीय स्तर के मैचों का आयोजन किया जाता है। यह स्टेडियम दिल्ली में 'दिल्ली गेट' के पास स्थित है।
- ***छत्रसाल स्टेडियम*** यह एथलेटिक्स का प्रसिद्ध स्टेडियम है। यह स्टेडियम मॉडल टाउन में स्थित है।

दिल्ली के अन्य प्रमुख स्टेडियम

स्टेडियम	***सम्बन्धित खेल***
करणी सिंह स्टेडियम	शूटिंग
यमुना स्पोर्ट्स कॉम्प्लेक्स	तैराकी
तालकटोरा इंडोर स्टेडियम	इण्डोर गेम्स
आर. के. खन्ना स्टेडियम	टेनिस
डी. डी. ए. सीरी फोर्ट स्पोर्ट्स कॉम्प्लेक्स	कुश्ती, बैडमिण्टन
श्यामा प्रसाद मुखर्जी कॉम्प्लेक्स	तैराकी
दिल्ली विश्वविद्यालय ग्राउण्ड	तीरन्दाजी, रग्बी
जयपुर हाउस ग्राउण्ड	पोलो

दिल्ली में आयोजित प्रमुख अन्तर्राष्ट्रीय खेल

दिल्ली में स्वतन्त्रता के पश्चात् ही अन्तर्राष्ट्रीय स्तर पर खेलों में भागीदारी आरम्भ हुई। दिल्ली में अब तक तीन बड़ी खेल प्रतियोगिताएँ आयोजित की गई हैं।

इनका विवरण निम्नलिखित है

राष्ट्रमण्डल खेल, 2010

- 19वें राष्ट्रमण्डल खेलों का आयोजन 3 से 14 अक्टूबर, 2010 तक दिल्ली में किया गया था। इसमें 71 देशों के 6081 एथलीटों ने भाग लिया। वर्ष 1951 तथा 1982 के एशियाई खेलों के बाद भारत में आयोजित यह सबसे बड़ा खेल महोत्सव था। इसका उद्घाटन तथा समापन समारोह नेहरू स्टेडियम में किया गया। 'शेरा' इस खेल आयोजन का अधिकृत शुभंकर (Mascot) था। राष्ट्रमण्डल खेल, 2010 का उद्घाटन प्रिंस चार्ल्स तथा भारत की पूर्व राष्ट्रपति प्रतिभा देवी सिंह पाटिल ने किया था।
- भारत ने बेहतर प्रदर्शन करते हुए पदक तालिका में दूसरा स्थान प्राप्त किया। भारत ने कुल 101 पदक जीते, जिसमें 38 स्वर्ण पदक शामिल थे।

एशियाई खेल, 1982

- 9वाँ एशियाई खेल 19 नवम्बर से 4 दिसम्बर, 1982 में नई दिल्ली में आयोजित किया गया था। इसमें 33 एशियाई देशों के 4595 एथलीटों ने भाग लिया।
- वर्ष 1982 के एशियाई खेलों का उद्घाटन समारोह जवाहरलाल नेहरू स्टेडियम में तत्कालीन राष्ट्रपति ज्ञानी जैल सिंह ने किया था।
- एशियाई खेल वर्ष 1982 का शुभंकर 'अप्पू' नामक हाथी था तथा लोगों (Logo) में जन्तर-मन्तर के ऊपर चमकता सूर्य चित्रित था।

एशियाई खेल, 1951

- प्रथम एशियाई खेलों का आयोजन 4 मार्च से 11 मार्च, 1951 तक दिल्ली में किया गया था। इसमें 11 देशों के 489 एथलीटों ने भाग लिया।
- तत्कालीन राष्ट्रपति डॉ. राजेन्द्र प्रसाद ने इस खेल आयोजन का उद्घाटन किया।
- एशियाई खेल, 1951 के लोगो (Logo) में 16 पीले छल्लों के ऊपर सूर्य की आकृति थी।

दिल्ली में आयोजित प्रमुख प्रतियोगिताएँ

दिल्ली में आयोजित प्रमुख खेल प्रतियोगिताओं का वर्णन निम्नलिखत है

दिल्ली ओलम्पिक खेल

- यह प्रतियोगिता आयोजन पहली बार वर्ष 2015 में किया गया था। नर्ष 2016 न 2017 में यह आयोजन नहीं हो पाया था।
- वर्ष 2018 में इस प्रतियोगिता का आयोजन 10 से 20 अक्टूबर के मध्य किया गया। इसका आयोजन दिल्ली ओलम्पिक संघ द्वारा कराया गया। इसका उद्घाटन समारोह तालकटोरा गार्डन में स्थित एन. डी. एम. सी. इण्डोर स्टेडियम में किया गया।
- इसमें 41 खेलों का आयोजन किया गया तथा लगभग 12000 खिलाड़ियों ने इस प्रतियोगिता में भाग लिया।

दिल्ली हाफ मैराथन

- दिल्ली हाफ मैराथन को सर्वप्रथम वर्ष 2005 में आरम्भ किया गया। इसका आयोजन प्रत्येक वर्ष अक्टूबर-नवम्बर में किया जाता है।
- इसमें 6 किमी का ग्रेट दिल्ली रन, ओपन रन 10 किमी, 4.3 किमी वृद्धों के लिए तथा 2.4 किमी विकलांगों के लिए दौड़ आयोजित की जाती है।
- दिल्ली हाफ मैराथन का आयोजन वर्ष 2018 में 21 अक्टूबर को जवाहरलाल नेहरू स्टेडियम में किया गया था। पुरुष एलीट वर्ग में अभिषेक पॉल व महिला एलीट वर्ग में संजीवनी जाधव इस प्रतियोगिता में विजेता रहे।

इण्डिया स्कूल गेम्स

खेलों में भारत को विश्व विजेता बनाने के उद्देश्य के साथ प्रधानमन्त्री नरेन्द्र मोदी ने नई दिल्ली के इन्दिरा गाँधी इंडोर स्टेडियम में 31 जनवरी, 2018 को पहले खेलों में इण्डिया स्कूल गेम्स का शुभारम्भ किया। इस खेल में 38 स्वर्ण, 26 रजत, और 38 कांस्य पदक सहित कुल 102 पदक के साथ हरियाणा अंक तालिका में शीर्ष पर रहा।

ओपन अन्तर्राष्ट्रीय ग्रेपलिंग प्रतियोगिता

इस प्रतियोगिता का आयोजन 8 दिसम्बर, 2018 को दिल्ली में किया गया। इसमें उत्तर प्रदेश की ग्रेप्लर खिलाड़ी माया और मधु ने पदक जीते।

दिल्ली के खेल निगमित संस्थान

दिल्ली में सभी खेलों के लिए निगमित संस्थान के रूप में 'भारतीय खेल प्राधिकरण' ही कार्यरत है।

भारतीय खेल प्राधिकरण

- भारत सरकार ने जनवरी, 1984 में भारतीय खेल प्राधिकरण की स्थापना एक पंजीकृत सोसायटी के रूप में की थी।
- प्रारम्भ में इसका उद्देश्य वर्ष 1982 में एशियाड के दौरान दिल्ली में निर्मित खेलकूद की बुनियादी सुविधाओं के कारगर रख-रखाव तथा उनके अधिकतम उपयोग को सुनिश्चित करना था।
- अब यह देशों में खेलों के विस्तार तथा राष्ट्रीय और अन्तर्राष्ट्रीय स्तर पर खेलों में विशेष उपलब्धि के लिए खिलाड़ियों के प्रशिक्षण की नोडल एजेन्सी बन गई है।

- खेलों को प्रोत्साहन देने के लिए शीर्ष पर एक ही एजेन्सी स्थापित करने के उद्देश्य से 1 मई, 1987 को राष्ट्रीय शारीरिक शिक्षा और खेलकूद सोसायटी का भारतीय खेल प्राधिकरण में विलय कर दिया गया।

दिल्ली स्कोर एसोसिएशन

दिल्ली स्कोर एसोसिएशन दिल्ली में फुटबॉल खेल सम्बन्धी नियमों को बनाने एवं नियमित करने हेतु, खेल सम्बन्धी सभी कार्यक्रमों को आयोजित करना एवं फुटबॉल खिलाड़ियों को बुनियादी सुविधाएँ सुनिश्चित कराना इत्यादि इनके कार्यों में मुख्य रूप से शामिल है।

राष्ट्रीय खेल नीति

प्रारम्भ में राष्ट्रीय खेल नीति वर्ष 1984 में बनाई गई थी। खेलों को बढ़ावा देने तथा प्रतिभाशाली युवाओं को प्रोत्साहन देने के उद्देश्य से 2001 में सरकार ने नई राष्ट्रीय खेल नीति बनाई।

इस नीति के मुख्य उद्देश्य निम्न प्रकार हैं

- खेलों का आधार व्यापक करना तथा उपलब्धियों में श्रेष्ठता लाना
- संरचनात्मक ढाँचे का विकास तथा उच्चीकरण
- राष्ट्रीय खेल फेडरेशनों और दूसरी उपयुक्त संस्थाओं को सहायता प्रदान करना
- खेल को वैज्ञानिक तथा प्रशिक्षण सम्बन्धी मज़बूती प्रदान करना
- खिलाड़ियों को प्रोत्साहन
- महिलाओं, पिछड़ी जनजातियों तथा ग्रामीण युवाओं की भागीदारी को बढ़ावा
- खेलों के उत्थान में संगठित क्षेत्रों की भागीदारी को बढ़ावा
- जनता में खेलों के प्रति रूझान बढ़ाना।

खेल सम्बन्धी प्रमुख योजनाएँ

दिल्ली में संचालित खेल सम्बन्धी प्रमुख योजनाओं का वर्णन निम्नलिखित है

- ***आओ और खेलो योजना*** वर्ष 2011 में इस योजना की शुरुआत भारतीय खेल प्राधिकरण द्वारा दिल्ली के साथ-साथ सम्पूर्ण देश में खेल सुविधाओं के बेहतर उपयोग के लिए की गई। इसके अन्तर्गत भारतीय खेल प्राधिकरण के प्रशिक्षण संस्थानों में युवाओं को बेहतर सुविधाएँ एवं प्रशिक्षण किया जा रहा है।
- ***राष्ट्रीय खेल प्रतिभा योजना*** इस योजना का मुख्य उद्देश्य 8 से 12 वर्ष तक के आयु वर्ग में प्रतिभाओं की पहचान करना तथा प्रतिभाशाली खिलाड़ियों को प्रोत्साहित करना है इस योजना को वर्ष 2015 में प्रारम्भ किया गया था।
- ***'पे एण्ड प्ले' योजना*** 1 जुलाई, 2015 को दिल्ली सरकार ने 'पे एण्ड प्ले' योजना की शुरुआत की। इसका मुख्य उद्देश्य दिल्ली के कुछ चयनित स्टेडियमों या खेल परिसरों में सभी वर्गों के लोगों के बीच खेलों को लोकप्रिय बनाना है। इसके अन्तर्गत सभी सुविधाएँ स्कूल के छात्रों और विकलांग व्यक्तिओं के लिए मुफ्त रहेंगी, जबकि अन्य के लिए सदस्यता शुल्क ₹ 100 प्रतिमाह होगा। शुल्क अदा करने के बाद सदस्य स्टेडियम में उपलब्ध खेलों को खेल सकेंगे।
- ***खेलो इण्डिया योजना*** इस योजना को वर्ष 2017 से भारत सरकार द्वारा प्रारम्भ किया गया है। इसका मुख्य उद्देश्य भारतीय खिलाड़ियों की प्रतिभा को बढ़ाना है तथा ग्रामीण क्षेत्रों के खिलाड़ियों को प्रोत्साहन एवं सुविधाओं की कमी को पूरा करना है।
- सरकार इस योजना के माध्यम से चुने गए खिलाड़ियों को 8 वर्ष तक ₹ 5 लाख प्रति वर्ष स्कॉलरशिप देगी। यह स्कॉलरशिप खिलाड़ियों को उनकी खाद्य सम्बन्धी आपूर्ति एवं खेल सम्बन्धी उपकरणों की आवश्यकता को पूरा करने के लिए दी जाएगी।
- इस योजना में राजीव गाँधी खेल अभियान योजना का भी विलय कर दिया गया है, जिसे वर्ष 2014 में शुरू किया गया था।

दिल्ली में पुरस्कार एवं सम्मान

दिल्ली सरकार द्वारा भी विभिन्न क्षेत्रों के लिए पुरस्कार दिए जाते हैं। *दिल्ली में प्रतिष्ठित पुरस्कारों की सूची निम्नलिखित है*

साहित्य पुरस्कार

दिल्ली सरकार द्वारा साहित्य के क्षेत्र में निम्न पुरस्कार प्रदान किए जाते हैं

- ***शलाका सम्मान*** यह पुरस्कार **दिल्ली का सर्वोच्च साहित्य पुरस्कार** है। इसकी पुरस्कार राशि ₹ 5 लाख है। वर्ष 2017-18 के लिए यह पुरस्कार जावेद अख्तर को प्रदान किया गया था।
- ***दिल्ली शिखर सम्मान*** यह पुरस्कार दिल्ली सरकार द्वारा विशिष्ट सृजनात्मक योगदान के लिए दिया जाता है। इसकी पुरस्कार राशि ₹ 2 लाख है।
- वर्ष 2017-18 के लिए पुरस्कार एम. के. रैना को प्रदान किया गया था।
- ***सन्तोष कोली स्मृती सम्मान*** यह पुरस्कार केवल हिन्दी महिला सेवियों को दिया जाता है। इसकी पुरस्कार राशि ₹ 2 लाख है। वर्ष 2017-18 के लिए यह पुरस्कार दिव्या भारती को प्रदान किया गया था।
- ***विशिष्ट योगदान सम्मान*** इसकी पुरस्कार राशि ₹ 1 लाख है। वर्ष 2017-18 के लिए यह पुरस्कार सत्येन्द्र शरत को प्रदान किया गया था।
- ***काव्य सम्मान*** इसकी पुरस्कार राशि ₹ 1 लाख है वर्ष 2017-18 के लिए यह पुरस्कार राजेश्वर को प्रदान किया गया था।
- ***नाटक सम्मान*** इसकी पुरस्कार राशि ₹ 1 लाख है। वर्ष 2017-18 के लिए यह पुरस्कार सुमन कुमार को प्रदान किया गया था।
- ***हास्य व्यंग्य सम्मान*** इसकी पुरस्कार राशि ₹ 1 लाख है।
- वर्ष 2017-18 के लिए यह पुरस्कार संजय रजौरा को प्रदान किया गया था।
- ***अनुवाद सम्मान*** यह पुरस्कार अन्य भाषाओं से हिन्दी में अनुवाद के लिए दिया जाता है। इसकी पुरस्कार राशि ₹ 1 लाख है।
- वर्ष 2017-18 के लिए यह पुरस्कार मरिया पुरी को प्रदान किया गया था।
- ***हिन्दी सेवा सम्मान*** इसकी पुरस्कार राशि ₹ 1 लाख है वर्ष 2017-18 के लिए यह पुरस्कार पुरोहित गोविन्द प्रसाद को प्रदान किया गया था।
- ***गद्य विद्या सम्मान*** इसकी पुरस्कार राशि ₹ 1 लाख है। वर्ष 2017-18 के लिए यह पुरस्कार राजी जमा को प्रदान किया गया था।

खेल पुरस्कार

दिल्ली के महत्त्वपूर्ण खेल पुरस्कारों का वर्णन निम्न है

राजीव गाँधी राज्य खेल पुरस्कार

- दिल्ली का सर्वोच्च खेल पुरस्कार 'राजीव गाँधी राज्य खेल पुरस्कार' है। इसे राष्ट्रीय खेल पुरस्कार 'अर्जुन पुरस्कार' के समकक्ष माना जाता है।
- 'राजीव गाँधी खेल पुरस्कार' प्रतिवर्ष 3 खिलाड़ियों को प्रदान किया जाता है। इस पुरस्कार के तहत ₹ 2 लाख नकद राशि, प्रशस्ति प्रमाण-पत्र आदि प्रदान किए जाते हैं।
- 'राजीव गाँधी खेल पुरस्कार' मुख्यमन्त्री के द्वारा प्रदान किया जाता है।

सर्वश्रेष्ठ खेल अध्यापक पुरस्कार

दिल्ली के सभी विद्यालयों में सर्वश्रेष्ठ खेल अध्यापक/कोच पुरस्कार प्रदान किए जाते हैं। पुरस्कार के तहत नकद राशि ₹ 25,000 प्रदान की जाती है।

दिल्ली में अन्य प्रमुख पुरस्कार

दिल्ली में दिए जाने वाले अन्य पुरस्कार निम्न हैं

- ***शिक्षा पुरस्कार*** प्रदेश सरकार द्वारा प्रतिवर्ष शिक्षण का उत्कृष्ट प्रदर्शन करने वाले शिक्षकों को 'राज्य सर्वश्रेष्ठ शिक्षक पुरस्कार' प्रतिवर्ष दिए जाते हैं।
- ***वरिष्ठ नागरिक पुरस्कार*** मुख्यमन्त्री द्वारा प्रत्येक वर्ष वरिष्ठ नागरिकों को सम्मानित करने हेतु यह पुरस्कार वर्ष 2016 से प्रदान किया गया सर्वप्रथम यह पुरस्कार जे.आर.गुप्ता को दिया गया।
- ***उद्योग पुरस्कार*** दिल्ली श्रम कल्याण बोर्ड द्वारा प्रतिवर्ष कर्मठ एवं प्रवीण श्रमिकों जिन्होंने हस्तशिल्प उद्योगों में बेहतर कार्य निष्पादन किया हो, उन्हें 'राज्य हस्तशिल्प उद्यमी' पुरस्कार से सम्मानित किया जाता है।

दिल्ली के प्रमुख पद्म विभूषण प्राप्तकर्ता

नाम	*क्षेत्र*	*वर्ष*
जगमोहन	सार्वजनिक मामले	2016
यामिनी कृष्णमूर्ति	कला (शास्त्रीय नृत्य)	2016
के. के. वेणुगोपाल	सार्वजनिक मामले	2015
एस. एच. रजा	कला	2013
टी. वी. राजेश्वर	नागरिक सेवा	2012
कपिला वात्स्यायन	कला	2011

दिल्ली के प्रमुख पद्म भूषण प्राप्तकर्ता

नाम	*क्षेत्र*	*वर्ष*
महाशय धर्मपाल	व्यापार एवं उद्योग	2019
वीके शुंगलु	सिविल सेवा	2019
इन्दू जैन	व्यापार एवं उद्योग	2016
सतपाल सिंह	खेल	2015
रजत शर्मा	साहित्य एवं शिक्षा	2015
अशोक सेठ	चिकित्सा	2015
हरीश साल्वे	सार्वजनिक मामले	2015
सुभाष कश्यप	सार्वजनिक मामले	2015
स्वप्नदास गुप्ता	साहित्य एवं शिक्षा	2015
डॉ. अमरिश मित्तल	चिकित्सा	2015
न्यायाधीश दलबीर भण्डारी	नागरिक सेवा	2014
डॉ. थिरूमालाचारी रामास्वामी	विज्ञान एवं प्रौद्योगिकी	2014
डॉ. विनोद प्रकाश शर्मा	विज्ञान एवं प्रौद्योगिकी	2014
डॉ. मृत्युन्जय आत्रेय	साहित्य एवं शिक्षा	2014
श्रीमती अनिता देसाई	साहित्य एवं शिक्षा	2014
श्री विजयेन्द्र नाथ कौल	सिविल सेवा	2014
डॉ (श्रीमती) नीलम क्लेर	चिकित्सा	2014

नाम	*क्षेत्र*	*वर्ष*
मीरा नायर	कला	2012
मूसा रजा	नागरिक सेवा	2010
बिपिन चन्द्रा	साहित्य एवं शिक्षा	2010

दिल्ली के प्रमुख पद्‌मश्री प्राप्तकर्ता

नाम	*क्षेत्र*	*वर्ष*
मौहम्मद हनीफ खान	साहित्य	2019
एस जयशंकर	सिविल सेवा	2019
दिलीप चक्रवर्ती	अन्य (पुरातत्व)	2019
गौतम गम्भीर	खेल (क्रिकेट)	2019
संदीप गुलेरिया	चिकित्सा	2019
श्री कनकल सिवल	नागरिक सेवा	2017
डॉ. नरेन्द्र कोहली	साहित्य एवं शिक्षा	2017
श्री चामू कृष्णा शास्त्री	साहित्य एवं शिक्षा	2017
श्री पूनम सूरी	साहित्य एवं शिक्षा	2017
श्री विराट कोहली	खेल (क्रिकेट)	2017
श्रीमती प्रतिमा प्रह्लाद	कला (शास्त्रीय नृत्य)	2016
श्री नीला माधव पण्डा	कला (फिल्म)	2016
श्री जय प्रकाश लेखीवाल	कला (चित्रकारी)	2016
डॉ. रविन्द्र नागर	साहित्य एवं शिक्षा	2016
प्रो. पुष्पेश पंत	साहित्य एवं शिक्षा	2016
श्री अशोक मलिक	साहित्य एवं शिक्षा	2016
डॉ. प्रवीन चन्द्र	चिकित्या	2016
डॉ. (श्रीमती) अनील कुमारी मल्होत्रा	चिकित्सा	2016
प्रो. एम. वी. पद्म श्रीवास्तव	चिकित्या	2016
श्री इम्तियाज कुरैशी	अन्य	2016
श्री एम. सी. मेहता	नागरिक सेवा	2016
श्री एम. एन. कृष्णामनि	नागरिक सेवा	2016
डॉ. सतीश कुमार	विज्ञान एवं प्रौद्योगिकी	2016
श्री महेश शर्मा	व्यापार एवं उद्योग	2016
श्री सौरव श्रीवास्तव	व्यापार एवं उद्योग	2016

दिल्ली में खेलकूद एवं पुरस्कार

स्व-मूल्यांकन

1. दिल्ली में क्रिकेट को नियन्त्रित करने वाली संस्था है
(a) दिल्ली क्रिकेट परिषद्
(b) दिल्ली जिला क्रिकेट एसोसिएशन
(c) दिल्ली क्रिकेट
(d) दिल्ली क्रिकेट काउन्सिल

2. दिल्ली जिला क्रिकेट एसोसिएशन की स्थापना कब हुई?
(a) वर्ष 1935 (b) वर्ष 1947
(c) वर्ष 1940 (d) वर्ष 1925

3. गुरु हनुमान तथा चन्दगीराम निम्न में से किस खेल के प्रसिद्ध प्रशिक्षक के रूप में जाने जाते हैं?
(a) लॉन टेनिस (b) रॉक क्लाइम्बिंग
(c) कुश्ती (d) पैरा सेलिंग

4. दिल्ली में रॉक क्लाइम्बिंग के लिए प्रसिद्ध स्थान है
(a) कमलानगर (b) लाडो सराय
(c) मुनरिका (d) आरके पुरम

5. 'वाण्डरलस्ट' का सम्बन्ध किस साहसिक खेल से है?
(a) वाटर स्पोर्ट्स (b) पारा सैलिंग
(c) बैलूनिंग (d) रॉक क्लाइम्बिंग

6. निम्न खेलों में से राकेश कुमार का चयन किस राष्ट्रीय खेल के लिए हुआ?
(a) कुश्ती (b) कबड्डी
(c) क्रिकेट (d) टेनिस

7. दीपक कुमार किस खेल के प्रसिद्ध खिलाड़ी हैं?
(a) क्रिकेट
(b) टेनिस
(c) निशानेबाजी
(d) रग्बी

8. तानिया सचदेव किस खेल से सम्बन्धित हैं?
(a) तैराकी (b) शूटिंग
(c) शतरंज (d) टेनिस

9. निम्नलिखित में से कौन एक दिल्ली का हॉकी खिलाड़ी है?
(a) मुरादअली खान (b) जोगिन्दर सिंह
(c) सतपाल सिंह (d) कीर्ति आजाद

10. जवाहरलाल नेहरू स्टेडियम किस खेल से सम्बन्धित है?
(a) क्रिकेट (b) फुटबॉल
(c) एथलेटिक्स (d) टेनिस

11. वर्ष 1982 के एशियाई खेल का उद्घाटन समारोह किस स्टेडियम में आयोजित किया गया था?
(a) अम्बेडकर स्टेडियम
(b) तालकटोरा स्टेडियम
(c) जवाहरलाल नेहरू स्टेडियम
(d) इन्दिरा गाँधी इण्डोर स्टेडियम

12. क्रिकेट स्टेडियम फिरोजशाह कोटला का निर्माण किस वर्ष हुआ था?
(a) वर्ष 1871 (b) वर्ष 1883
(c) वर्ष 1917 (d) वर्ष 1951

13. पुरुष हॉकी विश्वकप, 2010 का उद्घाटन किस स्टेडियम में किया गया?
(a) अम्बेडकर स्टेडियम
(b) शिवाजी स्टेडियम
(c) ध्यानचन्द नेशनल स्टेडियम
(d) इन्दिरा गाँधी इण्डोर स्टेडियम

14. कामनवेल्थ खेलों के दौरान, दिल्ली में महिला हॉकी विश्वकप का आयोजन किस वर्ष किया गया?
(a) वर्ष 2008 (b) वर्ष 2009
(c) वर्ष 2010 (d) वर्ष 2011

15. दिल्ली के अम्बेडकर स्टेडियम का सम्बन्ध किस खेल से है?
(a) हॉकी (b) फुटबॉल
(c) टेनिस (d) क्रिकेट

16. निम्न स्टेडियमों में से कौन-सा एक एथलेटिक्स का एक प्रसिद्ध स्टेडियम है?
(a) शिवाजी स्टेडियम
(b) छत्रसाल स्टेडियम
(c) अम्बेडकर स्टेडियम
(d) उपरोक्त में से कोई नहीं

17. आर. के. खन्ना स्टेडियम का सम्बन्ध किस खेल से है?
(a) टेनिस (b) रग्बी
(c) फुटबॉल (d) क्रिकेट

18. प्रथम एशियाई खेल, 1951 किस स्थान पर आयोजित किया गया था?
(a) दिल्ली (b) कोलकाता
(c) चेन्नई (d) मुम्बई

19. दिल्ली हाफ मैराथन किस वर्ष आरम्भ हुआ?
(a) वर्ष 2004 (b) वर्ष 2005
(c) वर्ष 2006 (d) वर्ष 2007

20. भारत सरकार ने कब भारतीय खेल प्राधिकरण की स्थापना एक पंजीकृत सोसायटी के रूप में की थी?
(a) जनवरी, 1984 (b) फरवरी, 1985
(c) मार्च, 1980 (d) मई, 1986

21. खेलों को बढ़ावा देने के लिए शीर्ष स्तर पर एक ही एजेन्सी स्थापित करने के उद्देश्य से निम्न में से किसको 1 मई, 1987 को भारतीय खेल प्राधिकरण में सम्मिलित कर दिया गया?
(a) राष्ट्रीय शारीरिक शिक्षा और खेलकूद सोसायटी
(b) राष्ट्रीय शारीरिक शिक्षा और खेलकूद बोर्ड
(c) शारीरिक शिक्षा और खेलकूद सोसायटी
(d) शिक्षा और खेलकूद बोर्ड

22. दिल्ली स्कोर एसोसिएशन निम्न में से किस खेल से सम्बन्धित है?
(a) क्रिकेट (b) हॉकी
(c) फुटबॉल (d) रग्बी

23. खेलों को बढ़ावा देने तथा प्रतिभाशाली युवाओं को प्रोत्साहन देने के लिए सरकार ने किस वर्ष नई राष्ट्रीय खेल नीति बनाई?
(a) वर्ष 2002 (b) वर्ष 2004
(c) वर्ष 2005 (d) वर्ष 2001

24. दिल्ली में 'राज्य सर्वश्रेष्ठ शिक्षक पुरस्कार' कितने वर्ष पर दिया जाता है?
(a) 1 वर्ष पर (b) 2 वर्ष पर
(c) 3 वर्ष पर (d) 5 वर्ष पर

25. वर्ष 2016 के लिए 'वरिष्ठ नागरिक पुरस्कार' निम्न में से किसको दिया गया?
(a) राम कुमार शर्मा (b) विजय कुमार
(c) जे. आर. गुप्ता (d) प्रवीण कुमार

26. निम्न में से कौन-सा एक कथन असत्य है?
(a) दिल्ली के गोल मार्केट के निकट शिवाजी स्टेडियम स्थित है
(b) यहाँ हॉकी के मैचों का आयोजन होता है
(c) वर्ष 2010 में राष्ट्रमण्डल खेलों के दौरान महिला हॉकी मैचों का आयोजन शिवाजी स्टेडियम में किया गया था
(d) उपरोक्त में से कोई नहीं

27. निम्नलिखित में कौन सुमेलित नहीं है?
(a) शिखर धवन – क्रिकेट
(b) विक्रम भटनागर – क्रिकेट
(c) ओमप्रकाश भारद्वाज – मुक्केबाजी
(d) सुशील कुमार – कुश्ती

उत्तरमाला

1. (b) **2.** (a) **3.** (c) **4.** (b) **5.** (c) **6.** (b) **7.** (c) **8.** (c) **9.** (b) **10.** (c)
11. (c) **12.** (b) **13.** (c) **14.** (c) **15.** (b) **16.** (b) **17.** (a) **18.** (a) **19.** (b) **20.** (a)
21. (a) **22.** (c) **23.** (d) **24.** (a) **25.** (c) **26.** (d) **27.** (b)

अध्याय 19

कल्याणकारी एवं सुरक्षा योजनाएँ

कल्याणकारी योजनाओं के माध्यम से सरकार गरीब, वृद्ध, विकलांग व बेरोजगारी आदि से ग्रसित लोगों को सामाजिक सुरक्षा और संरक्षा प्रदान करती है। इसी क्रम में राष्ट्रीय राजधानी क्षेत्र दिल्ली सरकार भी समाज के कमजोर वर्गों, उपेक्षित समूहों और शारीरिक बाधाओं से ग्रसित लोगों के कल्याण के लिए योजनाएँ बनाकर उनकी बेहतर देखभाल व सहायता सुनिश्चित करती है।

दिल्ली सरकार समाज के विभिन्न वर्गों के लिए भिन्न-भिन्न कल्याणकारी योजनाएँ चला रही हैं, *जिनका विवरण संक्षिप्त रूप में निम्नलिखित है*

महिला और बाल विकास योजनाएँ एवं कार्यक्रम

दिल्ली में निम्न महिला और बाल विकास कार्यक्रम संचालित हैं

एकीकृत बाल विकास कार्यक्रम

- दिल्ली सरकार राष्ट्रीय राजधानी क्षेत्र में इस कार्यक्रम को भारत सरकार की सहायता से कार्यान्वित कर रही है। इसके लाभार्थियों में 0-6 वर्ष की आयु वर्ग के शिशु, गर्भवती महिलाएँ और स्तनपान कराने वाली माताएँ शामिल हैं।

इस कार्यक्रम के अन्तर्गत छः *प्रकार की सेवाएँ प्रदान की जाती हैं,* जैसे—

1. पूरक पोषण आहार 2. टीकाकरण
3. स्वास्थ्य जाँच 4. रेफ्रल सेवाएँ
5. पूर्व विद्यालय अथवा अनौपचारिक शिक्षा
6. पोषण एवं स्वास्थ्य शिक्षा

लाड़ली योजना

- इस योजना की शुरुआत जनवरी, 2008 में सम्पूर्ण भारत के साथ राष्ट्रीय राजधानी क्षेत्र में भी की गई। इसका मुख्य उद्देश्य बालिकाओं को शिक्षा से जुड़ी वित्तीय सहायता उपलब्ध कराकर उनका सामाजिक व आर्थिक रूप से विकास करना है।
- इस योजना के अन्तर्गत जनवरी, 2008 या उसके बाद दिल्ली में किसी अस्पताल/नर्सिंग होम में पैदा हुए बच्ची के खाते में ₹ 11,000 तथा किसी अन्य स्थान पर पैदा हुई बच्ची (कन्या) के खाते में ₹ 10,000 जमा कराए जाते हैं।
- इसकी पात्रता यह है कि बच्ची का जन्म दिल्ली में हो या उसके माता-पिता आवेदन देने की तिथि से 3 वर्ष पूर्व दिल्ली में निवास करते हों और उनकी आमदनी वार्षिक एक लाख रुपये से अधिक न हो।

- छात्राओं को पहली, छठी, नौवीं, ग्यारहवीं और बारहवीं कक्षा में प्रवेश के समय भी ₹ 5-5 हजार दिए जाते हैं।
- इस योजना की परिपक्वता राशि 18 वर्ष की आयु या दसवीं पास करने के बाद या 12वीं कक्षा में प्रवेश पर ही निकाली जा सकती है।
- मार्च, 2017 तक इस योजना में कुल 8.89 लाख बालिकाओं का पंजीकरण कराया जा चुका है।

बाल अधिकार संरक्षण आयोग

- वर्ष 2006 में बाल अधिकार संरक्षण आयोग अधिनियम, 2005 लागू हुआ। तद्नुरूप सितम्बर, 2008 में दिल्ली में बाल अधिकार संरक्षण आयोग की स्थापना की गई।
- यह आयोग बच्चों से सम्बन्धित विभिन्न मुद्दों, जैसे–शिक्षा, बाल स्वास्थ्य, किशोर न्याय, उपेक्षित/अलग-थलग बच्चों, विकलांग बच्चों, मुसीबत में फँसे बच्चों, बाल मनोविज्ञान और बच्चों से सम्बन्धित कानून आदि को देखता है।

बाल कल्याण समितियाँ

दिल्ली सरकार किशोर न्याय अधिनियम, 2000-2015 के अन्तर्गत 10 बाल कल्याण समितियों और 3 किशोर न्याय बोर्डों का गठन किया गया है, जिससे आवश्यकतापरक बच्चे कानूनी प्रक्रिया में सहायता प्रदान कर सकें और बच्चों के संरक्षण व पुनर्वास से सम्बन्धित मामलों का शीघ्र निपटान हो सके।

किशोर कल्याण

कानूनी प्रक्रिया में फँसे बच्चों की आवश्यकता को पूरा करने के लिए महिला और बाल विकास विभाग ने किशोर न्याय अधिनियम, 2015 के तहत विभिन्न प्रावधानों के अनुसार, 22 बाल संस्थान गठित किए हैं। *इसमें निम्नलिखित बिन्दु शामिल हैं*

- लड़कों के लिए 3 और लड़कियों के लिए 1 सम्प्रेक्षण गृह
- लड़कियों के लिए 1 आश्रय गृह और लड़कों के लिए 1 विशेष गृह
- बच्चों की देख-रेख के लिए 16 बाल गृह।

एकीकृत बाल संरक्षा कार्यक्रम

- महिला एवं बाल विकास मन्त्रालय ने वर्ष 2009 में एकीकृत बाल संरक्षा कार्यक्रम प्रारम्भ किया था।
- इसका लक्ष्य सभी बच्चों को विचारशील, सुरक्षित और भली-भाँति जीवन जीने में सक्षम बनाना है।
- राज्य में इस कार्यक्रम के तहत सरकारी विभाग ने 1 राज्य बाल संरक्षा एकक और 11 जिला बाल संरक्षण एकक स्थापित किए हैं। इसके अतिरिक्त वर्तमान में 8 आश्रय गृहों, 13 खुले शेल्टरों और 3 से 6 तक ऋण एजेन्सियों को एकीकृत बाल संरक्षा कार्यक्रम के तहत सहायता अनुदान दिया जा रहा है।
- महिला एवं बाल विकास विभाग, दिल्ली सरकार राष्ट्रीय राजधानी क्षेत्र के कारागार में सजा काट रहे माता-पिता के बच्चों के लिए अगस्त, 2014 से वित्तीय सहायता, शिक्षा और कल्याण कार्यक्रम चला रहा है।
- इसमें पहले बच्चे को ₹ 3,500 प्रतिमाह और दूसरे बच्चे तक अतिरिक्त ₹ 3,000 और अधिकतम प्रति माता-पिता ₹ 6,500 प्रतिमाह का अनुदान बच्चों को देती है।
- यह अनुदान 18 वर्ष की आयु तक अथवा माता-पिता के कारागार से छूटने तक दिया जाता है।

विपत्तिग्रस्त महिलाओं को वित्तीय सहायता

- महिला और बाल विकास विभाग, दिल्ली सरकार विपत्तिग्रस्त महिलाओं के लिए पेंशन कार्यक्रम को संचालित करती है, जिससे विधवा, तलाकशुदा, न्यायिक दृष्टि से बेसहारा महिलाओं को वित्तीय सहायता प्रदान की जा सके।

- आर्थिक दृष्टिकोण से कमजोर विधवाओं के लिए भी इस कार्यक्रम में पेंशन का प्रावधान है। यह वर्ष 2007-08 से चलाया जा रहा है।
- दिल्ली सरकार ने मार्च, 2017 से इसके तहत मिलने वाली सहायता की राशि ₹ 1,500 से बढ़ाकर ₹ 2,500 प्रतिमाह कर दी है।

बेसहारा लड़कियों और विधवाओं की बेटियों की शादी के लिए वित्तीय सहायता

- इस योजना के तहत दिल्ली की वास्तविक निवासी विधवाओं को अपनी बेटी की शादी करने के लिए ₹ 30,000 की वित्तीय सहायता दी जाती है।
- ऐसी सुविधा बेसहारा लड़कियों को भी दी जाती है। वर्ष 2012 में इस राशि को ₹ 25,000 से ₹ 30,000 किया गया।

कामकाजी महिलाओं के लिए छात्रावास

- महिला और बाल विकास विभाग, दिल्ली सरकार ने दिल्ली के विश्वासनगर, कड़कड़डूमा, रोहिणी और द्वारका में कामकाजी महिलाओं के लिए महिला हॉस्टल का निर्माण करवाया है, जहाँ पर सैकड़ों महिलाएँ रहती हैं।
- इस योजना के तहत महिला और बाल विकास विभाग जमीन की उपलब्धता के आधार पर इस प्रकार के हॉस्टल का निर्माण कर रहा है।

महिला संरक्षण अधिकारी

- घरेलू हिंसा से महिलाओं के संरक्षण कानून के प्रावधानों के तहत दिल्ली सरकार का महिला और बाल विकास विभाग एक नोडल एजेन्सी है। इसका उद्देश्य ऐसी महिलाओं के अधिकारों का अधिक प्रभावी संरक्षण करना है, जो परिवार के भीतर ही किसी भी प्रकार की हिंसा की शिकार हैं।
- दिल्ली सरकार ने इस अधिनियम को लागू करने के लिए इस विभाग से दिल्ली के सभी जिलों के लिए 17 संरक्षण अधिकारी नियुक्त किए हैं।

निर्मल छाया संस्था

- महिला और बाल विकास विभाग, समस्याओं में पड़ी महिलाओं के लिए शॉर्ट स्टे होम, बेसहारा विधवाओं के लिए विडो होम और तस्करी की शिकार महिलाओं के लिए निर्मल छाया संस्था का संचालन कर रहा है। यहाँ सभी सुविधाएँ निःशुल्क उपलब्ध होती हैं।
- निर्मल छाया परिसर में रहने वाली लड़कियों और महिलाओं के मानसिक स्वास्थ्य को प्रोत्साहित करने के लिए फरवरी, 2010 में एक मानसिक स्वास्थ्य इकाई की स्थापना की गई। इस इकाई का संचालन एक स्वयंसेवी संगठन द्वारा किया जा रहा है।

आश्रय गृह

महिला और बाल विकास विभाग ने दिल्ली के सराय रोहिल्ला और जहाँगीरपुरी में गर्भवती और शिशुओं को दूध पिलाने वाली बेसहारा महिलाओं के लिए 2 विशेष आश्रय गृहों का निर्माण करवाया है।

वरिष्ठ नागरिकों और कमजोर व्यक्तियों के लिए कल्याण कार्यक्रम

दिल्ली में संचालित में वरिष्ठ नागरिकों और कमजोर व्यक्तियों के लिए कल्याण कार्यक्रमों का वर्णन निम्न है

वरिष्ठ नागरिकों के लिए वित्तीय सहायता

- समाज कल्याण विभाग दिल्ली सरकार द्वारा वृद्धावस्था पेंशन योजना चलाई जा रही है।
- इसके अन्तर्गत लाभार्थी के खाते में प्रतिमाह पेंशन भेजी जाती है।
- इसके लिए वे वृद्ध योग्य होते हैं, जो 60 वर्ष से अधिक की आयु के हों और जो 5 वर्ष से दिल्ली में रहे हों।

- 70 वर्ष या उससे अधिक आयु के वरिष्ठ नागरिकों को प्रति माह ₹ 2,500 वित्तीय सहायता दी जाती है, जबकि 60-69 वर्ष की आयु के वरिष्ठ नागरिकों को यह सहायता ₹ 2,000 प्रतिमाह प्राप्त होती है।

ओल्ड ऐज होम (वृद्ध आश्रम)

- दिल्ली सरकार के समाज कल्याण विभाग द्वारा वरिष्ठ नागरिकों को सद्भावनापूर्ण एवं गरिमामय वातावरण में जीवनयापन करने के लिए वृद्ध आश्रम की सुविधा उपलब्ध कराई जाती है।
- इसके लिए विभाग द्वारा दो वृद्धाश्रम स्थापित किए गए हैं पहला बिन्दापुर में और दूसरा लामपुर के सेवा सदन परिसर में। *इसमें वृद्धों को निम्नलिखित सुविधाएँ दी जाती हैं*
  - वृद्धावस्था आश्रमों में निःशुल्क रहने/खाने की व्यवस्था
  - चिकित्सा देखभाल और परामर्श
  - मनोरंजन सुविधाएँ और पुनर्वास कार्यक्रम

भरण-पोषण न्यायाधिकरण

दिल्ली सरकार के समाज कल्याण विभाग ने सभी जिलों में बुजुर्गों के निर्वाह और कल्याण के लिए भरण-पोषण न्यायाधिकरण स्थापित किया है।

यह न्यायाधिकरण वरिष्ठ नागरिक भरण-पोषण एवं कल्याण अधिनियम, 2007 के तहत् स्थापित किया गया है।

इसके लिए प्रत्येक जिले का ए.डी. एम. भरण-पोषण न्यायाधिकरण का पीठासीन अधिकारी अध्यक्ष होता है और उसके अलावा दो गैर-सरकारी सदस्य होते हैं, जिनमें एक का महिला होना अनिवार्य होता है।

दिव्यांगजनों के लिए कल्याण कार्यक्रम

दिल्ली सरकार अपने विभिन्न उपायों और कार्यक्रमों के द्वारा दिव्यांगजनों को पूरी सहायता प्रदान कर रही है ताकि वे भागीदारीपूर्ण जीवन जी सकें और समाज के प्रत्येक पहलू में समान रूप से शामिल हो सकें।

दिल्ली में दिव्यांगजनों के कल्याण के लिए समाज कल्याण विभाग निम्नलिखित कार्यों का सम्पादन करता है

- मूक-बाधिरों के लिए 5 विद्यालय
- एक प्रशिक्षण एवं उत्पादन केन्द्र
- दिव्यांगजनों के लिए एक शैल्टरयुक्त वर्क-शॉप
- स्कूल और कॉलेज जाने वाले दृष्टिबाधित लड़कों के लिए एक छात्रावास
- दृष्टिबाधित विद्यार्थियों के लिए एक स्कूल
- मानसिक दृष्टि से बाधित बच्चों के लिए 6 गृह और 1 स्कूल।

- 'दिव्यांगजनों के लिए राष्ट्रीय पुनर्वास कार्यक्रम' के अन्तर्गत 2 प्रकार के शिविरों का आयोजन किया जाता है; जैसे—सामान्य दिव्यांग-शिविर और विशेष दिव्यांग शिविर। इस प्रकार के शिविर समाज कल्याण विभाग द्वारा दिल्ली के सभी जिलों में लगाए जाते हैं।
- 'दिव्यांगजनों के लिए वित्तीय सहायता' नाम के योजना कार्यक्रम के अन्तर्गत ₹ 2,500 प्रतिमाह भत्ता दिया जाता है, जिसका भुगतान तिमाही आधार पर किया जाता है।
- यह सहायता 0-59 वर्ष की आयु समूह के उन विकलांगों को दी जाती है, जिनकी विकलांगता 40% से अधिक हो।

दिल्ली परिवार लाभ योजना

- परिवार कल्याण कार्यक्रम की इस योजना के अन्तर्गत गरीब लोगों को परिवार की रोजी-रोटी कमाने वाले मुखिया की मृत्यु होने की स्थिति में एकबारगी सहायता प्रदान की जाती है।
- इसके अन्तर्गत परिवार के मुखिया की मृत्यु होने पर ₹ 20,000 की सहायता दी जाती है।

भिखारी कल्याण के लिए योजना

- दिल्ली सरकार की दिल्ली के विभिन्न भागों में भिखारियों के कल्याण के लिए 11 संस्थाएँ कार्य कर रही हैं।
- इसमें जब भी कोई भिखारी पकड़ा जाता है, यह उनका देख-रेख करती है और उन्हें संघ शासित प्रदेश दिल्ली में लागू होने वाले बॉम्बे प्रीवेंशन ऑफ बैगिंग एक्ट, 1959 के तहत भिक्षक गृहों में भेज देती है।
- दिल्ली में नियमित भिखारी अदालत के अतिरिक्त वर्ष 2009 से दो मोबाइल भिखारी अदालतें भी शुरू की गई हैं।

कुष्ठ रोगियों के लिए कल्याणकारी योजना

- दिल्ली के समाज कल्याण विभाग द्वारा वर्ष 1980-81 में कुष्ठ रोग से पीड़ित लोगों के लिए कुष्ठ पुनर्वास केन्द्र की स्थापना की गई।
- वर्तमान में कुष्ठ पुनर्वास केन्द्र के लाभार्थियों को प्रतिमाह ₹ 1,800 वित्तीय सहायता दी जाती है।
- इसके अधिकांश लाभार्थी दिल्ली के विभिन्न क्षेत्रों; जैसे—ताहिरपुर, आर. के. पुरम, श्रीनिवासपुरी और पटेल नगर आदि इलाकों में निवास करते हैं।

अनुसूचित जाति/अन्य पिछड़ा वर्ग/अल्पसंख्यक कल्याण कार्यक्रम

- वर्ष 2011 की जनगणना के अनुसार, दिल्ली की कुल आबादी में अनुसूचित जातियों की प्रतिशतता 16.75% है।
- दिल्ली में अनुसूचित जनजाति की संख्या नहीं है। जबकि दिल्ली पिछड़ा आयोग ने दिल्ली में 65 जातियों को अन्य पिछड़े वर्गों के रूप में अधिसूचित किया है।

अनुसूचित जाति उप-योजना

- दिल्ली सरकार को दिल्ली में अनुसूचित जातियों के सर्वांगीण विकास द्वारा सुनिश्चित करने के लिए अनुसूचित जाति उप-योजना लागू की हुई है।
- राज्य सरकार द्वारा राज्य वार्षिक योजना के सभी क्षेत्रों के अन्तर्गत अनुसूचित जातियों के सामाजिक/आर्थिक विकास के लिए विशेष बजटीय प्रावधान किया जाता है।

दिल्ली स्वरोजगार योजना

- दिल्ली सरकार अनुसूचित जाति/अन्य पिछड़ा वर्ग समुदायों के लिए 'दिल्ली स्वरोजगार योजना' नाम का एक कार्यक्रम लागू कर रही है।
- इस कार्यक्रम के अन्तर्गत दिल्ली में उद्यम लगाने के इच्छुक उद्यमी को ₹ 15 लाख का ऋण उपलब्ध कराया जाता है।

अनुसूचित जातियों की बस्तियों में सुधार कार्यक्रम

- सरकार अनुसूचित जातियों की बस्तियों में रहने वाले लोगों का जीवन-स्तर सुधारने के लिए 'अजा बस्ती सुधार' कार्यक्रम चला रही है।
- इसके अन्तर्गत उन अनुसूचित जातियों की बस्तियों में खड़ण्जा बिछाना, सड़क निर्माण, नालियाँ बनाना, चौपालों, बारातघरों का निर्माण किया जाता है, जहाँ पर अनुसूचित जाति की जनसंख्या 33% से अधिक होती है।
- इस कार्यक्रम के द्वारा दिल्ली अनुसूचित जाति/ अनुसूचित जनजाति विभाग द्वारा राष्ट्रीय राजधानी क्षेत्र के आई.एण्ड.एफ.सी. और डी.यू.एस. आई. बी. के द्वारा कार्यक्रम निष्पादित किए जाते हैं।

अत्याचार निवारण अधिनियम

- अनुसूचित जाति/अनुसूचित जनजाति/अन्य पिछड़ा वर्ग/अल्पसंख्यक कल्याण विभाग अत्याचार निवारण अधिनियम 1995 के कार्यान्वयन के लिए एक नोडल विभाग के रूप में भी कार्य करता है।
  जो अनुसूचित बस्तियों की क्षतिपूर्ति और प्रोत्साहन राशि सम्बन्धी कार्य को सम्पादित करता है।

वित्त एवं विकास निगम की स्थापना

सरकार द्वारा दिल्ली में निवास कर रहे अनुसूचित जाति/अनुसूचित जनजाति के लोगों को स्वरोजगार के लिए प्रोत्साहित करने हेतु दिल्ली अनुसूचित जाति, अनुसूचित जनजाति, वित्त एवं विकास निगम की स्थापना की गई।

यह निगम इन समुदायों के आर्थिक उत्थान के लिए सम्बद्ध शीर्ष निगमों के सहयोग से विभिन्न कार्यक्रम लागू कर रहा है। यह निगम अनुसूचित जाति/अनुसूचित जनजाति/अन्य पिछड़ा वर्ग/अल्पसंख्यक समुदायों के आर्थिक उत्थान के लिए लाभार्थियों को ऋण प्रदान करता है।

रैन बसेरा कार्यक्रम

- रैन बसेरा दिल्ली सरकार द्वारा चलाया जा रहा ऐसा परिसर है, जिसमें व्यक्तियों से नाममात्र का प्रभार लेकर रात्रि आवास की सुविधा उपलब्ध कराई जाती है, यह स्थानीय सरकार अथवा स्वैच्छिक अभिकरणों द्वारा चलाया जाता है।
- रैन बसेरों का प्रावधान आश्रयहीन व्यक्तियों की आवश्यकता पूर्ति को ध्यान में रखकर किया गया है, जिन्हें आवश्यकता के अनुसार रेलवे टर्मिनलों, बस टर्मिनलों, थोक/खुदरा बाजारों, भाड़ा परिसरों इत्यादि के समीप उपलब्ध कराया जाना प्रस्तावित है और इन्हें मुख्य कार्य केन्द्रों को ध्यान में रखकर निर्धारित किया जाता है।
- इस कार्यक्रम में बेघरों, विकलांगों सहित महिलाओं व बच्चों, अनाथों और बुजुर्गों के लिए विशेष प्रावधान किए जाते हैं।
- रैन बसेरों का मुख्य उद्देश्य मौजूदा सुविधा-भवनों के बहुउद्देशीय उपयोग की अनुमति दी जानी हैं।
- मौजूदा भवनों को जहाँ भी उपलब्ध हों, समुचित संशोधनों के साथ रैन बसेरों में परिवर्तित करने का भी प्रावधान इसमें शामिल होता है।
- वर्ष 2001 में कुल 25 रैन बसेरों के निर्माण का लक्ष्य बताया गया था लेकिन वर्तमान समय में प्रति 1 लाख जनसंख्या पर 1 रैन बसेरा बनाना प्रस्तावित है।

विविध योजनाएँ

- वर्ष 2018 में दिल्ली के मुख्यमन्त्री श्री अरविन्द केजरीवाल ने 'डोर स्टेप डिलीवरी स्कीम' की घोषणा की।
- इस योजना का मुख्य उद्देश्य इस तरह की सेवा प्रदान करना है कि विभिन्न प्रमाणपत्रों या सेवाओं के लिए राजधानी के लोगों को कार्यालयों में जाने की जरुरत नहीं।
- इस योजना के तहत नागरिकों से एक मामूली शुल्क लिया जाएगा और नागरिकों को तुरन्त एक फीडबैक फोन कॉल प्राप्त होगा जो पुष्टि करेगा कि मोबाइल सहायक ने उन्हें सही शुल्क लिया है या नहीं।

कॉमन मोबिलिटी कार्ड सेवा

- दिल्ली सरकार ने दिल्ली वासियों के कल्याण हेतु वर्ष 2018 में कॉमन मोबिलिटी कार्ड सेवा की शुरुआत की।
- इस कार्ड से लोग मेट्रो, ट्रेनो, डी.टी.सी. और कलस्टर बसों में बिना किसी परेशानी के यात्रा कर सकेंगे।
- इस सिंगल कार्ड की टैगलाइन 'वन दिल्ली वन राइड' रखी गई है।
- कॉमन मोबिलिटी कार्ड सेवा को सही प्रकार से लागू करने के लिए दिल्ली परिवहन निगम और दिल्ली मेट्रो रेल कॉर्पोरेशन एक साथ मिलकर काम कर रहे हैं।

शहीद सम्मान योजना

दिल्ली सरकार ने वर्ष 2017 में शहीद सम्मान की औपचारिक शुरुआत की। इस योजना के तहत सेना के जवान एवं सुरक्षाकर्मियों के शहीद हो जाने पर दिल्ली सरकार ₹ 1 करोड़ की राशि शहीदों के आश्रितों को प्रदान करती है।

कल्याणकारी एवं सुरक्षा योजनाएँ

स्व-मूल्यांकन

1. दिल्ली सरकार के एकीकृत बाल विकास कार्यक्रम के अन्तर्गत कितने प्रकार की सेवाएँ मुहैया की जाती हैं?
(a) चार (b) पाँच
(c) छः (d) सात

2. एकीकृत बाल विकास कार्यक्रम के अन्तर्गत कौन-सा लाभार्थी आता/आते है/हैं?
(a) 0-6 आयु वर्ग के शिशु
(b) गर्भवती महिलाएँ
(c) स्तनपान कराने वाली महिलाएँ
(d) उपरोक्त सभी

3. लाडली योजना की शुरुआत कब हुई?
(a) जनवरी, 2008
(b) जनवरी, 2009
(c) जनवरी, 2010
(d) जनवरी, 2011

4. लाडली योजना में परिपक्वता राशि कितनी आयु की बालिकाओं को मिलती है?
(a) 18 वर्ष (b) 21 वर्ष
(c) 24 वर्ष (d) 31 वर्ष

5. बाल अधिकार संरक्षण आयोग अधिनियम, 2005 कब लागू हुआ?
(a) वर्ष 2005 (b) वर्ष 2006
(c) वर्ष 2007 (d) वर्ष 2008

6. बाल कल्याण समितियों के अन्तर्गत कितने किशोर न्याय बोर्डों का गठन दिल्ली सरकार द्वारा किया गया है?
(a) तीन (b) चार
(c) पाँच (d) छः

7. किशोर न्याय अधिनियम, 2015 किस विभाग के द्वारा लाया गया?
(a) महिला और बाल विकास विभाग
(b) समाज कल्याण विभाग
(c) बाल विकास विभाग
(d) महिला एवं बाल विकास विभाग

8. दिल्ली में एकीकृत बाल संरक्षा कार्यक्रम के तहत सरकारी विभाग ने कितने राज्य बाल संरक्षा एकक का गठन किया है?
(a) एक (b) दो (c) तीन (d) चार

9. किस वर्ष दिल्ली सरकार ने विपत्तिग्रस्त महिलाओं को दी जाने वाली वित्तीय सहायता को ₹ 1,500 प्रतिमाह से बढ़ाकर ₹ 2,500 प्रतिमाह कर दिया?
(a) वर्ष 2016 (b) वर्ष 2015
(c) वर्ष 2018 (d) वर्ष 2017

10. बेसहारा लड़कियों और विधवाओं की बेटियों की शादी के लिए दिल्ली सरकार द्वारा कितनी वित्तीय सहायता दी जाती है?
(a) ₹ 30,000 (b) ₹ 35,000
(c) ₹ 40,000 (d) ₹ 45,000

11. महिला और बाल विकास विभाग, दिल्ली सरकार ने दिल्ली में कहाँ कामकाजी महिलाओं के लिए हॉस्टल का निर्माण करवाया है?
(a) विश्वासनगर
(b) कड़कड़डूमा
(c) रोहिणी
(d) उपरोक्त सभी

12. दिल्ली में घरेलू हिंसा से महिलाओं के संरक्षण के लिए कितने संरक्षण अधिकारी की नियुक्ति की गई?
(a) 15 (b) 16
(c) 17 (d) 18

13. लड़कियों और महिलाओं के मानसिक स्वास्थ्य को प्रोत्साहित करने के लिए कब एक मानसिक स्वास्थ्य इकाई का गठन किया गया?
(a) फरवरी, 2009
(b) फरवरी, 2010
(c) फरवरी, 2011
(d) फरवरी, 2012

14. गर्भवती और शिशुओं को दूध पिलाने वाली बेसहारा महिलाओं के लिए दिल्ली सरकार ने कहाँ विशेष आश्रय गृह का निर्माण करवाया है?
(a) सराय रोहिल्ला
(b) तीस हजारी
(c) आदर्श नगर
(d) आजादपुर

15. वृद्धावस्था पेंशन योजना के तहत् दिल्ली सरकार 70 वर्ष से अधिक आयु वाले व्यक्ति को कितनी आर्थिक सहायता प्रदान करती है?
(a) ₹ 2,500 प्रतिमाह
(b) ₹ 2,000 प्रतिमाह
(c) ₹ 2,250 प्रतिमाह
(d) ₹ 3,000 प्रतिमाह

16. दिल्ली में कहाँ वृद्धाश्रम स्थापित किया गया है?
(a) बिन्दापुर (b) बेगमपुर
(c) बदरपुर (d) सीमापुरी

17. वृद्धाश्रम में किस प्रकार की सुविधाएँ प्रदान की जाती हैं?
(a) निःशुल्क रहने/खाने की व्यवस्था
(b) चिकित्सा देखभाल
(c) मनोरंजन सुविधाएँ
(d) उपरोक्त सभी

18. दिल्ली के जिलों में वृद्धों के लिए गठित भरण-पोषण न्यायाधिकरण का पीठासीन अधिकारी कौन होता है?
(a) डी. एम.
(b) ए. डी. एम.
(c) एस. डी. एम.
(d) बी. डी. एम.

19. दिव्यांगजनों के लिए वित्तीय सहायता योजना के अन्तर्गत दिल्ली सरकार कितना मासिक भत्ता प्रदान करती है?
(a) ₹ 2,000 (b) ₹ 2,500
(c) ₹ 3,000 (d) ₹ 3,500

20. दिल्ली में भिखारियों के लिए मोबाइल अदालत कब से शुरू की गई?
(a) वर्ष 2008 (b) वर्ष 2009
(c) वर्ष 2010 (d) वर्ष 2011

21. दिल्ली के किस स्थान पर कुष्ठ रोग से पीड़ित लोगों के लिए कुष्ठ पुनर्वास केन्द्र की स्थापना की गई?
(a) ताहिरपुर
(b) आर. के. पुरम
(c) श्रीनिवासपुरी
(d) उपरोक्त सभी

22. 'दिल्ली स्वरोजगार योजना' के अन्तर्गत दिल्ली सरकार उद्यमी को कितना ऋण मुहैया कराती है?
(a) ₹ 5 लाख (b) ₹ 10 लाख
(c) ₹ 15 लाख (d) ₹ 25 लाख

23. अनुसूचित जातियों की बस्तियों में सुधार कार्यक्रमों में क्या-क्या शामिल होता है?
(a) खड़ण्जा बिछाना
(b) सड़क निर्माण
(c) नालियाँ बनाना
(d) उपरोक्त सभी

24. रैन बसेरा कहाँ बनाया जाता है?
(a) रेलवे टर्मिनलों
(b) बस टर्मिनलों
(c) थोक बाजारों
(d) उपरोक्त सभी

25. रैन बसेरा कार्यक्रम/योजना में किनके लिए विशेष प्रावधान होता है?
(a) विकलांगों (b) अनाथों
(c) बुजुर्गों (d) ये सभी

26. दिल्ली में डोर स्टेप डिलीवरी स्कीम की शुरुआत कब हुई?
(a) वर्ष 2008
(b) वर्ष 2009
(c) वर्ष 2017
(d) वर्ष 2018

27. कॉमन मोबिलिटी कार्ड सेवा का टैगलाइन क्या है?
(a) वन दिल्ली वन कार्ड
(b) वन दिल्ली वन राइड
(c) वन दिल्ली वन यात्रा
(d) वन दिल्ली वन फेयर

28. शहीद सम्मान योजना के तहत कितनी राशि प्रदान की जाती है?
(a) ₹ 2 लाख (b) ₹ 5 लाख
(c) ₹ 1 करोड़ (d) ₹ 5 करोड़

उत्तरमाला

1. (c) **2.** (d) **3.** (a) **4.** (a) **5.** (b) **6.** (a) **7.** (a) **8.** (a) **9.** (d) **10.** (a)
11. (d) **12.** (c) **13.** (b) **14.** (b) **15.** (a) **16.** (a) **17.** (d) **18.** (b) **19.** (b) **20.** (b)
21. (d) **22.** (c) **23.** (d) **24.** (d) **25.** (d) **26.** (d) **27.** (b) **28.** (c)

अध्याय 20

दिल्ली के प्रमुख व्यक्तित्व

ऐतिहासिक व्यक्तित्व

दिल्ली के प्रमुख ऐतिहासिक व्यक्तित्वों का वर्णन निम्न है

दाराशिकोह

- दाराशिकोह मुगल शासक शाहजहाँ का पुत्र था, जिसे शाहजहाँ ने अपना उत्तराधिकारी बनाया था, किन्तु औरंगजेब के विद्रोह के कारण दाराशिकोह शासक नहीं बन सका।
- यह अत्यन्त उदार तथा धार्मिक सहिष्णु प्रवृत्ति का व्यक्ति था। इसने अनेक प्राचीन हिन्दू ग्रन्थों का फारसी में अनुवाद करवाया।

जियाउद्दीन बरनी

- यह तारीख-ए-फिरोजशाही का रचयिता तथा मोहम्मद तुगलक व फिरोज तुगलक का समकालीन इतिहासकार था।
- बरनी का दिल्ली सल्तनत के इतिहास निर्माण में महत्त्वपूर्ण स्थान है।

राजनीतिज्ञ/प्रशासक

दिल्ली के प्रमुख राजनीतिज्ञों/प्रशासकों का वर्णन निम्न है

हरि कृष्णलाल भगत

- हरि कृष्णलाल भगत का जन्म 4 अप्रैल, 1921 को हुआ था। ये दिल्ली के उप-महापौर तथा महापौर रह चुके हैं।
- इनकी मृत्यु 29 अक्टूबर, 2005 को हुई।

केदारनाथ साहनी

- केदारनाथ साहनी का जन्म 24 अक्टूबर, 1926 को हुआ था।
- केदारनाथ साहनी दिल्ली के महापौर तथा दिल्ली मैट्रोपोलिटन कॉउन्सिल के कार्यकारी अधिकारी रह चुके हैं। इनकी मृत्यु 3 अक्टूबर, 2012 को हुई।

शीला दीक्षित

- शीला दीक्षित का जन्म 31 मार्च, 1938 को हुआ।
- शीला दीक्षित लम्बे समय तक दिल्ली की मुख्यमन्त्री रह चुकी हैं।
- इन्होंने मिराण्डा हाउस, दिल्ली विश्वविद्यालय से स्नातक तथा दिल्ली विश्वविद्यालय से ही पी.एच.डी. की उपाधि प्राप्त की।

साहिब सिंह वर्मा

- साहिब सिंह वर्मा का जन्म 15 मार्च, 1943 को दिल्ली के मुण्डका में हुआ था। वे वर्ष 1996 से वर्ष 1998 तक दिल्ली के मुख्यमन्त्री रहे।
- वे दिल्ली से लोकसभा के लिए भी चुने गए। 30 जून, 2007 को एक कार दुर्घटना में इनकी मृत्यु हो गई।

अरविन्द केजरीवाल

- अरविन्द केजरीवाल का जन्म हरियाणा में वर्ष 1968 में हुआ था, परन्तु इन्होंने राजनीतिक करियर की शुरुआत दिल्ली से की।
- ये वर्तमान में दिल्ली के मुख्यमन्त्री के पद पर कार्यरत हैं। ये दूसरी बार मुख्यमन्त्री चुने गए हैं।

प्रियंका गाँधी

- सोनिया तथा राजीव गाँधी की पुत्री प्रियंका गाँधी का जन्म 12 जनवरी, 1972 को दिल्ली में हुआ।
- एमेच्योर रेडियो में डिप्लोमा करने वाली प्रियंका राजनीति से दूर रहकर भी अपनी पारिवारिक राजनीतिक विरासत में दिलचस्पी रखती हैं। उनका विवाह रॉबर्ट वाड्रा से हुआ है, जो एक सफल व्यवसायी हैं।

अभिनय/नाटक/कला क्षेत्र के व्यक्तित्व

दिल्ली के अभिनय/नाटक/कला के क्षेत्र से सम्बन्धित प्रमुख व्यक्तियों का वर्णन निम्न है

मुकेश चन्द माथुर (मुकेश)

- मुकेश चन्द माथुर का जन्म 22 जुलाई, 1923 को दिल्ली में हुआ था। मुकेश अपनी आवाज के कारण पहचाने जाते हैं।
- फिल्मों में पार्श्व गायक के रूप में इन्होंने अत्यधिक प्रसिद्धि पाई। 27 अगस्त, 1976 को इनका निधन हुआ।

कमलेश्वर

- कमलेश्वर प्रसिद्ध कहानीकार तथा उपन्यासकार थे। इनका जन्म 6 जनवरी, 1932 को मैनपुरी में हुआ था। इन्होंने दिल्ली को अपनी कर्मभूमि बनाया था।
- कमलेश्वर को 'नई कहानी' का प्रणेता माना जाता है। इनके उपन्यासों के आधार पर कई फिल्में बनी हैं।
- कमलेश्वर ने कई फिल्मों की पटकथाएँ भी लिखीं, जिसमें आपातकाल पर आधारित फिल्म 'आँधी' प्रसिद्ध है।

मधुबाला

- अभिनेत्री मधुबाला का जन्म 14 फरवरी, 1933 को दिल्ली में हुआ था। बचपन में उनका नाम 'मुमताज बेगम जहाँ देहलवी' था। बसन्त इनकी प्रथम फिल्म थी।
- बाम्बे टॉकीज, फागुन, हावड़ा ब्रिज, काला पानी, चलती का नाम गाड़ी, ज्वार-भाटा, तराना तथा मुगल-ए-आजम इनकी प्रसिद्ध फिल्म हैं।

लैला तैयबजी

- लैला तैयबजी का जन्म 2 मई, 1947 को दिल्ली में हुआ।
- लैला तैयबजी एक सामाजिक कार्यकर्ता हैं। इन्होंने दस्तक नामक गैर-सरकारी संस्था का गठन किया है, जो भारत के परम्परागत वास्तुशिल्प को प्रोत्साहन करती है।

शक्ति कपूर

- अभिनेता शक्ति कपूर का जन्म 3 सितम्बर, 1952 को दिल्ली में हुआ था। इन्होंने किरोड़ीमल कॉलेज, दिल्ली से शिक्षा प्राप्त की थी।
- इन्होंने लगभग 700 फिल्मों में अभिनय किया है।
- इन्होंने मवाली, राजा बाबू, अन्दाज अपना-अपना, लोफर, खुदा कसम, कुर्बानी, हिम्मतवाला, तोहफा, बरसात, दोस्ती, नेहले-पे-देहला आदि प्रसिद्ध फिल्मों में अभिनय किया है।

सफदर हाशमी

- 12 अप्रैल, 1954 को सफदर हाशमी का जन्म दिल्ली में हुआ था। उन्होंने जनवादी नाटक मण्डली 'जन नाट्य मंच' की स्थापना की। उनके वामपन्थी विचारों का प्रभाव एक बड़े जन समुदाय पर पड़ा।

- 2 जनवरी, 1989 को दिल्ली में एक नुक्कड़ नाटक करते समय सफदर हाशमी की हत्या कर दी गई।

अमर कंवर

- फिल्म निर्माता अमर कंवर का जन्म वर्ष 1964 में दिल्ली में हुआ। इन्होंने रामजस कॉलेज दिल्ली से स्नातक तथा जामिया मिलिया इस्लामिया, नई दिल्ली से मास कम्युनिकेशन किया।
- ये लिंग, धार्मिक कट्टरवाद एवं पारिस्थितिकी आदि पर आधारित फिल्मों का निर्माण करते हैं।
- वर्ष 2017 में इन्हें प्रिंस क्लॉस अवॉर्ड प्रदान किया गया है।

शाहरुख खान

- फिल्म अभिनेता शाहरुख खान का जन्म 2 नवम्बर, 1965 को दिल्ली में हुआ था। उन्होंने हंसराज कॉलेज, दिल्ली से अर्थशास्त्र में स्नातक तथा जामिया मिलिया इस्लामिया विश्वविद्यालय से मास कम्युनिकेशन में स्नातकोत्तर किया है।
- दीवाना इनकी प्रथम फिल्म है। दिल आशना, बाजीगर, डर, कभी हाँ कभी ना, दिलवाले दुल्हनिया ले जायेंगे, दिल तो पागल है, परदेश, कुछ-कुछ होता है, बादशाह, मोहब्बतें, चक दे इण्डिया, जीरो आदि इनकी प्रसिद्ध फिल्में हैं।

राहुल देव

- राहुल देव प्रसिद्ध फिल्म अभिनेता हैं, जिनका जन्म 27 सितम्बर, 1968 में दिल्ली में हुआ था।
- ये हिन्दी, पंजाबी, तेलुगू, मलयालम, कन्नड़, बांग्ला आदि फिल्मों में काम कर चुके हैं।
- इन्होंने बांग्ला फिल्म 'शिकारी' तथा हिन्दी फिल्म 'ढिशूम' इंडियन आदि फिल्मों में अभिनय किया।

अजय देवगन

- प्रख्यात फिल्म अभिनेता, निर्माता एवं निर्देशक अजय देवगन का जन्म 2 अप्रैल, 1969 को नई दिल्ली में हुआ था।
- इन्होंने दिलवाले, जख्म, लीजेण्ड ऑफ भगत सिंह, सिंघम आदि फिल्मों में अभिनय किया है।
- वर्ष 2016 में इन्हें पद्मश्री पुरस्कार भी दिया जा चुका है।

नन्दिता दास

- नन्दिता दास का जन्म 7 नवम्बर, 1969 को दिल्ली में हुआ। इन्होंने सरदार पटेल विद्यालय से स्कूली शिक्षा प्राप्त करने के बाद मिराण्डा हाउस, दिल्ली विश्वविद्यालय से भूगोल विषय में स्नातक की शिक्षा प्राप्त की।
- नन्दिता दास एक प्रसिद्ध रंगकर्मी तथा अभिनेत्री हैं।

विकास बहल

- विकास बहल का जन्म वर्ष 1971 में लाजपत नगर में हुआ था। ये फिल्म निर्माता, निर्देशक, स्क्रिप्ट लेखक हैं।
- इन्होंने रामजस कॉलेज से स्नातक किया।
- वर्ष 2011 में इनकी सह-निर्देशित फिल्म चिलर पार्टी को सर्वश्रेष्ठ स्क्रीन प्ले का राष्ट्रीय अवॉर्ड मिला था।

सतीश नन्दा

- संरक्षण वास्तुकार सतीश नन्दा का जन्म 23 अगस्त, 1973 को दिल्ली में हुआ था।
- इन्होंने बी स्कूल ऑफ हाउसिटैट स्टडीज, दिल्ली से स्नातक किया है।
- ये आगा खान ट्रस्ट के प्रोजेक्ट निदेशक हैं। इन्होंने वर्ष 2003 में दिल्ली के हुमायूँ के मकबरे के विकास की टीम की अध्यक्षता की।
- वर्ष 2007 में नन्दा को आइजेनहोवर फैलोशिप से सम्मानित किया गया।

चेतन भगत

- उपन्यासकार चेतन भगत का जन्म 22 अप्रैल, 1974 को दिल्ली में हुआ था। उन्होंने आई.आई.टी. दिल्ली तथा आई.आई.एम. अहमदाबाद से शिक्षा प्राप्त की।
- फाइव पॉइण्ट फॉर समवन, वन नाईट एट दी कॉल सेण्टर, थ्री मिसटेक्स ऑफ माई लाइफ तथा हाफ गर्लफ्रेण्ड, टू स्टेट, वन इंडियन गर्ल, द गर्ल्स इन रूम 105 महत्त्वपूर्ण उपन्यास हैं।

बिपाशा बसु

- फिल्म अभिनेत्री बिपाशा बसु का जन्म 7 जनवरी, 1979 को दिल्ली में हुआ था।
- वर्ष 2001 में फिल्म अजनबी के लिए बिपाशा बसु को सर्वश्रेष्ठ अभिनेत्री के पुरस्कार से सम्मानित किया गया था।
- इनकी कुछ सर्वश्रेष्ठ फिल्में हैं–राज, चोर मचाये शोर, बरसात आदि।

शाहिद कपूर

- हिन्दी फिल्म अभिनेता शाहिद कपूर का जन्म 25 फरवरी, 1981 को दिल्ली में हुआ था। इनके पिता का नाम पंकज कपूर है।
- ये फिल्म 'इश्क विश्क' के लिए श्रेष्ठ अवार्ड प्राप्त कर चुके हैं।

सुनिधि चौहान

- सुनिधि चौहान पार्श्व गायिका हैं। इनका जन्म दिल्ली में 14 अगस्त, 1983 को हुआ था।
- इनके पहले गायन शो का नाम 'मेरी आवाज सुनो' था। ये आरडी बर्मन अवॉर्ड फॉर न्यू म्यूजिक टैलेण्ट की भी विजेता रही हैं।

दिल्ली के प्रमुख व्यक्तित्व

स्व-मूल्यांकन

1. दिल्ली सल्तनत के इतिहास के स्रोत के रूप में उपयोगी 'तारीख-ए-फिरोजशाही' की रचना किसने की?
(a) जियाउद्दीन बरनी (b) बदायूँनी
(c) इब्नबतूता (d) फरिश्ता

2. दिल्ली के महापौर तथा उप-महापौर रह चुके हरि कृष्णलाल भगत का जन्म कब हुआ था?
(a) 19 अप्रैल, 1901 (b) 4 अप्रैल, 1911
(c) 4 अप्रैल, 1921 (d) 4 अप्रैल, 1931

3. दिल्ली की पूर्व मुख्यमन्त्री शीला दीक्षित का जन्म कब हुआ था?
(a) 31 मार्च, 1938 (b) 30 मार्च, 1946
(c) 28 मार्च, 1946 (d) 20 मार्च, 1938

4. दिल्ली के मुख्यमन्त्री रह चुके साहिब सिंह वर्मा का जन्म स्थल है
(a) लाजपत नगर (b) नजफगढ़
(c) मुण्डका (d) नई दिल्ली

5. साहिब सिंह वर्मा कब-से-कब तक दिल्ली के मुख्यमन्त्री रहे?
(a) वर्ष 1992-97 (b) वर्ष 1993-98
(c) वर्ष 1966-71 (d) वर्ष 1996-98

6. अरविन्द केजरीवाल कितनी बार दिल्ली के मुख्यमन्त्री बन चुके हैं?
(a) 1
(b) 2
(c) 3
(d) उपरोक्त में से कोई नहीं

7. 'फागुन' फिल्म में मुख्य अभिनेत्री कौन-थीं?
(a) शशिबाला (b) मधुबाला
(c) नन्दिता दास (d) हेमा मालिनी

8. 'दस्तक' नामक गैर-सरकारी संस्था की संस्थापक हैं
(a) नन्दिता दास (b) लैला तैयबजी
(c) वीरेन्द्र सहवाग (d) माधुरी दीक्षित

9. शक्ति कपूर का जन्म कहाँ हुआ था?
(a) पंजाब (b) महाराष्ट्र
(c) चण्डीगढ़ (d) दिल्ली

10. प्रसिद्ध नाट्य कलाकार सफदर हाशमी का जन्म हुआ था?
(a) अमृतसर में (b) दिल्ली में
(c) गाजियाबाद में (d) कानपुर में

11. अमर कंवर का सम्बन्ध किस क्षेत्र से है?
(a) अभिनेता
(b) फिल्म निर्माता
(c) पत्रकारिता
(d) सामाजिक कार्यकर्ता

12. शाहरुख खान की प्रथम फिल्म कौन-सी है?
(a) बाजीगर (b) दिल आशना
(c) दीवाना (d) परदेश

13. दिल्ली से सम्बद्ध किस अभिनेता ने बांग्ला फिल्म 'शिकारी' में अभिनय किया?
(a) अक्षय कुमार
(b) नन्दिनी दास गुप्ता
(c) राहुल देव
(d) के भट्टाचार्य

14. प्रख्यात फिल्म अभिनेता अजय देवगन का जन्म कहाँ हुआ था?
(a) नई दिल्ली (b) मुम्बई
(c) अमृतसर (d) फिरोजाबाद

15. प्रसिद्ध रंगकर्मी तथा अभिनेत्री नन्दिता दास का जन्म कब हुआ?
(a) 12 मार्च, 1968
(b) 12 नवम्बर, 1970
(c) 31 मार्च, 1987
(d) 7 नवम्बर, 1969

16. दिल्ली के प्रसिद्ध फिल्म निर्माता तथा निर्देशक विकास बहल का जन्म स्थान है?
(a) शाहदरा (b) विकासपुरी
(c) जगतपुरी (d) लाजपत नगर

17. वे फिल्म निर्माता, निर्देशक, स्क्रिप्ट लेखक कौन-से हैं, जिन्हें वर्ष 2011 में सह-निर्देशित फिल्म चिलर पार्टी के लिए सर्वश्रेष्ठ स्क्रीन प्ले का राष्ट्रीय अवार्ड दिया गया?
(a) विकास बहल (b) सुनिधि चौहान
(c) राहुल देव (d) शाहिद कपूर

18. सतीश नन्दा किससे सम्बन्धित है?
(a) संरक्षण वास्तुकार (b) फिल्म निर्देशन
(c) साहित्य (d) चिकित्सा

19. 'फाइव पॉइण्ट फॉर समवन' किसकी रचना है?
(a) सतीश नन्दा (b) चेतन भगत
(c) अनीता देसाई (d) अरविन्द अडिगा

20. बिपाशा बसु को किस फिल्म हेतु सर्वश्रेष्ठ अभिनेत्री का पुरस्कार दिया गया था?
(a) अजनबी (b) चोर मचाये शोर
(c) राज (d) बरसात

21. निम्न में से किसका पहला गायन शो 'मेरी आवाज सुनो' है?
(a) सुनिधि चौहान (b) सुनिधि चौधरी
(c) राहुल देव (d) अजय देवगन

उत्तरमाला

1. (a) **2.** (c) **3.** (a) **4.** (c) **5.** (d) **6.** (b) **7.** (b) **8.** (b) **9.** (d) **10.** (b) **11.** (b) **12.** (c) **13.** (c) **14.** (a) **15.** (d) **16.** (d) **17.** (a) **18.** (a) **19.** (b) **20.** (a) **21.** (a)

समसामयिकी घटनाक्रम

डी एन पटेल बने दिल्ली हाईकोर्ट के नए मुख्य न्यायाधीश

- धीरूभाई नारनभाई (डी एन) पटेल ने 7 जून, 2019 को दिल्ली हाईकोर्ट के नए मुख्य न्यायाधीश के रूप में शपथ ग्रहण की।
- दिल्ली के उप-राज्यपाल अनिल बैजल ने डी एन पटेल को पद व गोपनीयता की शपथ दिलाई। इससे पूर्व ये झारखण्ड हाईकोर्ट में न्यायाधीश थे।

दिल्ली में बनेगा गुरुग्रन्थ साहिब सेण्टर

- दिल्ली सिख गुरुद्वारा प्रबन्धन कमेटी (DSGPC) ने 28 मई, 2019 को इस्लामिक सेण्टर की तरह ही दिल्ली में गुरुग्रन्थ साहिब सेण्टर को स्थापित करने का फैसला लिया।
- इस सेण्टर से गुरुग्रन्थ साहिब जी की बाणी का प्रचार-प्रसार किया जाएगा। इसके लिए केन्द्र सरकार से जमीन उपलब्धता हेतु माँग को प्राथमिकता प्रदान की गई है।

सहारा : वीर नारियों के लिए हॉस्टल का उद्घाटन

- दिल्ली के उप-राज्यपाल अनिल बैजल ने 24 मई, 2019 को वीर नारियों (Naval Widows) के लिए सहारा नामक हॉस्टल का उद्घाटन किया।
- भारतीय नौसेना द्वारा नौसेना की वीर नारियों के लिए यह विशेष परियोजना शुरू की गई है।
- सहारा हॉस्टल में गरिमापूर्ण जीवन के लिए सभी आवश्यक सुविधाओं से सुसज्जित कमरों के सैट बनाए गए हैं।

17वीं लोकसभा चुनाव में दिल्ली की सातों सीटों पर भाजपा की विजय

- 17वीं लोकसभा के लिए चुनावों का परिणाम 23 मई, 2019 को घोषित किया गया, जिसमें भारतीय जनता पार्टी ने 303 सीटें प्राप्त कीं।
- दिल्ली की सभी लोकसभा सीटों पर भारतीय जनता पार्टी के प्रत्याशियों को जीत प्राप्त हुई। अन्य दो पार्टियों आप व भारतीय राष्ट्रीय कांग्रेस के प्रत्याशियों की सभी सीटों पर हार हुई। भारतीय जनता पार्टी के विजयी प्रत्याशियों की सूची इस प्रकार हैं
  - चाँदनी चौक लोकसभा सीट, हर्षवर्द्धन
  - उत्तर पूर्वी दिल्ली लोकसभा सीट, मनोज तिवारी
  - पूर्वी दिल्ली लोकसभा सीट, गौतम गम्भीर
  - नई दिल्ली लोकसभा सीट, मिनाक्षी लेखी
  - उत्तर पश्चिमी दिल्ली लोकसभा सीट, हंस राज हंस
  - पश्चिमी दिल्ली लोकसभा सीट, प्रवेश वर्मा
  - दक्षिण दिल्ली लोकसभा सीट, रमेश विधूडी

IIT दिल्ली के शोधकर्ताओं ने नेत्रहीनों के लिए बनाया ब्रेल लैपटॉप

- भारतीय प्रौद्योगिकी संस्थान (IIT), दिल्ली के शोधकर्ताओं ने मार्च, 2019 में दृष्टिबाधितों के लिए ब्रेल लैपटॉप तैयार

किया गया है। इस लैपटॉप को **डॉटबुक** का नाम दिया गया है।

- यह भारत का पहला ब्रेल लैपटॉप है। यह ब्रेल डिस्पले युक्त रिफ्रेशेबल लैपटॉप है, जिसमें नेत्रहीनों के अनुकूल ई-मेल, वेब ब्राउजर, कैलकुलेटर आदि जैसे एप्लीकेशन्स शामिल हैं।

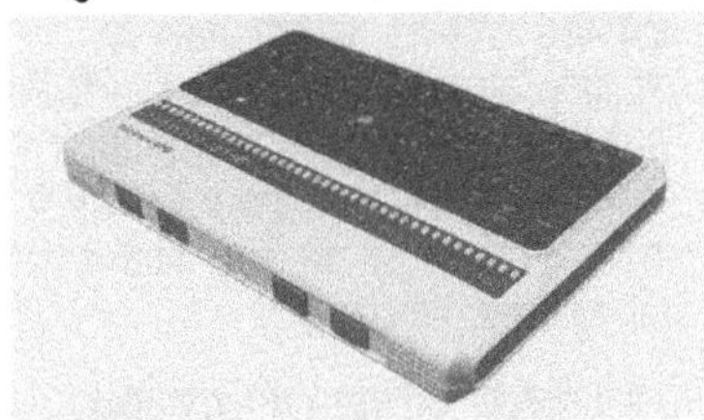

IGI एयरपोर्ट को वर्ष 2018 के लिए सर्वश्रेष्ठ हवाई अड्डे का अवार्ड

- इन्दिरा गाँधी अन्तर्राष्ट्रीय (IGI) एयरपोर्ट को वर्ष 2018 के लिए सर्वश्रेष्ठ हवाई अड्डे का पुरस्कार दिया गया है।
- यह पुरस्कार एयरपोर्ट कांउसिल इण्टरनेशनल (ACI) की ओर से दिया गया है। ACI की ओर से एयरपोर्ट कांउसिल क्वालिटी कार्यक्रम 2018 के अन्तर्गत आकार और क्षेत्र के वर्ग में IGI एयरपोर्ट को श्रेष्ठ माना गया है।

लाल किले में आजादी के दीवाने संग्रहालय का उद्घाटन

- दिल्ली के लालकिला में 6 मार्च, 2019 को **आजादी के दीवाने संग्रहालय** का उद्घाटन किया गया।
- यह एक डिजिटल संग्रहालय है, जिसमें आजादी में योगदान देने वाले ऐसे सैकड़ों स्वतन्त्रता सेनानियों को समर्पित किया गया है, जिनके बारे में बहुत कम लोग जानते हैं।
- यह संग्रहालय क्रान्ति मन्दिर शृंखला का हिस्सा है, जिसका उद्देश्य युवा पीढ़ी को प्रेरित करना है और आजादी के महत्व को बताना है।
- आजादी के दीवाने संग्रहालय लाल किला परिसर में स्थापित पाँचवाँ संग्रहालय है। क्रान्ति के मन्दिर शृंखला में अब तक नेताजी सुभाष चन्द्र बोस और INA, जालियाँवाला बाग, स्वाधीनता संग्राम का प्रथम युद्ध तथा दृश्यकला संग्रहालय स्थापित किए जा चुके हैं।

कॉमन मोबिलिटी ऐप्प 'One Delhi' लॉन्च

- दिल्ली सरकार के परिवहन मन्त्रालय द्वारा 6 मार्च, 2019 को कॉमन मोबिलिटी ऐप्प 'One Delhi' (वन दिल्ली) लॉन्च किया गया। यह **दिल्ली का पहला कॉमन मोबिलिटी ऐप्प** है।
- यह ऐप्प यात्रियों को बस के मार्गों, समय तथा कलस्टर बसों की टाइमिंग को जानने में सहायता करेगा। साथ-ही-साथ बसों पर GPS की सहायता से नजर रखने में आसानी होगी।
- यह ऐप्प यात्रा पर खर्च होने वाले किराए, यात्रा का समय तथा इण्टरचेंज के साथ-साथ सभी बस स्टेशनों की विस्तृत जानकारी भी उपलब्ध कराएगा।
- यात्रियों को इस ऐप्प के द्वारा राजधानी दिल्ली की तत्कालीन तापमान और प्रदूषण की स्थिति की जानकारी भी प्रदान की जाएगी।

दिल्ली बजट 2019-20 प्रस्तुत

दिल्ली के उपमुख्यमन्त्री मनीष सिसौदिया ने 26 फरवरी, 2019 को विधानसभा में वित्त वर्ष 2019-20 के लिए ₹ 60 हजार करोड़ का बजट प्रस्तुत किया।

बजट की प्रमुख घोषणाएँ इस प्रकार हैं

- लगभग ₹ 3429 करोड़ समाज कल्याण के लिए आवण्टित किए गए हैं।
- अनाधिकृत कॉलोनियों के लिए ₹ 1600 करोड़ धन राशि रखी गई है, जबकि 52 हजार नई आवासीय इकाईयाँ बनाई जाएँगी।
- प्रति निर्वाचन क्षेत्र के लिए सालाना ₹ 4 की जगह ₹ 10 करोड़ दिए जाएगें।

- दिल्ली में तीन हज़ार नई बसें चलाई जाएँगी जबकि बस टर्मिनलों पर ₹ 150 करोड़ खर्च किए जाएँगे।
- चौथे चरण की मेट्रो के लिए ₹ 500 करोड़ की धन राशि आवण्टित की गई है।
- सरकार द्वारा एडवोकेट वेलफेयर फण्ड में ₹ 50 करोड़ दिए जाएँगे। इसके तहत कानूनी पेशे से जुड़े जरूरतमन्द लोगों और परिवार के सदस्यों को सामाजिक सुरक्षा का लाभ मिलेगा।
- किसानों को स्वामीनाथन आयोग की रिपोर्ट के अनुसार उनके फसल के न्यूनतम समर्थन मूल्य (एमएसपी) का डेढ़ गुना दाम देने के लिए बजट में ₹ 100 करोड़ की धन राशि आवण्टित की गई है।
- दिल्ली के इंजीनियरिंग और पॉलिटेक्निक कॉलेजों में 13000 सीटें बढ़ाई जाएँगी। इसके लिए इस वर्ष ₹ 527 करोड़ धन राशि आवण्टित किए गए हैं।
- सरकारी स्कूलों में पढ़ने वाले बच्चों को अंग्रेजी में बोलने का प्रशिक्षण दिया जाएगा जबकि 10वीं में 80 प्रतिशत से ज्यादा अंक लाने वाले छात्रों को टेबलेट (Tablet) दिया जाएगा।
- दिल्ली में भूजल में सुधार के लिए ₹ 100 करोड़ आवण्टित किए गए हैं। साथ ही कहा गया है कि 100 वर्ग या इससे बड़े प्लाट पर रेन वाटर हार्वेस्टिंग अनिवार्य होगा।
- यमुना जीर्णोद्धार के लिए ₹ 75 करोड़ का प्रावधान किया गया है। इसके अतिरिक्त ₹ 2370 करोड़ का बजट जल बोर्ड की योजनाओं के लिए रखा गया है।

'जीरो फेटेलिटी कॉरिडोर' की शुरुआत

- दिल्ली सरकार द्वारा 5 फरवरी, 2019 को 'जीरो फेटेलिटी कॉरिडोर' (शून्य मृत्यु गलियारा) की शुरुआत की गई। इस कॉरिडोर के निर्माण करने का मुख्य उद्देश्य सड़क दुर्घटनाओं पर रोक लगाना है।
- इस कॉरिडोर के अन्तर्गत आउटर रिंग रोड पर भलस्वा चौक से बुराड़ी चौक के बीच 3 किमी के क्षेत्र को अध्ययन हेतु चुना गया है।
- इस क्षेत्र में चार ब्लैक स्पॉट्स हैं, जिसमें क्रमशः बुराड़ी चौक, भलस्वा चौक, मुकुन्दपुर चौक तथा जहाँगीरपुरी बस स्टैण्ड शामिल हैं।
- इस 3 किमी क्षेत्र का अध्ययन सड़क दुर्घटना, सड़क इंजीनियरिंग तथा रोड-यूजर इंगेजमेण्ट के आधार पर किया जाएगा।
- इस जीरो फेटेलिटी कॉरिडोर पहल को परिवहन, स्वास्थ्य, शिक्षा, लोक-निर्माण विभाग तथा दिल्ली ट्रैफिक पुलिस के सहयोग से शुरू किया गया है, जिसका उद्देश्य इस क्षेत्र में सड़क दुर्घटनाओं से होने वाली मौतों के स्तर को शून्य तक पहुँचाना है।

'नो हेप दिल्ली' अभियान की शुरुआत

- दिल्ली सरकार द्वारा 4 फरवरी, 2019 को 'नो हेप दिल्ली' अभियान की शुरुआत की गई है। इस अभियान की शुरुआत 'दिल्ली बाल अधिकार संरक्षण आयोग' द्वारा की गई है। इसके तहत् आश्रय गृह में रहने वाले और सड़क पर गुजर-बसर करने वाले बच्चों को मुफ्त में 'हेपेटाइटिस बी' का टीका लगाया जाएगा।
- इस टीकाकरण अभियान की शुरुआत पालम स्थित आश्रय गृह से की जाएगी, जहाँ के करीब 100 से अधिक बच्चों का टीकाकरण नहीं हुआ है।

दिल्ली विश्वविद्यालय के 100 मीटर दायरे में प्रदूषण फैलाने पर रोक

- दिल्ली विश्वविद्यालय प्रशासन ने ध्वनि प्रदूषण को लेकर 3 फरवरी, 2019 को एक अधिसूचना जारी की। इस अधिसूचना के अनुसार विश्वविद्यालय के 100 मीटर के दायरे में ध्वनि प्रदूषण पर रोक लगाई है।

- ध्वनि प्रदूषण नियम एवं नियन्त्रण, 2000 के तहत् शिक्षण संस्थानों के 100 मीटर के दायरे में शोरगुल करना प्रतिबन्धित है। दिल्ली विश्वविद्यालय के सम्बन्ध में दिल्ली हाईकोर्ट और राष्ट्रीय हरित अधिकरण ने भी इससे सम्बन्धित निर्देश जारी किए हैं।
- इन नियमों के अनुसार, शिक्षण संस्थानों के आस-पास लाउडस्पीकर, भाषण, ड्रम बजाना, ध्वनि यन्त्रों के प्रयोग आदि पर रोक लगाई गई है।

मुख्यमन्त्री तीर्थ यात्रा योजना की शुरुआत

- दिल्ली सरकार द्वारा 5 दिसम्बर, 2018 को वरिष्ठ नागरिकों के लिए 'मुख्यमन्त्री तीर्थ यात्रा' योजना की शुरुआत की गई। इस योजना के तहत् वरिष्ठ नागरिकों को दिल्ली से पाँच धार्मिक सर्किट के लिए निःशुल्क तीर्थ यात्रा पैकेज प्रदान किया जाएगा तथा इस यात्रा के दौरान तीर्थयात्रियों के स्वाथ्य की देखभाल के लिए डॉक्टर की सुविधा भी उपलब्ध होगी।
- इस योजना के तहत् दिल्ली के प्रत्येक निर्वाचन क्षेत्र से 1,100 लोगों को इस योजना का लाभ मिलेगा। 60 वर्ष से ऊपर की आयु के लोग इस योजना के लाभार्थी होंगे।

'प्रधानमन्त्री उज्ज्वला योजना' की शुरुआत

- केन्द्रीय तेल एवं प्राकृतिक गैस मन्त्री धमेन्द्र प्रधान में 7 अप्रैल, 2018 को दिल्ली में प्रधानमन्त्री उज्ज्वला योजना (पीएमयूवाई) की शुरुआत की।
- प्रधानमन्त्री उज्ज्वला योजना की शुरुआत मई, 2016 में की गई थी। इसका उद्देश्य घरेलू महिलाओं को सम्मानपूर्वक जीवन स्तर, धुआँ रहित रसोई घर तथा बेहतर स्वास्थ्य प्रदान करना है।
- इस योजना से 3.56 करोड़ उपभोक्ता जुड़ चुके है। वर्ष 2020 तक प्रधानमन्त्री उज्ज्वला योजना से 8 करोड़ उपभोक्तओं को जोड़ने का लक्ष्य रखा गया है।
- प्रधानमन्त्री उज्ज्वला योजना के तहत् समाज के गरीब परिवारों को लक्षित किया गया है, जो समाजिक-आर्थिक जातिगत जनगणना से बाहर है।
- इसमें अनुसूचित जाति एवं जनजाति परिवारों के गरीबी रेखा से नीचे (बीपीएल) के परिवारों पर विशेष रूप से फोकस किया गया है।

दिल्ली पुलिस द्वारा 'निपुण' पोर्टल लॉन्च

- दिल्ली पुलिस ने नवम्बर, 2018 को अपने कर्मचारियों और जवानों को ज्यादा प्रोफेशनल के साथ-साथ जनता के प्रति संवेदनशील बनाने हेतु एक प्रशिक्षण पोर्टल 'निपुण' की शुरुआत की है।
- यह एक ई-ट्रेनिंग पोर्टल है, जिसका उपयोग दिल्ली पुलिस को ज्यादा तकनीक युक्त और जानकारी युक्त बनाता है।
- इस पोर्टल पर कानून, स्थायी आदेश, जाँच-पड़ताल चेकलिस्ट, केस फाइलिंग के साथ-साथ न्यायालयों द्वारा दिए गए निर्णय उपलब्ध रहेंगे। इस पोर्टल पर उपलब्ध कोर्स को यूजीसी (UGC), फिक्की (FICCI), NHRC-NCPCR तथा जानकी देवी मेमोरियल कॉलेज द्वारा तैयार किया गया है।

66वाँ नार्थ-ईस्ट फेस्टिवल का आयोजन

- नई दिल्ली में नॉर्थ-ईस्ट फेस्टिवल के 66वें संस्करण का आयोजन 26-28 अक्टूबर, 2018 के मध्य आयोजित किया गया।
- इस फेस्टिवल में उत्तर-पूर्वी राज्यों के संगीत, नृत्य तथा संस्कृति की झलक प्रस्तुत की गई। विभिन्न प्रकार के नृत्यों; जैसे बगरुम्बा, त्रिपुरा का होजगिर नृत्य, असम का बिहू नृत्य तथा मणिपुर मार्शल आर्ट 'थांग ता' की भी प्रस्तुति की गई।
- पारम्परिक परिधानों के फैशन-शो के साथ उत्तर-पूर्वी के विभिन्न जैविक खाद्य पदार्थों व सब्जियों की प्रदर्शनी भी आयोजित की गई।

दिल्ली सरकार तथा सियोल मेट्रोपॉलिटन के बीच समझौता

- दिल्ली के मुख्यमन्त्री अरविन्द केजरीवाल ने 14 सितम्बर, 2018 को सियोल मेट्रोपॉलिटन गवर्नमेण्ट के साथ पर्यावरण, परिवहन, शिक्षा, ठोस अपशिष्ट प्रबन्धन, आधारभूत संरचना, सार्वजनिक स्वास्थ्य इत्यादि से जुड़े मुद्दों पर सहयोग के लिए सहमति-पत्र पर हस्ताक्षर किया।
- सहमति-पत्र पर हस्ताक्षर सियोल (दक्षिण कोरिया) में किया गया। समझौतों पर हस्ताक्षर के पश्चात अरविन्द केजरीवाल ने दिल्ली तथा सियोल के बीच मित्रता के नए आयामों के विकसित होने को महत्त्वपूर्ण कदम बताया।
- दिल्ली में प्रदूषण के स्तर को कम करने के लिए सियोल से प्रौद्योगिकी सहायता ली जाएगी। सार्वजनिक परिवहन प्रणाली को अधिक दक्षतापूर्ण बनाने के लिए सियोल की परिवहन प्रणाली के सकारात्मक तत्त्वों को दिल्ली में प्रयुक्त किया जाएगा। साथ ही, दिल्ली में शहरी विकास कार्यक्रम को बढ़ावा देने के लिए सियोल से प्राप्त प्रवृत्तियों को शामिल किया जाएगा।

'डोर स्टेप डिलीवरी ऑफ सर्विसेस' की शुरुआत

- दिल्ली के मुख्यमन्त्री अरविन्द केजरीवाल ने 10 सितम्बर, 2018 को 'सेवा सीधे जनता के द्वार' (डोर स्टेप डिलीवरी) कार्यक्रम की शुरुआत की।
- इस कार्यक्रम के तहत् नागरिकों को 40 सरकारी सेवाएँ उनके घर पर उपलब्ध होंगी। इसके लिए सरकारी कार्यालयों तक बार-बार जाने की आवश्यकता नहीं होगी।
- दिल्ली सरकार ने इस योजना के माध्यम से 7 अलग-अलग विभागों की 40 सेवाओं को सीधे नागरिकों के घर तक पहुँचाने की प्रक्रिया तय की है। इसमें जाति प्रमाण-पत्र, आय प्रमाण-पत्र, विवाह का रजिस्ट्रेशन, ड्राइविंग लाइसेंस के लिए आवेदन इत्यादि सेवाएँ उपलब्ध है।

पृथक् लोक सेवा आयोग के गठन का प्रस्ताव पारित

- दिल्ली विधानसभा द्वारा 6 अगस्त, 2018 को राष्ट्रीय राजधानी क्षेत्र, दिल्ली के लिए पृथक लोक सेवा आयोग के गठन हेतु विधेयक पारित किया गया। यह विधेयक आप पार्टी के विधायक सौरभ भारद्वाज ने विधानसभा में पेश किया था।
- विधेयक में आयोग के गठन की प्रक्रिया 6 माह में पूरी कर लेने की बात पर बल दिया गया है। इस विधेयक पर राष्ट्रपति के हस्ताक्षर के बाद राष्ट्रीय राजधानी क्षेत्र, दिल्ली में सिविल सेवाओं के पदों पर भर्ती की प्रक्रिया आरम्भ हो जाएगी।

'हैप्पीनेस पाठ्यक्रम' योजना की शुरुआत

- दिल्ली के सरकारी स्कूलों में 2 जुलाई, 2018 को 'हैप्पीनेस पाठ्यक्रम' (खुशी पाठ्यक्रम) योजना की शुरुआत की गई। इस योजना को दिल्ली के मुख्यमन्त्री अरविन्द केजरीवाल तथा उपमुख्यमन्त्री मनीष सिसौदिया की उपस्थिति में बौद्ध धर्म गुरु दलाई लामा ने लॉन्च किया। दिल्ली सरकार के द्वारा इस योजना को 1000 विद्यालयों में प्रारम्भ किया गया है।
- हैप्पीनेस पाठ्यक्रम (करिकुलम) के तहत् नर्सरी से आठवीं कक्षा तक के छात्रों को भावनात्मक रूप से मजबूत बनाना मुख्य लक्ष्य है, जिसके तहत् प्रत्येक दिन विद्यालय में 45 मिनट का एक हैप्पीनेस पीरियड रखने की बात कही गई। इस पीरियड की शुरुआत के 5 मिनट में मेडिटेशन आयोजित किया जाएगा।
- हैप्पीनेस पाठ्यक्रम (करिकुलम) के अन्तर्गत बच्चों को कहानियों के माध्यम से अच्छी बातें सिखाई जाएँगी। सरकार इस योजना पर शीघ्र ही एक पुस्तक प्रकाशित करेगी।

- विशेषज्ञों के अनुसार, मेडिटेशन बच्चों को गुस्सा, घृणा, ईर्ष्या जैसी नकारात्मक भावनाओं से बचाने में सहायक होगा।

'सौर ऊर्जा' योजना की शुरुआत

- दिल्ली सरकार द्वारा 25 जुलाई, 2018 को 'मुख्यमन्त्री किसान आय बढ़ोत्तरी सौर ऊर्जा योजना' की शुरुआत गई।
- इस योजना का लाभ उन किसानों को प्रदान किया जाएगा, जो कृषि गतिविधियों में संलग्न है।
- योजना के तहत् उनकी कृषि भूमि पर सौर पैनल स्थापित किया जाएगा।
- इस योजना के तहत् निजी क्षेत्र की कम्पनियाँ किसानों की भूमि के एक-तिहाई हिस्से में सौर पैनल लगाएँगी, जिसमें किसानों को वार्षिक ₹ 1 लाख रुपए प्रति हेक्टेयर किराया दिया जाएगा, जिसमें 25 वर्षों तक प्रति 6% वार्षिक वृद्धि भी की जाएगी।
- 25 वर्षों बाद किसानों को ₹ 4.04 लाख प्रति हेक्टेयर वार्षिक किराया दिया जाएगा। इसके अतिरिक्त किसानों को 1000 यूनिट बिजली भी निःशुल्क प्रदान की जाएगी।
- निजी कम्पनियाँ सौर पैनल से प्राप्त बिजली को सरकार के विभिन्न विभागों को ₹ 4-5 प्रति यूनिट विक्रय करेगी। किसान उन खेतों में अपनी कृषि गतिविधियाँ जारी रखेंगें, जहाँ सौर पैनल लगाया जाएगा।

कल्याणकारी योजनाओं में 'आधार' की अनिवार्यता समाप्त

- दिल्ली के मुख्यमन्त्री अरविन्द केजरीवाल की अध्यक्षता में 31 जुलाई, 2018 को सम्पन्न कैबिनेट की बैठक में कल्याणकारी योजनाओं में आधार को डी-लिंक करने तथा आधार लिंक बैंक अकाउण्ट की अनिवार्यता को समाप्त कर दिया गया है।
- इस निर्णय से वृद्धों, दिव्यांगों एवं विधवाओं को 'आधार' के बिना दिल्ली सरकार के समाज कल्याण विभाग द्वारा दी जाने वाली पेंशनों में कोई बाधा उत्पन्न नहीं होगी। वर्ष 2016 से पेंशन केवल आधार लिंक बैंक खातों में ही दी जाती थी।

'बीएस–VI' मानक युक्त पेट्रोलियम उत्पादों की बिक्री आरम्भ

- दिल्ली में 1 अप्रैल, 2018 से अत्यधिक स्वच्छ भारत चरण VI (बीएस-VI) मानक युक्त पेट्रोल तथा डीजल की बिक्री आरम्भ हुई। यह यूरो-6 उत्सर्जन मानक के अनुरूप है।
- पर्यावरण प्रदूषण के खतरनाक स्तर तक पहुँच जाने के कारण बीएस-VI मानक युक्त पेट्रोल-डीजल की बिक्री का निर्णय लिया गया है। नए मानक युक्त ईंधन के मूल्य में कोई वृद्धि नहीं की गई है।
- दिल्ली, देश का पहला शहर है, जहाँ बीएस-VI मानक युक्त ऑटोमोबाइल ईंधन का प्रयोग किया जा रहा है। देश में 13 बड़े शहरों में बीएस-VI मानक वाले पेट्रोल एवं डीजल की बिक्री 1 जनवरी, 2019 से आरम्भ होगी।
- सार्वजनिक क्षेत्र की तेल कम्पनियों द्वारा बीएस-VI मानकयुक्त पेट्रोल-डीजल की आपूर्ति की जाएगी, जो दिल्ली के 391 पेट्रोल पम्प पर उपलब्ध होगी।
- वर्ष 2015 में भारत द्वारा बीएस-VI मानक अपनाते हुए अप्रैल, 2020 का समय निर्धारित किया गया था।

दिल्ली मैट्रो के पिंक लाइन पर पहले चरण का परिचालन आरम्भ

- दिल्ली मैट्रो के पिंक लाइन के पहले चरण पर परिचालन 14 मार्च, 2018 को आरम्भ हुआ। दिल्ली विश्वविद्यालय के दक्षिण परिसर को मयूर विहार फेज-1 तथा त्रिलोकपुरी से शिव विहार के बीच 58.59 किमी लम्बे इस पिंक लाइन रूट पर दक्षिण परिसर से मजलिस पार्क तक परिचालन आरम्भ हुआ है।
- शेष मार्ग पर जून, 2018 तक परिचालन आरम्भ होने की सम्भावना है। यह दिल्ली मैट्रो का सबसे लम्बा मार्ग होगा। इसे 'रिंग रोड लाइन' के रूप में जाना जाता है, जो 'U' शेप में है।

दिल्ली मन्त्रिमण्डल

नाम	*विभाग*
अरविन्द केजरीवाल (मुख्यमन्त्री)	जल
मनीष सिसोदिया (उप-मुख्यमन्त्री)	पर्यटन, शिक्षा, वित्त योजना, भूमि और भवन, जागरूकता सेवाएँ, महिला और बाल कला, संस्कृति और भाषा और अन्य सभी विभागों को विशेष रूप से किसी भी मन्त्री को आवण्टित नहीं किया गया है
गोपाल राय (प्रभारी मन्त्री)	रोजगार विकास श्रम, सामान्य प्रशासन विभाग
सत्येन्द्र कुमार जैन (प्रभारी मन्त्री)	स्वास्थ्य, औद्योगिक, लोक निर्माण विभाग, शक्ति, होम, शहरी विकास, सिंचाई और बाढ़ नियन्त्रण
इमरान हुसैन (प्रभारी मन्त्री)	खाद्य आपूर्ति, पर्यावरण और वन चुनाव
राजेन्द्र पाल गौतम (प्रभारी मन्त्री)	गुरुद्वारा चुनाव, एससी और एसटी सामाजिक कल्याण सहयोगी

*12 जुलाई, 2019 *के अनुसार*
स्रोत delhi.gov.in

दिल्ली के प्रमुख पदाधिकारी

नाम	*पद*
अनिल बैजल	उप-राज्यपाल
धीरूभाई नारनभाई पटेल	दिल्ली हाईकोर्ट के मुख्य न्यायाधीश
विजय कुमार देव	मुख्य सचिव
अमूल्य पटनायक	कमिश्नर (दिल्ली पुलिस)
डा. रणबीर सिंह	मुख्य चुनाव अधिकारी
संजीव खिरवार	सचिव (स्वास्थ्य और परिवार कल्याण)

*12 जुलाई, 2019 *के अनुसार*
स्रोत delhi.gov.in

www.ingramcontent.com/pod-product-compliance
Ingram Content Group UK Ltd.
Pitfield, Milton Keynes, MK11 3LW, UK
UKHW021659190726
13853UKWH00001B/370

9 789313 195276